近代史资料

中国社会科学院近代史研究所《近代史资料》编辑部 编

总140号

Sources in Modern Chinese History

中国社会科学出版社

图书在版编目(CIP)数据

近代史资料. 总140号/中国社会科学院近代史研究所《近代史资料》编辑部编. —北京：中国社会科学出版社，2019.7
ISBN 978-7-5203-4469-2

Ⅰ.①近… Ⅱ.①中… Ⅲ.①中国历史—近代史—史料 Ⅳ.①K250.6

中国版本图书馆CIP数据核字（2019）第101185号

出 版 人	赵剑英
责任编辑	冯春凤
责任校对	张爱华
责任印制	张雪娇

出　　版	中国社会科学出版社
社　　址	北京鼓楼西大街甲158号
邮　　编	100720
网　　址	http://www.csspw.cn
发 行 部	010-84083685
门 市 部	010-84029450
经　　销	新华书店及其他书店

印刷装订	环球东方（北京）印务有限公司
版　　次	2019年7月第1版
印　　次	2019年7月第1次印刷

开　　本	880×1230　1/32
印　　张	9
字　　数	231千字
定　　价	59.00元

凡购买中国社会科学出版社图书，如有质量问题请与本社营销中心联系调换
电话：010-84083683
版权所有　侵权必究

目　　录

随使随笔……………………蔡　琦 著　潘　崇 整理（1）
中国海关《十年报告》（1902—1911）选译
　　——司法与警察、监狱 …………郭大松 译（48）
清室遗老为溥仪被逐
　　致欧登科函 ………………… 蒋铁鑫 整理（86）
鲜卑履险折冲记 ………张文焕 著　吴　顺 整理（93）
六二回忆（九）………………………李景铭 著（102）
鲁南一个典型的抗日游击区
　　…………… 王毓铨 著　徐　贞 译（152）
孙瑞芹自传（二）
　　…………张坚一　张未名 译　关　康 校（192）
李春昱函稿 ………………………… 知　之 整理（243）

随 使 随 笔

蔡 琦 著 潘 崇 整理

说明：蔡琦，福建龙溪人。清末长期在湖北兵工行业任职，先后担任湖北钢药厂采办委员，湖北枪炮厂（后改名湖北兵工厂）副提调、提调，汉阳兵工厂总办等职。光绪三十一年，湖广总督张之洞委派蔡琦随同五大臣出洋考察团之一路即戴鸿慈、端方考察团出洋考察。蔡琦逐日记录所见所闻及其活动情况，回国后刊印成《随使随笔》一书（具体刊印时间不详），起自光绪三十一年八月二十日，迄于光绪三十二年五月三日。虽名为随笔，实具日记性质，且记载详细。该书与戴鸿慈《出使九国日记》、载泽《考察政治日记》、金鼎《随同考察政治笔记》，为目前所见五大臣出洋考察团留下的四部考察日记，尤其可以和戴著、金著相互参照。今据清末铅印本整理。

光绪乙巳八月二十日，琦奉两湖总督张宫保檄派，随戴、端二大臣前往欧美各国游历、考察政治。九月初八日，到沪，旋奉宫保电谕，在沪点收粤汉铁路总局图表、册籍、契据物件。经接收清楚后，即于十月初旬亲自带回湖北销差。十一月中旬转沪，寓长发栈，静候使节。

整理者：潘崇，福建师范大学社会历史学院副教授。

（十一月）二十三日，上午十二点钟，自长发栈到英公司码头，乘小轮出吴淞口，搭西比利亚（Siberia）轮船。此船载重一万一千二百八十吨，有上等客位一百三十余，余住第五十号房。午后两点钟，展轮启行。

日本国

二十四日，午后三点钟到长崎。昔有友人乘美公司之支那轮船，由沪至此须行三日半，今西比利亚只行二十五点钟，可想见此船之速率矣。此间街市整洁，每日两次洒扫，绝少尘嚣，即此可见其整顿地方不遗余力。我国于清道一事鲜求实效，入市者但觉一种芜秽之气，棘喉刺鼻，不特有碍卫生，尤足贻笑外人，而生其轻视之心。事有视之若无足重，而关系绝大者，此亦其一端。是晚，长崎领事卞薇阁观察邀往夜膳。所带翻译不禁风浪，至此已觉惫甚，势难偕与远行，因即给以川资，托同乡萧幼斋照料，令其回鄂。

二十五日，午后五点钟，船复开行。

二十六日，晚八点钟到神户，商人特开欢迎会以迓使节。

二十七日，上午，至中华会馆饭毕，随阅中小学校两处。功课皆密而不繁，盖东西各国学校，于德育、智育外最重体育，故每星期功课，无有逾三十六点钟者。至该校章程，其表面办法，留学生回华时已详言之，无容再述。惟有治法者，尤贵有治人，大约章程不患不立，而能信守为难。我国学堂未经颁发章程以前，其所订学章大半出于一二人之手，挂一漏万固所不免，而各省办法复有歧异，学务何由而兴？东西人凡办一事，必合群策群力，而又各以素习此事之专门名家互相讨论，此其所以思虑周密，而能令人信服从者欤。是晚，麦少彭邀饮。麦君在神户商界中，盖首屈一指者。

二十八日，早六点钟开行。

二十九日，早八点钟到横滨，驻日杨星使及马参赞皆到船来见两大臣。余应横滨领事吴伟卿之招登岸，顺道游行一周。街市上贫民甚多，然各有执事，攻苦习勤，类能自食其力，而绝无游手好闲之辈。观此而知劝工习艺所之设为不容缓矣。商店中人皆和蔼可亲，虽购至微之物，价只二三角者，亦极力周旋，商务之兴，可于其微窥之也。

十二月初一日，偕同人往谒杨星使，未晤，盖已返东京矣。星使为先君同学同谱，曾留赠摄影肖像一纸。

初二日，午后三点钟开行，是夕过太平洋。

初三日，舟行甚适。船中无事，随取所携政治书一二种翻阅之，夕乃大风。

初四日，风仍未息，夜间尤甚，然尚能步履，饮食如常，同人中亦不过五六人不能起床耳。

初五日，风稍平。

初六日，东南风大作，船摇荡不已，浪花如山，时压舵楼而过，入夜且暴。

初七日，为西人年节，在航行时无甚仪节。是日风浪仍大。

闰日，轮驶至经线一百八十度，以东西两半球见日之迟早计之，船之自东西行者，至此当闰一日；而船之自西东行者，当缩一日，方合纪历。盖一则每日见日出约早半点钟，一则每日见日出约迟三刻钟，故也是日应仍作初七日计。

初八日，天气晴霁，海不扬波，震荡之余得此佳境，益觉胸怀怡适。

初九日，甚暖，多换夹衣。船中有美商创设运动会，愿入会者捐银二枚，购物作彩。旅行无聊，借此作消遣耳。

美国

初十日，经半路岛，于汪洋巨浸中，忽见山色呈露，几疑身入浔阳江，与小姑作晤对，然殊逊此奇观。夜十点钟，入夏威夷岛，始见大陆。沿岸无灯火，遥望之，迷离莫辨。

十一日，上午七点钟到檀香山，轮泊码头。该处总督派军乐队前来款接，并有男女学生一百余人，及华商、华工数百人到岸欢迎，额手称庆。旋檀香山领事张建侯司马来谒，并导使节登岸，男学生即在两大臣车前列队步行。学生品格极名贵，以两大臣为考察政治之专使，故有此举，而欢迎之会亦以此次为最盛云。同时，余亦登岸。张领事所备马车七乘，有驭两马者，有驭六马、八马者，大乘可座十余人。先至领事署。午餐毕，两大臣往拜该处总督。旋至中华会馆演说，措辞皆以立宪为宗旨，听者约二百余人，无不鼓掌欢呼。盖海外华商之望立宪久矣，以此立说，宜其感动奋发于不自知。是夕，商人在领事署公请两大臣晚餐，华工在院外围观者数百人。餐毕，两大臣复下阶演说，约历半时许，始乘马车回船。余为建侯挽留，畅谈竟夕。建侯为余母族姑表亲，总角时彼此即甚相得，别经廿年，一旦相逢海外，故不禁依依也。

该岛林树蓊翳不间，绝少行人，大约居民不甚多，而有电车往来载客。闻电车公司获利甚厚，从知电车之设市，必定在繁盛之区。岛中有华人一万数千，而倭人则六万有奇。

十二日，午后九点钟开行。天暖如前日，仅堪御袷。

十三日，天气清朗。饭罢散步船楼，但见海水映日鳞鳞，都作金碧色，诵"云水光中洗眼来"之句，怡然者久之。

十四日，阴翳，如入雾障中。偕同人闲话，不觉已到黄昏。

十五日，阴。阅侯官严又陵所译《社会通诠》，知社会之文明，此中自有阶级，非可一蹴而几。今之自号文明者，其所造若何，吾不敢知，然欲国家之文明，必先自社会始，有断然者。是夕雨。

十六日，午后乃见霁色，惟天风海涛，相搏竟日。

十七日，晴。此去金山不远，明日将入口矣。

十八日，九点钟抵旧金山海口，午后两点钟登岸。华人俗名大埠，商人衣冠来迎使节者百余人。旋入旅馆。其房屋建作工字形，能容住客二千余人，各房屋皆设大玻璃窗，以通光线而延空气，并附以沐浴更衣之所二，冷热水管悉备，以任客之取用。余住第三层三十一号房。是晚，同人赴约杏花楼，以久食西餐，颇思莼鲈滋味也。归时，遇两学徒于道，年各十四五，一梁姓，一黄姓，皆粤产，而西语颇极圆熟，因约同至旅馆，日给膳资二元，留以为舌人。

十九日，同人往检行李，忙碌异常，盖至是则当舍舟而陆行矣。余得两学徒通译，遂觉取携甚便，旋偕之趁电车至一游嬉之所。入观者每人纳十先，中除飞船、飞车及虎、豹、狮、象各种动物外，另设各镜，参以格致之理，藉以开浚民智者。西人于一切玩物，往往寓有普通教育，其用意至微。惜我国于此等细事漫不加察，好为高论，而昧其先入为主之义。譬诸植物，不培其本，而徒扶持其枝叶；或竟以灌溉巨木之资料，施诸萌芽甫茁之嫩条，谓能助其长，而适其性否耶？此不禁因观览而有触余怀者。是日适值星期，以阴雨故，游人甚稀。阅毕回寓，来往路程，共十四迈电车疾驰，计三十分钟可到。

二十日，两大臣查阅学堂。旧金山为美洲之西，有大学堂一所，学生三千余人，而用教习至五百余名之多，讲堂分一百余所，教习、学生往来不绝于道，规模可谓盛矣。学生、教习皆不住院也。午后，约冯玉潜往唐人街，途与同舟来之朱君遇，乃结伴游。海狗山地处海滨，有一花园，中设大浴池，欲浴者给以十先，至更衣室易以红色盖肩之衣，然后入池游泳，互相角逐，演种种技艺，助以诸乐，颇觉汎汎可听。四周设有客座，围而观者，恒以千计，盖亦体操之一道也。至其换下之衣服，有一西女专司，储以木隔，虽往来洗濯者络绎不绝，而取予之间无稍紊乱，其定章固甚周至，然非以心灵手敏者当之，亦未易办也。又有一小博物院，中储三千余年之埃及古尸两具，盛以原棺，木已近废，而尸尚未化，周身裹以布，仅露面部，其貌约略可辨，惟带土色，不甚清晰。另有残缺肢体数十件，皮肉尚有存者。是夕，领事及华商公宴，座中主客共百余人，该处总督、水师提督、按察司皆与焉。

二十一日，午后两点半钟，乘小轮渡海。至火车站，三点半钟开行。车中铺设甚丽，床分上下两层，另有吸烟车，兼备酒水，以便客之购取。此外，若叙谭，若观书，若阅报，诸车皆备。服役则用黑人，待甚周。时沿途已有积雪。

二十二日，途中无所见，极目苍茫，寒云如幕。每经一车站，停数分钟，即行四望，人家亦稀。

二十三日，过一高山，由渐而上，不自觉也，其高度约离水面八千余尺。

二十四日，抵林肯，发一家信。旋约同人，雇电车四出游览。并观一实业大学校，其试验处有化学房、木工房、打铁房、书画房、机器房之属，每日定以时刻，由教习率领学生，作种种之试演。是日五点钟，车复开行。

二十五日，九点钟至芝加哥，旋入旅馆。自旧金山起程之次日，即满地霜雪，车中有热气管，殊不觉寒，至此乃觉天气甚冷。

少顷，有粤人陈永海持光甫信来见。陈习电学工作，非由学堂出身，英语甚熟，得有电气公司文凭，驻美梁星使亦给以工作毕业执照。陈家贫，年十一即来此间为粤商佣，渐识西语，复佣于西商者数年。半日读书，半日工作，即以所得工资充学费，亦苦志力学人也。陈以亲老，本欲回国，得介绍书数函，多投北洋者。余因查考各处，未得翻译，特挽留同行，陈亦志在游历欧洲，慨然许诺。

午后，约游一大商店（Moulgomery, Ward & Co），凡人生日用之品，无一不备，惟店无存货，皆向专门转贩，而价则较专门店为廉，以其销路既广，输运又灵，各店亦乐其为经纪。该店共用女伙三百余人，以理各埠往来出入之数，或任收付，或任记载，以及货单笔札，每人专司一事。其所发信件，日以数千计，非书信所能及，故悉用打字机器，得得之声聒耳。封信口、粘印花，亦以机器为之，其忙碌可想。然事无巨细，皆有规则，事虽极繁，而各人按部就班，仍能井然不紊，且均具有一副办事精神。经商如此，能不令人望而生畏？店屋共有十余层，以机为之升降。余至第九层，店主邀余映一小影，以留纪念而别。

归途顺至邮政局查阅。博大精严，气象颇为宏富，屋全以白石砌成，其光可鉴。入门有屋两排，分列左右，为寄信处（寄信处设有二个铜管，其口径约十寸，通至各火车站，每时间所收之信件，分别置于柜中。俟何处火车站将开轮前二分钟时，即将寄往何处之信件装入铜管内，用机器风力打至该处，约一分钟时即吹到该车站，彼处收到时，即由电话回复。如此可谓快捷极矣，亦免街上电车、马车阻滞也。）、收信处、汇银处、汇票处、保险处。其收信处于各埠信到时，随即检交分送，不稍稽延，盖西国妇孺，皆以得人缄札为乐。凡属亲戚故旧，亦时以一纸相慰藉，故往来书件络绎奔赴，料理分拨之人虽多，仍有日不暇给之势，而寂然无哗，于此可觇其立法之美善，而作事之镇静已。

旋阅其藏书楼，房屋之宏敞，工程之美富，可与邮政局相颉颃。而设有一柜，所以储各种书目者。书目记于纸片，藏诸抽屉，列号以备检查。阅者欲得何书籍，先至此柜检其书目系列某号，另以纸记之，交照料之西妇，而告以姓氏。妇即将某人取某书详记诸簿，乃以所交之纸入升降机器，送至管理书籍处，瞬息之间，书即递到。阅毕，将书交还，而销其号。若欲带回细阅者，亦可挂号，限日缴回，逾期或遗失者追赔。作育人才，培植寒畯，法固无有善于此者矣。

二十六日，往观屠兽场。占地约三百余亩，腌、烤、酿肠各分区所。每宰一牲，自伐毛、洗髓至剔骨、切块，接续递交，全以人工，所历不过数分钟之久。场中驻有国家所派之兽医，往宰之牲，逐头验视，无病者始准奏刀。宰后送至水房，悬挂四点钟，再须由兽医复验两次，所以重卫生也。

二十七日，大雾，正午有数分钟直同黑夜。因须收拾行李以备启程，故未出门。旋发一家书。晚六点钟上车。芝加哥为美洲一大都会，除纽约外，无与比京者。有西人二百余万，华人仅三千有奇。

廿八日，午后一点钟至必珠卜①，阅炼钢厂。厂主名康礼寄，Andrew Carnegie Homertead Iron Morks，即以之名。其厂初办时，日仅出钢五十吨，近三四十年逐加扩充，今日出钢七万余吨。其压钢机器马力三千余匹，所见压成制船之钢板，长一丈余，宽倍之。其贝色麻厂炼法，与鄂厂同。炉凡四座，每十一分钟至十三分钟，可炼成一炉，每炉五十吨。全厂工人二万余名，其总办即由工人升擢者，年仅三十许，每年薪水美金一百万元。厂地之大，须历五点钟始能游遍，为车行时刻所限，未及细阅为憾。

二十九日，九点半钟抵华盛顿。地方整洁，以此为最，以其居家多而商务少也。入旅馆稍憩，检点行李良久，乃始就绪。衣箱都已破坏，大约中国与日本所制者，皆不能耐远道之颠簸。午后五点钟，周芝仪观察过访，同往使馆谒梁星使，未值。旋访张君立公子②，告以鄂中近事，坐谈久之。张、周两公约赴粤馆晚餐，回旅馆已十二点钟。当将张宫保赏给学生之品物，送交监督

---

① 即匹兹堡。
② 即张权，张之洞长子。

分派。

三十日，两大臣呈递国书。余同陈永海亦到总统卢斯福宫游览，即所谓白宫者。一切陈设，华而不丽，富商之宅，有胜于此者。以其为华盛顿创业之基，故一仍其旧，以作纪念也。时适总统与两大臣茶叙，余未入客厅，转入商民候见总统之室，坐少倾。永海告司阍者欲入内一观，司阍者即引入一室，形作长式，无甚铺设，前半有长桌一，分设十座，首为总统，其余若户部、外部、刑部、兵部、水师部、邮部、农部、内部、工商部，分次排列。桌上备有墨水壶暨纸笔四分，凡遇经国大事，皆议于此。后半为总统签押处。余正在详询一切，总统由侧门入，见余点头问好为礼，貌甚和蔼，盖此间人皆可见总统也。白宫前有石，矗立如笔，高五百五十尺，丁方五十五尺，为华盛顿纪功碑。内设有升降机，供人游赏，机可容三十余人，上升历时至五分七十五秒，即达极顶，全埠如在掌握。闻国家之立此碑，不特为游人深景仰之思，亦欲藉此鼓励群贤，其用意盖至深远矣。

是夕，行贺岁礼，先由两大臣恭设香案，望阙叩头毕，随员人等乃依次叩贺。此外无甚仪文。

丙午，正月元旦，阅上下两议院。墙垣地砖皆以大理石砌成，四壁悬大幅油画，以纪史事，并有名人画像及雕刻者。其华盛顿议事处，四围壁间悉嵌以意大利古画，望之无甚惊异，而价值甚昂。闻各画位置一如昔日，以系华盛顿手自布置，故至今未改，而色极鲜明。今有议员身故者，即以其柩暂置此室数日，俾人致哀尽敬，以为观感。

其议事章程，凡议一事，必先将事由报告值理。值理系分门公举，如学校、铁路、外交、工商、财政之属，每门各举十二人，是为公正人，经公正人核明，然后定期开议会。届时上下议院互相磋磨，以期研究至理。然每议一事，必先由下议院议妥，乃交上议院再议后，乃呈总统签字核准，方为定案。若总统以为不可，交还再议，第发还不得过三次。

上议员每省准公举二人，下议员每户口满三十万者许举一人。其上议院之中座为副总统，下议院之中座为院长，亦皆由下议员中选举。平时每日十二点钟入座后，即将本日应议各事之报告，由中座递交座前，书记朗诵一过。其时副总统及院长皆默坐静听，不赞一词，但手持木铎，或以牙制，有私相耦语及发声粗暴者，即以之击桌示禁。议者宣讲辩论，亦均有定时，每日自十二点起，至四点止，逾时而语犹未毕者，亦以铎击桌止之，俟明日再议。惟当其辩难时，彼此声色甚厉，词甚激昂。议事既毕，则朋友之交情如故初，无因意见不合而稍存芥蒂者。是日，上议院所议者，为有巨商欲集公司，在马舌鸠舌省与波斯顿埠相近开一铁路事。下议院所议者，为南边有地一区，欲改为一省事。

初二日，阅户部。全体工程极固，存储金银票各库，均以铁架建造，库门机关尤其灵巧。所有纸币，虽归刷印局代印，而两旁印花仍由部设机自印，以杜弊端。至照料印花、清理数目，皆用夫人以司其事，每经一手，必自签名。另有女司事一名，将每次经手人姓氏，用简明表登记，一有错误，立可稽查。至其纸币出入之数，则更有专员经理。立法严如此，犹不免有伪造者。闻每年约耗三万余元，盖利之所在，人争趋之，竟有下狱而仍在狱中制造者，工作之细，直可乱真。部中于私造纸币人犯，均留有照片，今已有三百余名矣。

定例，纸币一项皆须由部颁发，各省不得擅出，惟银元票则准各银行自制，仍当由部加印，方准发出行用，此官商之别也。然必有确实资本，并常年存五万元于部，方准开设。今通国银行，计有六千余家，部中仍随时派人密查，并调阅账册核算，以防亏倒。立法既善，其所以能实行者，则以西人账法最为简赅，来往虽繁，只设簿三册，凡人皆可按结，无庸经理人之指点，一目了然，故不论何时，立可结算。我国于账法一道向未考求，官场惟以旧管、新收、开除、实在四者为定则，各立法门，无一定规，以此查彼，虽穷年累月，而不能得其端绪流弊，遂不可胜言。即以各省善后局而论，有能彻底查清者乎？故欲效法泰西，宜将账法急加讲求，正本清源，其有关于财政者，非浅鲜也。至账法之善，闻首推意大利，昔人经商者皆于此取法焉。

至该部虽握通国财政之权，而所收纸烟、酒税及邮政印花税而已。遇有军事，则百物皆须抽税，军事毕即止，且其税亦仅抽诸购者，与售者无涉。其国债票，闻有七千万之多，常年利息仅得二厘，而票价日增，每百元现已增至百零七元至百十一元不等，亦足见国家之取信于民者有素矣。

下午，阅专利局。此局归内部管辖，凡能自出心裁创制新件及发明新理者，绘图具说，呈由总办分交各专门详核。总办下有三十六员，相助为理，以一员而兼数门者亦有之。局创自一千八百三十五年，至一千八百五十年又添建扩充其半，至一千八百七十九年被火后，存件俱毁。十五年前，凡制一物，必备一模型存局陈设。近十五年，以积储过多，无地位置，另建一陈设所，与局相对。近日新制之件，则皆用图说，以求简易。大约一星期内制出新件并发明新理者，少亦四百余，多或至七八百件，其民智蒸蒸日上，如此无怪商业之愈形发达也。惟仿办此局颇非易易，盖必先能集各国所已发明之物理，分门储备，遇有欲求专利者，令入局查考图说，或赴他国专利局调查，果无先我发明者，然后能呈请专利。即如此间专利局，每日前来调查者无虑数百起，甚有穷数年之力游历参考，而尚未敢出现者。有因求专利未得，以致上控者；有业已请准专利，又为前发明家呈出疑似，以致彼此涉讼者，闻已不知凡几。我国果设专利局，布告各国，将必有西人以旧制之物，为中国所未经见及者，暗令华人出名禀求专利，则利权外溢，不知伊胡底。此事不可不防。至专利期限，美国定章只准十七年云。

初三日，欲阅水师炮厂。先持梁星使函往谒水师部尚书，陈明来意。据云，厂虽隶于本部，司理者为水师提督，则此事系其专责，当为转致，俟其复音。以西人作事各分权限，虽上官亦不能擅自主张也。旋以电话询问后，乃饬人带见提督，晤面时颇致殷拳，随传写快字者至案旁，告以余欲阅厂之故，即用打字机器印成一函，送提督签字毕，交余带往厂中。余于归时，顺道复至白宫。其第二层楼有一大厅，可容数百人，闻总统之女公子下月成婚礼时即在此宴客云。厅中设有拿破仑所送时钟，系一百另五年前之物，款式极旧，犹能摆动。所悬油画，精致不可名状，有价值十万元者，洵称巨观。

午后，持水师部尚书名刺及提督函，赴炮厂见其总办。稍谈，即饬一武弁导观。先至铜壳弹子厂，凡弹重一磅者，日可出二百五十枚；重六磅者，日仅出四十枚。其压铜板马力二百五十匹，每一铜壳须转手二十二次，每次均有样板，以资考验。既成后，照章应放六次，以不炸裂者为合格，然有放至四十次者。镕铜之法，虽亦以铜铅三七参用，惟全用正料，不搀杂铜，于火候、漂铜二者尤极注意，故能质洁而性匀。闻彼中工匠大率粗谙化学，不特能守其所当然之法，且能名其所以然之理。非若中国工人仅得皮毛，便自诩为高手，迨造不合法，则又作种种推诿，诘以究竟如何而后能合法，瞠目结舌，不能道一字可比也。次阅炮厂。口径至大者，能造十三寸，现成十三寸径炮两尊。各匠工价至贵者，每日三元三十六仙，廉者二元二十六仙。全厂工匠计有四千余人，艺徒四百余名。其运用马力，则悉以电气，不用锅炉。

初四日为星期，略叙见闻，函告汪丈筌台，并修家书。是夕，梁星使邀饮。

初五日，随两大臣访华盛顿墓，乘小轮历三时许始到。地极幽静，深林老树，参差有致。墓门以红砖砌成。一室内有石墩二,其一乃华盛顿之妻坟。后即其故宅,国家派有专员管守,内所存者皆百余年旧物,有华盛顿夫妇衣服数袭,并华盛顿夫妇之发少许,贮以小琉璃盒。此外,桌椅器具,悉其生平应用之品,即华盛顿生前送其义女作妆奁之风琴,及持赠友人之物,均以送回宅内,每件上粘纸,以纪事实焉。门外有马房,中存马车一驾,状极笨重。屋后为花园,凡华盛顿手植之树,国人比诸召伯甘棠,爱护备至。园后为玻璃暖花室,有纪念品并图说出售,因各购买其一。旋即乘小轮回。船主系一水师官,即在船请午餐,食品甚丰。

初六日,阅邮政局。一切办法与芝加哥同,此间局面较大,建造工程又加富丽矣。

午后,赴博物院,得瞻皇太后圣像。余外陈设极多,非数日不能备阅,中有七生五陆路炮一尊,闻系拳匪时夺得者。

复至印刷局,即制造国家纸币之所,归户部管理。先见其总办,乃派人导阅。局中工人四千四百名,内有女工二千名,皆由考选录用者。女工每日工价一元五,如经手或有错误,归本人赔偿并加以罚。立法甚严,每印一票,自白纸以至印成,须转手五十余次,仍留两旁印花,由户部加印,故至行用时,辗转需四十日之久。质用中国奏本纸为之,有时缺乏,间用法国纸,而印成花纹,不及中国纸之显明矣。

初七日,阅藏书楼。全以意大利白石建造,地砌各种花式,工程之美,甲于全球。中有观书处、阅报处。藏书一百四十万部,计一万五千种报纸,则全国所出及外国有名各报皆备。办事大小人员五百名。所设电灯,计十六枝烛光者,一万余盏,引擎四部,每部有一百五十匹马力,常用三部,余一以为修理更替之用。管机工匠三十二人,常年需煤三千吨,综计每年经费需四十五万元。闻此楼创造时,历十有一年,工始告竣,用款至七百万元之多,其规模可想,以芝加哥者较之,宜乎瞠然后矣。

初八日，早八点三十分钟抵纽约，住 Fifth Avenue Hotel 旅馆。该埠为美洲最繁盛之区，人数三百余万。电车往来如织，车道分三层：一在地面，一则飞架空中，一则凿隧为之隧道。电车行驶最捷，每点钟行六十英里。其渡河有大吊桥，长六千三百尺，离水面一百三十五尺，建造之资计一千〇九十七万五千一百六十八元云。是晚，教会假大旅馆请两大臣赴宴，随员皆与焉，共设数百座，亦极一时之盛。

初九日，往访郑兰生，不晤。兰生设有公司于他埠，此间为其办事驻足之所，惟往来无定。晤其同事某西人，系电学专家，与兰生最相得，见余名刺，知办枪炮制造者，因言兰生现与西人集股百余万，设一电气制造公司，由渠主持一切，外间又时有求出图样者，事冗，殊鲜暇晷。又言，兰生脑力甚捷，为我西人所推服，中国能用此人，制造一门必大有进步。渠亦颇具爱国思想，惜中国用人疑忌太多，无从办事，尸位素餐之讥，非渠所能堪。甚或上官迁调，则更去留莫定，用是郁郁。否则，渠意何忍舍其祖国而久居此土耶？语次，因以电话约兰生，则因事已来此间。先是余到纽约时，即请领事函致兰生，冀约一晤。兰生接信后，适有事来纽约，会到旅馆访余，时尚未归，致彼此相左。至夕，领事为述其故，并云已改约十一日午前再来访，属余勿他出。

初十日，至一大商店。经理之法，与在芝加哥所阅者大致相同，内分珠宝、绸缎、布匹、玩器、食品、铜铁、磁石、竹木之类，约百数十门类，各派女伙数人管理。入此店者，如游五都之市，目不暇给。各处交易，其收银找续之法，设有铜管，直接至第五层楼，归一总收支处，所收货价，或银或票，盛以小盒，纳诸管内，自能吸之上升，转瞬即达总收支处，有应找付者亦即由管下递，其灵妙真觉不可思议。是晚，烟叶公司请往观剧，其戏园可容一万余人，据云该国戏园之最大者。

十一日，上午十一点钟，郑兰生过访，相与纵谈一切，既询其能否回国效力。曰：是诚素志，但现已集股成一公司，资本虽皆出自西人，而办理则专责诸余，即欲回国，非摒挡数月，觅有替人，一时断难遽行。昔年承张宫保电召，曾约订数事，未蒙电复。今年又承南北洋相继招致，皆以曩与张宫保相约之词作复，亦未接有回电。大约中国畏人揽权，余所订欲得办事全权，及无故不得撤退之约，未易轻允。然办事苟无全权，则动辄掣肘，何从得其功效？余在此间，日与专家相探讨，见报章载有发明新理者，随时皆须实验，皆增智识，而中国绝少见闻。假使回国后，初以陈说之非虚，果加信用，继或因整顿一切，为挟嫌者蛮语中伤，致生意见，投闲置散，亦在意中。届时若再来此，学业必落人后。西人种族之见最深，非学识足与相抗，即加轻视。至此进退维谷，何所适从？非订明在先，又安敢抛弃久远之事业，而轻就此茫无把握之厂务？人皆以余为要挟太甚，实则大有不得已之苦衷，君当以此见谅也。谈至五点一刻，始赶赴火车回公司，并约定有函即求梁星使转交。

十二日，阅裁判所。局面甚广，问官七八人，分类裁判，承审官居中坐，旁有十二公正人律师。案犯皆有坐位。审问时不露辞色，案既定，乃将案情宣告一通，公正人以手加额，表意见之相同。适所审结者，系西十二月十一号之案。

十三日，晤前留学生汤君辅民，此次系奉商约大臣吕尚书命，由上海派来考查商务者。论及商务，列国皆日盛一日，中国则年坏一年，振兴之道，固宜改良土货，使之外销，以冀收回利权。尤宜将各国输入各品，凡为日用所必需，如布帛器皿之类，急行仿造，先使利不外溢，所言亦颇有见地。是晚，留学生监督周子仪来访。言留学事，谓以此间学费之巨，学生必先有三四年根底，或在华已毕业者来此，再求精进，庶成材较易，而款不虚糜。前年派来之学生，有并字母尚未识者，躐等之求，岂能有益，徒耗岁月耳。后有续派者，务宜预习数年，弗蹈覆辙也。论者切要，故特识之。

十四日，阅候审所。凡犯事者，皆先至此听候传讯。楼分五层，而人各一室，视其所犯之轻重，分别等第居往。亲友皆可探望，或送衣服、食物等类。因未定案，不得遽谓之罪人，故待之特优。门左一厅，即为犯事人亲友听候带见之处。至送入各件，专派一人检查，以防夹带所禁之物。再进，则右为犯事人会状师处，左为犯事人亲友入内探望守候处。女犯在候审所，每早八点钟放出房外，任其游行，并有聚谈之室。男犯则日仅放两点钟，散步而已。

各犯每星期必洗身一次，食物亦极清洁，并有医生验视，病房、药房系备。且有藏书室，犯事人但开一书目，可随时领阅，若书为本所未备者，即派人至藏书楼领以供阅。所内杂役待各犯皆有礼貌，绝无呼喝凌辱之事。惟门禁甚严，出入皆随即下键。其未及廿一岁之犯事者，另分一区，每日并有师为之教导，以冀化莠为良，其用心可谓至矣。

犯事人所居之屋，宽六尺，长八尺，高七尺，均设有电灯及自来水管，盥具、溺器之属备焉。所中洒扫地方、照料饮食暨办事各员之侍役，皆于犯人中择其所长而用之。闻每日用以服役者，计男犯九十四名，女犯二十四名。曾见有一犯事者在收支处核算账目，收支人员待之若同事，所别者，衣服以黑白相间之绒织成耳。

午后，阅其监狱。其地与纽约相隔一海，中有小岛，则监狱在焉。先是余曾向其总办索得一函，乃持之见其狱官，即饬人导观。入此狱者系已经定罪之犯。当入狱时先映二照片，一正一侧，并将特制之尺，度其身体骨格［骼］及头颅之大小，一一记之于表，粘以照片，一存案，一送该处总督察阅，查其前此曾否犯罪，如已有案，则加重惩治。

此狱系前六十年所建。罪人住房，宽四十二寸，长八十四寸，高七尺。近年扩充，添建之房，宽五十六寸，长八十二寸，高七尺。房外余地有走廊，宽约丈余。狱可容一万一千人，现有男犯五百名，女犯八十名。

罪人于每晨八点钟出外工作，至下午五点钟回狱，分班列队，衣皆黑白相间。每班十余名，或二三十名不等，有一武弁为之约束，在路成大队，行将入狱门乃分班，皆听武弁口号。另一武弁持簿立狱门外点名，每入一班，其约束之武弁即口报人数，鱼贯而入，俟全班到齐，即鸣钟集饭厅晚餐。每人一白铁勺，盛以汤肉之类，并面包数块，食物皆须经医生验视。西人最重卫生，即其待罪人，亦慎重乃尔。

狱内地洁气清，亦有医房、药房、病房及藏书室、礼拜堂之类。楼亦分五层，上两层为办事员所住，罪人住房除例设电灯外，更无他物矣。狱旁另有黑房六间，若罪人在监再有犯事者，则收而纳诸内，然最久不得过二十四点钟。

十五日，拟作哈佛之行，因检点行李，暂交存旅社。午后三点钟搭火车，六点半钟到哈佛，觅逆旅小住。旋至各街游观一周而返。大约美洲各埠，其大街以女衣店为最多，争以时式相炫耀，亦可见其俗尚之奢侈也。

十六日，阅商办枪厂，系制造各种手枪者。若全厂均造一式之枪，日可出五百枝。现每种分造，日出二十余枝至三四十枝不等。国家派有水陆兵官各一人，驻厂考察钢质。制造时每次转手，均有人检验。迨造成磨光后，送至兵官处，另派二十五人当场逐件拆卸，以视货物之良窳。工匠论件计价，每人约日值银三元。

近年有新造之三足架快枪，共重五十余磅，扳手处极轻，两人可携，甚为简便，每分钟可放四百五十出，致远四英里，连放至一万响，枪管始变。日俄之战，日人即用此项快枪以制胜云。

其余手枪，计分三种，式样相仿佛，惟长短大小不同耳。十一点半钟，搭火车赴士卑令非①，阅国家所办之大枪厂。由总办派弁引视，先至木托厂，系用紫红色核桃木为之，既轻且坚，据云此木到处皆有，每枝所需价约美金八毫。惟将料购回后，必存储四年，然后开用。每制一木托，须转手三十一次始成，光滑异常，此项全用人工，以砂纸打磨，共用磨工二十五名，每人每日仅成十七枝。工匠做工时刻，日只八点钟，而商厂则十点钟也。此外若零件厂、望牌厂、机簧管厂，各分门类。另有修理机器厂，每厂派有正副匠目各一人，督匠工作，亦皆按件计工。全厂日出枪四百枝，工匠共一千八百人，内有打铁、钻眼、拔丝者六百人，专造节套者一百三十人。其节套工作，须转手至八十二次始告成功。至各件各次派人考验，及造成逐件拆视立法，与商办之枪厂同。其全厂马力四百五十匹，亦仅两人照料，一正一副，至办事者，统计只有六员云。

是厂系两处，一离此约数里，乃专造枪管者，自钢条起至拔丝止，另为一厂。前厂阅毕，该武弁遂约同搭电车赴新厂址，离水较近，颇得地利，与前厂盖分而合者也。有钻眼机器五十二架，每匠管十架，初次钻眼需历一点半钟之久乃通，及其告成，须转手四十二次。仍须先以重药试放一次，如无损坏，再行拔丝，所拔来复线，每机日拔七枝，共有拔丝机器六十架，每匠管六架，其枪即名之为士卑令非（Springfield Rifle）。所需材料皆出诸本国，每批由库房发出，核用几时，均有定章，无陆续领取之烦，既便稽核，且杜流弊，法至善也。

全厂月支辛工九万五千元，工价每日每名拉算约得三元。机器皆旧式者多，却坚实耐用，中国工匠程度较低，用之更为合宜，以过于灵巧之机器，授诸粗笨之工匠，反易损坏。求新亦须

---

① 即斯普林菲尔德。

得当,正不独机器为然。

十七日,阅罗域(Lowell)Mass织呢厂。机器亦甚旧,有铁架而木心者。其纺线之机虽甚粗笨,而织成之呢,则极结实。共用工人八百名,而女工居其多数。日可出呢四百匹,每匹四十码。工价以织成尺码计算。染色之缸数十具,另有专工,能使千百匹如一色。其总办现年五十余岁,自十四岁即入此厂,据言除织呢外他无所知,其专一若此,情形何虑不熟,计划何虑不精。向索章程,则云工厂办法大概不外乎此,神而明之,存乎其人,章程有宜于此,而不宜于彼者,胶柱鼓瑟,未见其可也。

是夕,赴波斯顿,乘海底电车,疾驰约四十分钟,乃登彼岸,计程六迈有零。旋由水面乘轮而返。闻海底车道,费美金五百万元而成,车行每次只收费五分,成本此巨,收费此廉,骤观之似难获利,而考其赢余,岁岁增加,可见西人经商目光甚远,预算最精,故能勇于创举,事无不成也。

十八日,由波斯顿回纽约,十点钟搭车,四点半到,仍入旧时旅馆。接得家信两函。六点钟复搭车赴费城,九点钟到,入旅馆晚餐,遂止宿焉。

十九日,阅费城商办制造火车头公司。规模宏大,全厂工人有一万六千名之多,每星期可造成车头五十架,工价七日一给,每次须发银二十二万五千元。全厂工人一万数千,悉归总监工管辖,每十余人或二三十人,则派一领工,视工作之繁简,定领工之多寡,所以使之节制散工者。遇有工匠补革,亦皆由领工禀报总监工察核,然后定夺,而所谓总监工者,其权限亦即止此。至出图样,则归工师,由总监工分派布置。其制造之件,某件需工若干、用料几何,皆有定规,故每一图样出后,其成本之轻重、工程之迟速,可预算而定也。所用办事人员,又皆各视其所长,畀以专责,丝毫不能推诿,亦丝毫不容越俎,故能各尽各职。前与郑兰生纵谈,以中国畏人揽权,若有微词,盖用人之道,首在知人，其人于此事而果能胜任愉快者，必畀以全权，实加信用，方足以大展所长，若有顾虑之心，即难收指臂之效。独是茫茫华夏，具专门学者有几人哉？我念兰生之言，我亦觉兰生为中国不可少之人已。

午后，阅银元局。通国有四，此为首创之局，始于一千七百九十二年，其余三局之印模，皆由此颁发，全国一律。其布置，大略与我国粤局相似，惟屋分数层，机器亦分设耳。四处皆有天平，每日开工，先将砝码较量一过，然后开用。工人共有六百名，月支辛工约四万元。印花车二十四架，机极坚固，胜于喜敦厂所制者，每分钟可印一百二十枚。某处应解若干，悉听户部命令。内有存放金、银、铜元等库，周围筑以铁板，其机关门重七吨，须经两人之手，始能启闭。另有一所，凡收买之金银器件及首饰等类，持赴此处，即将原件交化验处查看成色，照值缴偿，毫无耗折。化验近已改用电气，闻较药水为准，其碾片每次皆须过磅，何处亏耗，一查便知。金钱造成，以女工数之，每十枚为一数。银钱则用男工，数以木板，每千枚为一数。木板制法，前半截可以开合，较我粤、鄂两局数法简便多矣。

局中例禁綦严，不能任意请阅。厂顶之旁设有小阁一排，装以玻璃窗，寻常阅厂者，于此俯视全厂，亦可了然。余由总办领入，然总办亦极避嫌，每指示一物后，即随手放置原处。有令工匠检取转递者，交还时总办必向之称谢，以工匠乃做工而来，非任检取转递之役也。西人于公私之分最明，若稍涉私事，必随口道谢。不独此局为然，犹忆前见其户部尚书，当按钟使侍者导余查阅，时侍者屏息听命，上下之分秩然。及余阅毕，还尚书办公处，则侍者之公事已毕，同入旁坐，一如友朋矣。甚且以至卑之人求见至尊，投刺后，苟有暇晷，亦必接见，握手延坐，视同平等。如事冗，即以实告，改约某时再来，可谈几分钟，绝无一毫骄矜傲慢之气。中国名分太严，上下隔膜，涣而不合，其故未始不由于此。

二十日上午，与陈君光甫晤谈。光甫勤学而有热肠，初系自费来此留学，后乃改为官费，当其未改时，曾藉工作或演说所得之资，以助学费，苦心孤诣，令人闻而生敬。然此间学费甚大，贫者每于暑假时做工，以为津贴，或至公园为之薙草，或与人收拾地方，或在餐馆招待食客，事极寻常，即女学生亦恒为之，无有敢轻视者。以自古英豪半由屠钓，今日之沾体涂足、侧立旁侍者，或即他年之总统，未可知也。

午后，游独立厅。陈设皆百年前物，名人画像甚多。所谓自由钟者，即设于中央房屋，亦系旧式，惟每年略加粉饰，以供游人瞻仰，并派有武弁二人，以为之守护而已。

二十一日，往阅前总统格兰（Gen. Grant）墓，屋方而顶圆，全以白石筑成。格兰当南北争战时，曾统兵三十余万，亲历戎行，其旧日旌旄尚有存者，分储两箱，罩以玻璃，一代伟人亦足动人观感。闻其子现统兵驻波斯顿云。

二十二日，乘德公司轮船，船名 S. S. Bluecher，船长五百余尺。余住第二层二百八十八号房。十点钟开行。

二十三、二十四、二十五、二十六、二十七、二十八等日，风平浪静，坐立安适。计日到美洲，奔逐月余，至此得少休息。藉理游记及书札等事，殊自得也。

二十九日，翻阅兵工厂机器册籍，因忆濒行时，宫保面谕于选机、访价各事须为留心考究等语。计自到美以来，无日不念兹在兹，而阅历十数厂，参以郑兰生之言，觉欲求实际，良非易易。盖购办机器，必先查其制造之良莠为定，而各国厂家林立，既能独标一帜，则所制必有所长，然有长于彼而短于此者，是在购办者之察验精微。至所谓厂家，实非尽备各机任人查看，不过存其图样，有来购者，即按图仿造而已。然则察其良窳，如办枪炮机者，则必先到各制造枪炮厂逐件审视，考其为何厂所制，观其运动，查其工作，验其出数，合所阅各厂，列成一表，然后能定制造某项，宜用某厂之机。既定之后，又须按照所购之机，配用马力之多寡，逐层推算，备极精微，此非穷年累月莫得其详。且制造枪炮之厂，分官办商办，如到官厂，则循例派一厂员引视，若逐机盘问，繁而寡要，令人厌憎；若阅商厂，则无非导阅彼厂之宏大美备，惟望来者之多购枪炮，更何暇为我详陈？则此选机之人，非素系专门常阅各制造厂报告，胸有成竹者，不易为也。至若查问价值，告以日制枪若干枝，制炮若干尊，弹制若干颗，分家估价，此等全厂承办之价值无论，非一半月不能推算。而外国商人声气最通，并知非有专门工师主政，又非克日定购，则每将大略价值开来，即择其最廉之价，未必果廉，敷衍塞责，曷敢据为定论？此考察虽劳而难期实效之实在情形也。历观我国购办机器之员，则以铁厂总办李部郎办法为最善。李公外国语文既熟，曾任铁厂会办两年，情形熟谙，迨委令购办机器，则将平日物色之二三洋工师携带游历数国，言论采访，参以己见。有宜于英美购者，则购自英美，有宜于比德购者，则购自比德，配合多寡，全凭自主，绝不借重厂家。更携备现银，存放银行，行使咸知为切实购办者，价不敢欺，议定即订购，先付现银若干，装箱运华，由厂自行起卸，则在华经理之各洋商无从染指。此等办法，为中国所仅见。然徒靠熟谙语文，不得专门工师推诚相助，又何能至此？观于此，而知徒询大概之不足以有裨大局也。

英国

二月初一日，晚一点钟到布里貌（Plymouth）英国海口。是夕二点钟，换小轮，两点钟登岸，经数武即到火车站，三点半钟开行。

初二日，上午九点钟抵伦敦，乘马车入蜜脱尔坡旅馆（Hotel Metropale）。英京地方纯朴，不及美国整齐，路口纵横错杂，颇难辨认。楼房四五层者居多。地隧有火车、电车，惟街面全用双马拖两层之车，上下约可坐二十余人，此种大车络绎不绝。此外单马双马载一二人之车甚多，可与沪上人力车比。是日，到动物院游览。院中甚空，敞地广阔，约一里许，置走兽飞禽于丛林中，或设屋，或设铁网、铁笼之属，点缀其间。有宜水、宜陆，各分位置；有宜寒、宜热，各适卫生。笼槛之内，多有设寒暑表以验天气者，仁及禽兽，其此谓哉。

初三，适礼拜，闻博物院之大，甲于环球，是日两点钟开门，至四点钟亟往一游。数千百年之物甚多，埃及古尸有数十具，皆以布裹。另有以石棺存古尸一具，皮肉皆存，侧伏棺内，发毛色黄，面貌尚隐约也。此外，五金之品，不一而足。中国瓷器甚多，非尽古窑者，皆工细质良之品。有玉印数方，其大者约四五寸见方，上镌十全武公〔功〕之宝。又万寿山清漪阁之宝一方。又"自强不息"四字，大小两方，皆白玉、紫玉为之。碑帖有数种，类皆可观。更存鸦片烟枪数枝，真足令人羞煞也。

初四日，本拟到议院一行，是晚议事，因必取得荐函方能入内，仅至二门内一仰规模，房屋甚大。旋至皇宫，四面余地甚广，宫门有兵守视，四邻皆王亲贵族，房屋亦极大，楼三层，共二十五间。

初五日，早，阅英国大银行。是为全球最大之银行，每年出入七百余兆存银，可任人入观。国家需款，随时可拨，取息甚微，此银行于国家甚有关系。房屋则甚大而极旧，屋只一层，并无楼房。办事五千人，夜间有兵看守。

法国

初六日，上午十一点钟搭火车，是晚七点钟到法国巴黎，入旅馆 Palais d Orsay or Grand Hotel。法京地方极繁华，房屋整齐，可与华盛顿媲美，而街道公园之大有过之。

国政皆下议院主持，总统与上议院悉无重权，此较美国之民主稍别，而政治之规模亦复有条不紊。大约既立议院，则每有兴革，磋磨公理，思虑必周，即偶有参差，亦复随时改良，非是无以收群策群力之效也。

初七日，阅拿破仑墓。地方极大，四围房屋，楼两层，内存刀枪剑戟、古制戎服、头盔等无数。中一大院落，院后即拿破仑墓，工程美备，游人须两佛郎，雇人带入。是夕，刘钦差邀饭。

初八日，到皇宫旧址。阔约数里，四围房屋，现皆改为国家办事衙门。中央余地极大，开设马路、公园，已成为通衢大道，博物院亦在其间。另有旧皇宫在他埠，闻极华丽，未暇往观。

初九日，阅博物院。此院每早十点钟开门，内有油画甚多，习油画者多到此摹仿，女较男多，摹仿逼肖。此间油画，又较美国胜一筹矣。内有头盔两顶，全嵌金刚钻、宝石之属，四面围以栏杆，中设一人坐守。又有钻石一颗，约一寸许见方，诚世界中罕见者也。

初十日，到公园。周围约十余里，深林密树，中有大湖焉，径回路折，绿草青葱，到此如入桃源，诚足令人心怡目悦。湖中小艇十余艘，白鹅十数头，浮游水面。乘马车绕湖一周，约三里许。礼拜日，游人以万计，肩摩踵接，上海之张园，千万不及一也。西人尽心民事，乐民所乐，无不备极经营，不吝用款之多，必求其美备而后已，盖公园于卫生，有大关系焉。

法税甚重，美洲纳地税、身家税，法则纳地税，以窗门多寡计。其国政治，系以全国分为八十六区，每区举议员数人，全国议员，上议院三百人，下议院五百八十四人。总统系由上议院议员选举，下议院不能干预，此则与美有别，惟总统之权，美较法重。

法国各处，类多贵族当权，贫民甚困，且奢侈太甚，游戏之场，连宵达旦，各商店上午须十点钟始有交易，风俗奢侈，更甚于美焉。

十一日，登铁塔。此塔前六年赛会所建，高三百米达，合九百余尺，登绝顶可望地中海。惜升降机已坏，正须修理，未得登临绝顶，一快壮观，只在中层循级流览而已。

比利时国

十二日，两点钟乘火车赴德，是夕经比利时，铁厂、制造厂，厂屋林立，煤矿甚多。此次由美来欧，沿途极少见山，比利时石山颇多，惟不甚高，居民建屋于山石之间，颇入画景。比利时以小国而能自立，其讲求制造、开矿、炼钢之学，蒸蒸日上。尝谓一技之长可以立身，人固有之，国亦宜然。

德国

十三日，早七点钟，住抵柏林 Hotel Der Kaiserhof。旅馆街道异常整洁，四望巡警甚少，而能事事井然，其教育公益之理，平日必融贯于四民心目之间方能至。此国为君主，而事实下行，君非专制，而人皆有尊君亲上之心。果如此，则宪法之立，丝毫无弊矣。前抵英京，友人检阅去年旧报纸，内有英皇被女子掷花伤面一则，系英皇是日乘车到公园游玩，路旁有卖花女子，提花篮见英皇路过，以花掷入车中，误伤皇面，巡警即将女子送官究治。官以事伤天颜，未敢定罪，因即具奏请旨。即日英皇下令，速即释放，复即函谕该女子，嘉以爱君之心。盖西人恒以掷花表爱慕之意，即究治，亦仅罪其掷力太猛耳。英皇不但赦之，乃更嘉之，其君民爱力有如此者，特并记之。

十四日，往谒荫星使，未值。旋将张宫保赏给留学生笔墨、食品四大箱，送星使署转发。此次道经三国，衣箱行李多破坏不堪，亟亟收拾，竟日未出门。

十五日，随钦宪阅雷维机器厂（Ludw, Loewe & Co. Berlin）。该厂所用机器，多购自美国，而德国制造日出日巧，虽参用美机，而近日进步，将有青出于蓝之势。美洲机器结实耐用，德制则灵巧便利，各有所长也。

雷维分两大厂，一制机器，一制枪。机器厂工人一千三百名，制枪厂二千三百名，日出枪七百枝。枪分三种，一毛瑟，一手枪，一三足架快枪。除架重六十磅，每分钟放七百余响，口径七米里九，致远三千米达，制法似较逊美洲士卑令非所制之三足架快枪也。

该厂存图样秩然有序，年代最久者亦一查便悉。其管理之法，皆由各项专门集思而得，故能无微不至，若徒仿其外观，而无专门管理，终亦难行。如外间来定购各项机器，先由机器师寻出图本，或另出新样，由木样而翻沙而制造，层递接续，交各项专门分门估价，汇成后即知成本若干，丝毫不谬。至如何省工，如何省料，亦由各专门随时考核，随时改良。中国每办厂务，聘请工师，则无论何事，由平地建筑以至安配机器、制成器械，均责成此一人，无论各有专门，即勉强令其肩任，亦仅按图索骥，拉杂而成，即属办成，縻费不计，而以一人之力终始撑持，欲其事事皆精良美备者，其可得耶？

十六日，下雪，甚寒。是日由 Hoeltzl, Pension Potsdamer sta. 28 旅馆迁出，觅一英人家，搭住房屋，较旅馆宽大，因欲考西人理家之法，且嫌旅馆内酬应太繁，嘈杂不堪也。枪炮厂前工师科本来访。

十七日，答拜工师科本。伊母年八十三，精神尚健康。旋与科本乘车，到各通衢大道一游。经过皇宫，规模甚大，然亦不过一大洋楼耳。临近即四处商居，若不明言，实不知其为皇宫也。宫前有前皇铁像一大座。德皇新建行宫三处，往来无定，惟驻跸之处，则树一旗耳。

十八日，阅电机公司 Allgemeine Elektricitats Gesellschaft,

Berlin，专造运动机器之机，以代马力者。该公司分设七处，工匠二千余人。有发明电理之所，皆学生毕业后到此试验，费用甚縻，惟不惜重资，以冀发明一理，则收利无穷。公司内细微工作多用女工。

十九日，齿痛甚剧，往访科本，同到牙科医生处镶牙。

二十日，早九点钟搭火车赴阅大船厂，厂名 Vulcan Ship-Yard，at Stettin。十一点四十分钟到该厂。兵船、商船皆能自制，局面甚大。现制成商船一艘，系备由德赴纽约之用，为环球最大之商船。现在纽约海口水浅，该轮仅能容一万四千吨，如再迟五年，海口淘深，可载二万六千吨。船长七百一十尺，阔七十二尺，高九层，每层八尺，能容头等客位七百余人。中国定远、镇远等兵船，皆由此厂制，现尚存有小样。此厂每制一船，必存一样，陈设一处，甚属可观。船上炉座机器，皆由厂制，锅炉制工甚细。其钢板接口处另设一机，以沙轮逐渐磨至极平，光滑可鉴，然后锅钉丝毫不致漏缝。该厂工匠七千余人。

二十一日，赴杂货公司。欧洲以此为最大，工程较美洲繁华，而生意之旺则不及美。货色皆人家日用之品。司理账务亦皆用女工，内有谙各国语言者导观各处，价值划一不欺。

二十二日，赴藏书楼。工程大不及美，惟古书甚多，多属抄本，有一千余年之书，中国书籍种类亦多，然无甚佳本。阅书之所不及美之整齐，藏书共一百二十万种。

二十三日，至油画古物院，内存皆数千年之物，多埃及国古油画及古铜各器，又有埃及城墙一段，雕工极细，土耳其皇所送也。

二十四日，阴雨，头痛，未出门。

二十五日，随钦宪赴阅博物院。其农具略分沿革，并各图式样，备极精详，农田所用各器毕备。矿石分类存储，发明开矿工程、苗脉安设、车路理法，以一大座矿石用人工雕成，作剖面形，与真矿陇无异。动物系考其性质、骨骼，皆以药制，存其真形耳。并略备植物各种，惟不多。此所系国家所立，以备生徒到此考验。内有总办一员，学问极博，任举一物，皆能发明其理甚详。

二十六日，到俾士麦府，不过寻常洋楼一所，门外有兵看守，房屋整洁，无甚奇异。旋到德皇宫前一游，宫左旁有河道，旁附长太子宫，又附前皇宫，又附公主宫。皇宫对面有礼拜堂一大所。宫前即通衢大道，毂击肩摩。

二十七日，阅救火局。新旧两所，闻警三十秒钟可齐备。计救火水龙、水管、伸缩梯三项，皆以双马车驾之。水龙有两种，一用蒸气〔汽〕，以洋油升火；一用压气。先以压气之车救急，俟火磅足再继以蒸气〔汽〕车。其伸缩梯亦用压气推动，约可伸至十丈，其形略似起重架，亦三角斜度，算其伸力，顷刻即可伸至八层楼屋顶，利便极矣。一闻警号，各司各事，丝毫不乱。马匹极精壮。有烧伤之人，即从窗外弃出，下以四人撑一帆布接之。接落后即取药箱，在路旁立刻敷药，并即抬送医院。有避烟头盔，有能避烟复能避火头盔，另以药制绒衣服之背后，拖一长水喉，穿好后即可纡入火林，救人救物，以此为最利。前数月，法国煤窿失火，电来请救，此间立派人驰往，救人甚多。此器惟德有，他国尚无也。柏林分设十九局，每局五十九人，以三分二值班，以三分一休息。局内布置甚整齐洁净，各兵衣履皆鲜明。局有电报房，有报生值日。全年救火动用仅二万马克，经费可谓廉矣。

二十八日，晤前汉口税关德员赫君，华语甚好，华文亦通，与之谈论良久。中国情形甚熟，此次议商约，伊亦在其列。其回德系吕尚书派来，接晤德外部，亦因商约事也。赫君言，留学生必须待其毕业后，方可调回国用，三二年程度者，断不可用，且必偾事。并言，以我德人论，生于斯、长于斯，语言风俗素所习熟，尚须读书十五年，始能任事。我年仅二十七，而任议商约之事，本不克胜，惟西人在华久，谙华语、识华文者甚少，故能滥厕耳。赫问余向当何差，告以在兵工厂，因托其购办教授机器门径诸书。即到大书店查问种类，精奥者甚多，惟非有极好德文者，不能翻译。因择其浅近显明而又最新之图说，于机器、木样、翻沙以及起重法门、建造工程工艺等书，酌购六十余种，均造就艺徒、开明智慧之用者。

二十九日，阅工艺大学堂。房屋宏大无匹，工程美备，地处荒僻，往此沿途树荫浓密，取其清净，便于用功。内分六科，为机器、工程、矿学、电学、化学、图学。其发明各艺之理，皆有特设器具，应有尽有，所谓百闻不如一见，此皆实业之学，用处最广。惜中国留学生未有入此学堂者。德国研求之功，实较各国为锐，将来进步，诚未可量。各门专书，亦以德为最美备。此学堂学生，计三千五百余名。

三十日，到动物院。地方广大，与英国相垺。此间有河马两头，长约一丈，头似牛，宽二尺，口大如盘，形状怪特。此院四面皆丛林，随处安放点缀，甚属得宜。游客每人收一马克。

三月初一日，为星期，拟明日到克虏伯厂（Krup'ps Works at Essen）。收捡行李，未出门。

初二日，由福得利车站搭车赴耶森，十一点四十分钟开行，是夕七点三十分钟到。旋入克虏伯私家设立旅馆。耶森无上等旅社，而游历之员及与克虏伯有交易往来者甚多，因特设一旅馆接待来宾。房屋华丽，供张极好，系由该厂迎来者，不取资费。大约寻常游客，此馆亦不接入也。是日，钦宪赴他埠游览，余未随行，故先到。

初三日，往访该厂总办，未晤。

初四日，随节阅克虏伯化铁炼钢厂。大炉离耶森数十里，该公司备火车，八点半开行，九点十五分钟到。该厂异常宏敞，洵称巨观。化铁炉新旧各三座，新者每日出铁约五百吨，旧者仅二百五十吨，合计约日夜出五千吨。打风马力机分设四处，每处或八副或六副，均未开齐，皆留两副以备调换。先阅化铁炉打风机，与汉阳铁厂大略相同，惟炉坐则较大。提运铁炭全用起重悬车，丝毫无须人力，且前有运河一道，设起重悬空车提载煤铁，省工甚多，利便无穷。

次阅钢轨厂。先以长方钢，约长一米达，宽三分米达，之一入炉烘透，以悬机递送至辘轨机，往复数次。辗长十九米达，每条分裁六段，自长方铁起至成轨裁断止，大约不过十分钟。是厂作工之人不甚多，全赖机力以为运动，而其速率实倍人工也。

次阅铁货厂。凡扁圆、方角之铁，皆在此厂制造。近日泰西起造房屋，内架全用铁制，生意因之日旺，所存铁料甚多，制法亦依次辗长。制轨、铁货两厂，本附设耶森克虏伯厂之内，以生意日繁，故特另建是厂，落成仅两年耳。此间工人四千有零。厂外余地甚多，共计丁方二百五十二万米达，皆克虏伯地也，其局面之宏可想矣。

次乘马车游览工匹〔匠〕住屋数十家，共占地八十万见方米达，皆公司建设，收租甚廉。房屋款式甚好，每数家聚，中即设一公园，以为游息之地。

次阅残疾养老之处。亦环聚数十家，每人每年除房屋不收取赁资外，另给六百至八百马克，以赡其口。女少东年仅十九，学问甚优，常到此探视慰问，其待工人可谓至优极渥矣。

次阅工人沐浴所。每人入浴收十分钱，小孩减半。去年共计入浴工人三万七千五百人。西人作事无不纪数，以为稽考。沐浴，微事耳，特且详记，其他可推。

次阅养病室。工人有病或受伤者，即送入此室调治，不取医费，且款待特优。

该厂所需生铁，系从吕宋购用，炼钢之钢种，亦从外购。该厂自有之矿，则煤矿、石灰矿，共一百余处之多。

初五日，阅耶森克虏伯罐钢厂。炉一十八座，此厂开设最早，每炉放一百罐，每罐九十磅，每六点钟出一炉，日夜四次。

次阅克虏伯未发达前打铁之处。房屋矮小，器具古朴，前后不过五十余年，一经改良，竟为环球推重，此殆森林之萌蘖欤。

次阅炮厂。最大制三十五生炮，皆横塞门零件，仅十五六件，开闭极灵。

次阅钻炮眼厂及制台炮大小两厂、制零件厂。

次阅汽锤厂。汽锤重力五千吨。

次阅救火处。办法与救火局同，由厂禀请分设，此处经费即由厂出。

次阅镕钢厂。每炉出钢十八吨，此钢为制船板之用。

次阅辗船钢板厂。辗轴设炉前，烘透出炉，旋递入辗轴，由六七尺长、四五尺宽之长方大钢一块，往复数十次，即辗成二丈余长、一丈余宽、八九寸厚之钢板。此种钢板，兵舰、巡舰多资之。此厂有溅火池，旋用起重悬车，送钢板放入池内。其制成铁板，能抵各种炮弹若干透力，皆有存样，以备阅厂购炮者考证焉。

下午，游克虏伯园。广阅数里，其住屋即在深林小丘中，马路四通，局面阔绰，园中花木繁茂。照料此园需用工人四百名，气象可想。时适厂主夫人及女公子出外游历，无人应客，故未登堂。

六点钟搭车赴灭平。此地甚荒僻，居民仅百数十人。到此之夕，同人分宿旅馆三处，虽属乡村，而极整洁。村旁有小学堂一所，男女学生数十人，学堂地方甚小，仅容数十坐位，师生皆早出晚归。

初六日，早，搭火车行。一点钟到打靶场（Meppen, Shooting Ground）。排列各种炮，最大者三十生，最小者五生二。有台炮，有管退陆路、过山炮。其试炮场两旁皆密树，旁设铁路，打靶毕，即以电车载人至靶前，阅线路开花子撒面。其靶有以铁板制，有以木板制，有以铜丝制。阅炮子飞路昂度，有暗房，设回光镜，以大缩小，如在掌上，审视极明。其台炮三十生者，机关甚灵，全以电机运动。是日共演炮十余尊，放数百响，闻是日演炮之费，共耗八万马克之谱云。阅毕，拍小照，旋延入客厅午餐。钦宪随搭车游他埠，余同该处总办等数人回耶森，拟再阅炮厂、机器厂。是夕九点半钟回耶森，入原住旅馆寄宿。

初七日，早，该厂接待员徐君、萨君两人，备双马车来旅馆迎接，旋同至各厂察览。仅到三厂，工作无甚奇异，不过厂屋宏大，机器全备而已。萨君能操华语，观察考求颇资解释。复由接待员引至厂中陈列所内，有大小各炮及各种炮子。钢质沿革之房，陈设甚密，仿佛一小博物院也。阅毕，请食午餐，仍以马车送回旅馆。是夕搭夜车，十一点十二分钟开行。

初八日，早七点钟，回柏林。

初九日，早，往晤前汉口税关洋员赫美玲，托译所购书目，约定下午六点钟同到书店，查阅政治、法律、商务、税务、农务、工艺各书。据赫君所称，名目繁多，当先有门径，方能择购耳。

初十日，往疏铿疏突机器厂。该厂局面甚小，制造之所，仅有两层楼，惟能承揽各种机器。四川制造枪炮机器，在此定购者甚多，现正装箱，不日起运云。

十一、十二两日，病，未出门。

十三日，早八点钟，徐步到一公园，十里深林，林间设有跑马路，为德皇时常驰骋之处，民间及武官早间至此乘马者甚多，如遇德皇，仅免冠勒马而已。马路系以细沙、木屑、食盐拌成者，取其无尘器并不伤马足也。

十四日，往阅空中地隧车，工程与美相仿，惟不及美驰之疾。

十五日，约留美法律毕业生张君煜全，乘马车至丛林中一游。极幽雅，有茶座数百，布置树荫之下，以待游人。

十六日，赴德皇旧宫，其地译名勃士耽（Potsdam），由柏林搭火车，一点余钟可到该埠。乘马车先至前皇维廉第一墓，入内各人皆须免冠，步履皆轻徐，交谈声音皆极小，盖恐有震惊陵寝之意。此屋圆顶，四面嵌墙及圆柱，皆以淡黑色之石，磨饰极光，地面则全用大理石。嵌墙先用白石，今皇以不美观，故改用淡黑石也。沿墙皆有花圈，有他国皇所送者。中央两石椁，椁内刻真像睡其上，雕工极精。旋往旧皇宫，以二十分钱买一票，由司阍者带入屋内，四面有全堆银花、有全堆金花者，壁间多悬古油画。有睡房一所，据言拿破仑曾在此睡一夕。书房、弹琴房、会客房、跳舞厅，皆金碧辉煌。另有大厅，四面皆以磨光白石砌成，以各种螺壳堆花，甚精。方柱中截，堆嵌各种宝石。地面以黑白石间砌，灯光之下，掩映可观。其陈设之美，笔难殚述。宫前芳草绿茵，四望皆参天密林。此宫仅建成一百五十年，相离二里许，复有旧皇宫一所，建自一千六百七十年，闻内存者有中国天文仪并旗帜，不愿往观，遂回车，返柏林。

十七日，阅军械博物院。内存古今军械甚多，有与各国战争夺回炮位、枪支，并夺存拿破仑帽一顶，小手枪一枝，大小宝星十数个。中国旗帜甚多，皆拳匪时夺回也。

十八日，阅皇宫，马车可至宫门。以半马克买一票可入。游人甚多，有人领观，约半点钟一班。房屋皆金碧辉煌，有各国钦差觐见之所，有功臣会晤之所，有赐宴长厅大小两所，有跳舞大厅。地方洁净异常，游人入观，备有套鞋。地面全以木块或木条砌成花纹，光滑可鉴。其宴客之所，有以银制小阁，值价八十万，前与法战，拆毁以充军饷，今易以银皮包成，仍其旧制也。各处多悬各国君主油画像，并德前皇像及纪战事之油画甚多。陈设皆椅桌，器皿无多也。

二十日，赴议院。此院建成仅数年，工程可与美洲媲美，内有议员叙会处、议员阅报处、议员及各尚书办事处。德国党派甚多，各党皆有办公之所，房屋不下数十处，各区位置皆极得宜。其穿堂过路之处，地面全以大理石，柱壁全用意大利花石，磨工之精，工程之美，较之皇宫有过之无不及。

二十日，闻意大利火山炸裂。

二十一、二十二、二十三日，为耶稣复生节，各商店及办公所皆停歇。旋阅天文台，观星宿。连日到各乡村游览，别有风味，贫寒之家，操作皆有定时，地方皆极整洁，绝无欹斜破败之屋。道旁、田旁、山脚之野草，无不芟除净尽。孩童入学以时，放学后各为游戏，皆与体操相近，于以见其教育之善也。

二十四日，旅馆主妇约游威尔特乡，乘火车，约点许钟即到。此地有小丘，四围遍栽桃李，一望十顷，桃李盛开。丘项有茶室，设音乐，以备游人驻足焉。

二十五日，旧金山电传地震，伤人无算，房屋倒塌过半，九层之大旅馆，为地球上最华丽者，工程三百余万金，前往金山寄寓数日，今已成焦土矣。唐人埠居市中极旺之地，西人久欲占居，屡驱华人不果，今此处闻亦倾倒，焚烧殆尽，华人从此无立足之地矣。

二十六日，往车行，买赴俄国票。

二十七日，施鹤雏太史、冯玉潜观察以余将别赴俄，特备我华菜品饯行，皆自烹调，大遂思莼之愿。饭毕，已十一点钟，赶赴火车，未几即开行。

俄国

二十八日，午入俄界。德俄以小河为界，河之西南为德，河之东北为俄，四面荒郊，一桥中渡。俄界有一兵持枪站立，四无人烟也。

二十九日，早八点钟抵圣彼得堡，使署随员有与同行管君相识者，均到车站相接。旋引入 Hotel de France St. Petersburg 旅馆。俄都房屋，不及欧美华丽，然亦坚固可观。街市异常宽阔，地方亦甚整齐。巡警甚严密，入旅馆未久，馆主即来抄姓名并取护照，以备警察员查验也。

中午，往谒胡星使，坐谈良久。道经皇冬宫，俄皇近日出住夏宫，闻冬宫房屋一千余间，甚宽大。俄都已定华四月十七日开议院，议员闻已选举，惟政党分五：一中立，一维新，一革命，一循旧，一泥古，全国政权皆授首相维德一人任之。维德人极精明，惟党派多，议论纷杂，恐设立议院不免有冲突之患耳。

三十日，约留学生夏维松至劝工场游览。彼都无甚出产，并制造工艺陈设各品，多由巴黎运至。俄之奢侈颇类法国。兵官服式与德国大同小异。其大学、中学、小学、贵胄、工程、矿学、铁路各学校，学生服式皆甚分明，一望而知为某学校生。俄都外观亦极整齐。大约高等学程度，可与各国相埒，惟普通学，则较逊他国，下等人识字者不多。街市宽大，为各国所不及，其通衢大道，亦复车填马塞，大气磅礴，气象万千，诚未可以偶败于日为论断也。正月间，国民会集皇宫门前，要求立宪，开设议院，必得明降谕旨，方肯退散，其中大学堂学生及大学女学生甚多。首相出为调处，一再仍不允。旋拨兵弹压，仍不退。因放空枪数排，各仍不动声色。再入真弹施放两排，毙男女数百余，仍不散。卒逼至首相肩承允立议院，定期举办，各始渐退，而仍议论纷然，其国民之识见可想矣。

四月初一日，留学生严式超带游矿质博物院，附近即为矿务学堂。内矿类甚备，内有长式矿一长圆块，以玻璃罩盛之，质甚透亮，为地球仅见之质，惟未考其名云。又设矿窨一道，深约半里，为人工造成，以便学生考求之用。旋至各小岛，树林穿插，四绕河道，颇饶风景。彼得堡小岛环绕数区，皆有桥可通，其河面稍阔者，并有渡船。

初二日，阅俄皇冬宫。房屋三百余间，墙壁柱头有纯用金色，有以各色缎裱墙，椅桌铺垫之颜色，与墙壁之色一律。其亚历山大第二办事房、阅书处，并当时为乱党枪死之床褥，血迹尚存。又立可奈第一办事房，并其后之寝室，椅桌器具皆仍旧位置。又天主堂一所，俄皇崇信天主，时到此堂礼拜。俄都天主堂甚多，愚民入堂礼拜者不绝。其礼拜堂设立，最盛大者，不惜重资结构；其小者，街头巷尾到处皆是。堂内点烛而不焚香，入礼拜者一跪一叩，以指点额，并点胸际数次。俄民迂信天主，犹中华妇女信神佛也。

初三日，阅纸币局。办法与美洲大略相同，惟美币纸张多购自中国或法国，此间则由局自制。套板亦极细，防弊亦极密，能刻各种精细铜板，其铜片及镙格，而片能制至极薄，以之压蜡模，可成凸形，纤微毕现，此各国所无也。车票纸及各种印花，皆出此局。工人共四千余名，女工亦甚多。机器全以电机发力，不用锅炉马力也。

初四日，两点半钟，见外部大臣，并到各部投刺，均胡星使带领前去。各部衙门俱设皇宫前面，见外部不过寒暄数语，无甚深谈。旋到博物院游览，内存大彼得遗物甚多，有大彼得在瑞典国战伤左足所乘之椅轿并马车，及大彼得自制之千里镜十余个，糊纸成筒套，能伸缩，式样虽笨，而当时创制亦诚不易。此外，各国赠送之品无算，珠宝玉石，五光十色。大彼得自制测量器具并钟表等件甚多，当时制器所用之机件亦甚多。此院与皇宫相连，悬挂油画之所十余间，皆名人手笔，可与巴黎媲美。院内陈设石鼎、石桌，多用青金石并绿松石制成者，其石皆产诸乌拉岭云。

初五日，驱使署辞行，并买车票赴奥。

初六日，下午六点钟开行。

初七日，午，复过德俄交界之处。

奥国

初八日，上午八点钟到奥京。旋入 Hotel Bristol, Vienna 旅馆，收拾行李，即往使署投文。适新任李星使到任未久，出门拜客，未晤见，参随诸员坐谈片刻即回。

初九日，谒李星使，闻两钦宪须月望始能抵奥。

初十日，李星使邀饭，谈及此间考查，必待两钦宪到后呈递国书，方能到各处查阅。大约奥国政治多仿德国，观其巡警、街市与及布置公园，一切规模多取法于德。西人政治，皆先从地方整顿起，尤注意于警察。欧洲土地，各国犬牙相错，火车往还不绝于道，若防闲不密，弊端丛生，故必以治家之法治国，以治身之法治家，然后能脉络贯通，筋骨强壮，此可以即小见大也。

十一日，阅奥国武备，以马队为擅长。是日适见江南官费生刘君，约同到马队营并该营讲习所。营不甚大，房屋四层，每层住兵一哨，以一哨官管理。马匹皆深栗色，毛既光洁，体尤苗壮，选马以五岁口至十六岁口为度。复有骑马厂，方仅数十丈，四边围以斜式木板，顶全盖瓦，虽遇雨雪，仍可训练。地下以沙土七成、盐一成、木屑二成参合，使尘土不致上扬。马鞍辔圈，收藏甚好，时时擦油，有经用三十余年尚未损坏者。兵丁火食，皆由营备，每月给零用费仅约中银二元耳。营盘对门有兵官住宅一区，楼房亦四层，系国家所设，取租较廉，以示优异，刘生亦寓此宅。此营为御卫营，故设兵官住宅，他营无有此也。

十二日，到博物院，无甚奇异，油画亦甚多。是日，奥皇到旅馆，回候其属国太子。奥皇年七十五，精神尚健，乘双马车至，见者皆免冠为礼，并无繁节。旋即入升降机，至第二层，随来者三四人，坐约半刻，即回宫。欧洲国皇，时到各处公园游览，平民遇见，无非免冠立道旁。前在德国，时见德皇到各商店购物，或于公园与皇后及太子步行，惟乘车出宫，则所经街道，所有电车、马车、货车，一律暂停耳。

十三日，是日为赛马车会，有极长马路，约十余里，两旁栗树，绿叶浓阴。道中约隔里许，设马巡一名，道旁观车者，以数万计，各皆站立两旁，无敢在路中穿插。马车左来右往，鱼贯以进，不得疾行，游人之车在左右、皇族之车在中驰。是日车价，较常昂四五倍也。

十四日，游公园。布置多仿罗马款式，大地一区，中有小池，设小艇、小轮各数艘，四围树木。游人更多。内有音乐演剧之场五六处。有大飞轮一架，高约数十丈，悬箱数十个，皆四面玻璃，每箱可坐十余人，买票每人收一可伦，约合华银四角，发机即旋转一周。此虽游戏之具，而全轮皆以铁制，资本固亦不轻。西人营业眼光甚远，凡创一业，不惜巨资，收效虽迟，而获利确有把握，固由推算之精，亦足见商战之锐也。

十五日，观议院。各国规模大同小异，此间皇权亦甚尊，民间亦甚爱戴，惟皇后前数年亦竟被刺。大约国民程度太低，则每苦专制之逼压；国民程度太高，又动多过分之苛求。两害相形，则取其轻，无宁失之太高，以善为应付，第居高临下者，虽时时儆惕，一秉至公至平之念，犹或不免于祸。《书》曰："予临兆民，懔乎若朽索之驭六马。"其此谓哉。

十六日，两钦宪抵奥，同人皆到车站迎接，外部亦派有司员到车站照料。闻此间接待，一仿照德国办法。

十七日，阅医院。此间医学甚盛，各国医学生毕业后，多来此考求，东洋来此学医者有三四十人。胡文忠谓兵事为儒学之至精，余谓医道亦儒学之至精也。

十八日，一点钟，两钦宪呈递国书，余亦奉派随同觐见。皇宫派双马车八辆来迎，到宫门，由左旁登梯至第二层，有武弁数员站立门外，经穿堂两道至一大殿，钦宪以次站立整齐。有武弁启殿右边门，向内一鞠躬，奥皇即从内出，立于殿右，各皆一鞠躬。戴钦宪将国书念毕，呈递奥皇，立谈片刻，旋与参随各员依次近前，问话数句，退两步一鞠躬即入。各皆退出，仍乘皇宫派来之马车回旅馆。钦宪以次皆得有宝星。此次觐见共十八人。

十九日，奥皇邀饭，亦派马车来接。席设奥皇夏居之宫，离城十余里。宫前余地数十亩，芳草绿茵，平铺一色，花香鸟语，逸趣怡人，车行甚乐。到后入门，亦登梯至第二层，入一殿，钦宪以次皆立定。少顷，奥皇即从内出，免冠鞠躬，与两钦宪及李星使握手，立谈数语，即引道先行，至饭厅，各归各座。肴馔层出，烹调甚好，皆合卫生，最易消化之品。奥皇年高，而食量甚饶，步履亦健。酒五色，菜十余种。侍餐者黑衣白裤，胸左多挂功牌。器具皆用银，不用瓷也。餐毕，仍回先到之殿。奥皇即以烟卷相让，旋与外部及各尚书、提督立谈，约半点钟，复与钦宪及各员略谈，又与钦宪握手而别。仪节甚简，除食饭归座，余皆立谈。两次诣皇宫，来回道经之处，民间多免冠额首为礼者。

二十日，阅商办枪弹厂。此厂专制各种枪弹，各处可来定制，俄国定制二万万颗，已交一半。此厂能日制二十万颗，工人四千有余，而用女工过半，检查甚严。厂屋多以住屋拆改，机器不及德制灵巧，而造件亦甚精良也。有装小火帽机及压弹头机，颇省人工。自奥京到此厂，须乘一点钟火车。

廿一，早七点钟乘火车赴士替亚，十一点钟到。阅商办枪厂，曼丽夏枪即此厂所制也。近年另出一种机簧管，零件仅五件。其藏弹库用螺簧挑弹，入槽力匀，而不易损坏，较用之字簧为良。其望牌木托，与德制九百零四年之式相仿，而德制外观较精良耳。此厂专制枪，不制弹子，其钻眼、拔丝、节套、机簧各大件者，皆分厂制造，条理井然，日能制三百枝，皇家亦派兵官驻厂收验。另制八响、十响手枪，及水管快枪，口径八米里，以帆布带装子弹，机动则带自盘旋，每带装二百五十颗，有三足架乘之，拆卸亦甚便，共重五十启罗，枪重二十七启罗，架重二十三启罗，致远二千密达，仍能取准。此厂机器皆非新式，而制件亦优，千百如一。工先利器，尤贵得人，此厂工人不多，如拔丝、钻眼等件，有一匠而兼管十余架者。厂外有小河，水流极急，即设机以水利运动，费省而工又简便也。阅毕，厂主人以马车约游山景，旋转十余里，高数十丈，沿途皆有马路，浓阴绿叶，水声潺潺，隐约村落，黄童白叟，载道欢呼，颇饶风致。时已日落，厂主留饭。是夕九点十分钟，乘原车开行。

廿二，早六点钟五十分抵批耳森（Poolsen），阅炮厂。此厂能制五生七至三十一生半炮，及过山、陆路、台船各炮，英国、俄国亦有来此定制者。过山、陆路各炮皆用管退，口径以七五者为最多，炮上零件愈求愈少，机关愈巧愈灵。炮钢皆自炼，翻砂厂极大，工最忙。大约船炮、台炮两项较多。有新式台炮，如套筒形筒，可伸缩，并可四面旋转，可藏七生五二十倍长炮一尊。炮亦能伸缩，筒内可容炮兵两人司机，惟稍嫌伸缩时慢，恐遇敌炮一来，不及闪避耳，若能改用电力升降，则利用无穷矣。其过山快炮，亦用驮鞍四个，妙在款式一律，概可调用也。阅毕，厂主留饭。十一点钟，仍乘火车回维也纳。是夕七点钟，到匈牙利国。

匈牙利国

廿三，早九点钟往匈牙利，下午一点四十分钟到，入 Grand Hotel Budapest 旅馆。少顷，枪弹厂总办即来请钦宪阅厂，备有电车数乘，疾驰半点钟始到。时适大雨，幸到厂即晴。此厂极宏大，专制各式枪弹，较二十日所阅之厂，又进而上之矣。此厂日能制弹百万，除领工外，多用女工。其镕铜一炉，以数十吨计。机器虽多，皆甚窄小，占地无多，舂壳收口各机皆长方式，占地尤少。制造之工极省，机价必廉，机器本在适用，无事外观，德国之机固好，第未免过于求工，价必昂贵且不耐用，如非关系取准之件，为省费起见，则不宜购办。英美之机则坚固耐用，然不及德制之巧，价亦不廉，若求价廉而适用者，当推奥国。此厂检查考验，不惜人工，必求其准。其验小火帽高低之法甚良，以样板一具，上设电铃，将弹推入，以铃响为度，其不响者则火帽太深，恐撞针不到，旋即剔出。此外验药之深浅，铜壳之厚薄，各有专机，丝毫不苟，制成之弹，可决其无流弊也。俄国现定制一万万颗，尚未交齐，英法亦常来定购云。该厂复能制德律风铜丝以及厚薄铜片、粗细铜条，又制各种炮弹铜壳。创此巨业，固非一朝一夕之功所能遽及，而考其能致此之由，固贵用得其人，亦必有以使任事者视厂事如家事，一无顾忌，然后可也。中国制造厂，苟能推诚专任，招致专门名家，如留美之郑兰生其人者，厚给盘川，先令到各国查考一周，探各种制造之销场，然后听其自行招觅各种工师，归彼节制。人各有长，亦各有短，任其自招，相助则必得人，回国后体察情形，既有把握，则当能听其放手做去。款有不济，官任其难，明知论高难行，不免窒碍。而历考各国办法，无论何事，皆须互相维系，一气呵成，方收大效，制造其显然者也是。故握全厂之最高权者，用外国人不如用本国人，必须具吞吐万象之能，学问、阅历两不可缺，更资群策群力，相佐为理。行之十年，或者可以并驾欧美，稍出新制。若如沈文肃公所云，总办不如委员，委员不如工匠，则存私心者，固不必论，即使竭尽心力，公尔忘私，借材异邦，日求整顿，亦不过幸免陨越而已，其于改良更张之道、开源节流之理，固未始有当也。汉阳兵工厂机器最良，厂屋亦复坚固，且新设四厂，添购之机已为粗备，所乏者，无好工师以主持之耳。

廿四日，阅旧皇宫。设诸山顶，房屋甚多，现为奥皇之侄居焉。山下开一深洞，约三四里，行人过此，收银二十分，马车倍之。匈牙利山水绝佳，城中有河可通，河设铁桥两架，费六百万佛朗，始告筑成。奥本蒙古游牧种，至今土人尚有黑发黑眼者。是日下午七点二十分钟，搭火车赴意大利。

廿五日，两点半钟到湾士里。有大湖数十顷，设长桥以通火车，湖中可驶小轮，风景甚好。下午五点钟过奥界。奥意亦以小河为界，河水流甚急，亦有兵背枪立界边。

意大利国

廿六日，上午七点半钟到意。黄星使及随员数人皆到车站，星使并备马车送入 Grand Hotel du Quirinal Rome 旅馆。九点钟即到使署，谒星使并投文星使公子。旋约观罗马古宫基址，风雨剥食［蚀］二千余年，残砖古瓦，皆可见其工程之美。

旋阅斗兽场。周围甚广，房屋系圆式。罗马旧俗，凡死罪犯人皆提入此场，使与场内猛兽互相击博，力竭而死，即中国投之豺虎之义，不谓见诸实行也。当时酷政虐民，政治之不修，固可概见，而亲观其工程之美，则当时之工艺，又似更有进于今日者。意都亦有上下议院，地方政治无特色可资寻绎者，街市亦不甚整洁，且沿途多溲溺道旁者，为欧美各国所罕见，可知其警察之未能严密矣。

廿七日，游古迹名胜两处，令人悠然想见罗马遗风。下午游彼得大教堂，罗马教王宫即在此堂之左，环球教堂，以此为最大，工程之美，甲于各国皇宫。全堂气象整肃，柱大十围，高三十余丈，屋顶金花耀眼，四壁以各种石砌成，花纹光泽无匹，其建造之妙，非目击不信也。是夕七点钟，黄星使邀饭。

廿八日，阅油画院。传言以意都油画甲于环球，其妙处在画人物则得其神，画景则得其真耳。中国以绘事为怡性悦目之品，各国以美术为工业发达之媒，固不得以微技忽之也。

是午一点二十分钟，搭火车赴尼布。至车站时，道经油画院旁，穿一隧道，全座以白瓷砖砌成，长约里许，夜间电灯照耀，一色白光，如窥炮口以觇来复之线，景至奇特，此各国隧道工程所不能及也。罗马建造工程，本推首屈一指，而街道、楼房美观者极稀，盖亦国力不充使然。前阅美洲一富家，费千万金建一室，其石工之精妙不可言喻，材料皆由罗马运至，匠人亦雇自罗马。

是夕七点钟抵尼布（Naples）①，住伦敦旅馆（Grand Hotel de Londres）。尼布街道较罗马更逊，马粪、渣滓常见于道，然道路亦复平坦，大街夜间亦设电灯也。

到旅馆后，警察局员来，言此间无赖颇多，时有偷窃之事，出门各宜小心，且问如需人照料，明日当派人来随行，以资保护，因华人到此甚稀，恐小孩无知或加欺侮也。

廿九日，早，到轮船写票行，持船票往签字。午间，乘马车遍游尼布城市，并盘旋登山顶。尼布形势，前水后山，海岸地势最好者，多为旅馆所占。海边马路迤逦数里，傍晚马车络绎不绝，盖此间游历人多，而又为商轮辐辏之区也。

此间民居房屋多旧制，大约贫民居多。工艺以石像、油画著名，制造机器之所极少。闻现在国家亦颇有思想，将欲大改旧观，广行商务。此地商轮云集，若能加意整顿，五六年间必有可观。游历人以英美为最多，春秋两季较盛云。

闻四月初一日，乘火车赴邦渒（Pompei）古城游览。此城于西历七十九年为火山埋没，至千七百四十一年始发现，近百年来逐渐挖出，现在工程仍未毕也。该处房屋、庙堂、官署、名人故址以及妓院、澡室皆有考校专书，墙壁间绘画尚隐约可见。挖出古尸数具，全形俱在，已成矿质矣。此外瓦、铜各器，不一而足。此地周围约数里。阅毕，旋到火山麓，阅倾塌房屋。前月此

---

① 即那不勒斯。

间火山暴［爆］炸，喷出石渣，飞扬数里，民房倒塌无算，并伤命四百余口，街市、铁道皆为石块灰土所没，竟有灰土陷十余丈者，从前三四层楼之屋顶，已成大道矣，至今余烬未熄。喷出之硫磺质块，贫民每于游人马车经过时，出以求售。

初二日，下午四点半钟，由旅馆赴德公司轮船。

初三日，上午九点钟启轮，下午四点钟过士耽波山，居民环聚，数百家中有大礼拜堂一所。是晚九点钟过马禅勒埠海岸，电光辉映，街市悉极整齐，皆意大利土地也。十点钟后，仍隐约有山村，惟灯光甚稀，看不清楚矣。

初四日、初五日，过地中海，青天绿水，一片汪洋。

初六日，下午到波赛。此为埃及之口岸，轮泊四点钟。登岸，雇马车到街市游览一周，并到一回教堂。回教教规甚严，须每日沐浴六次，入堂诵经六次，饮食仅牛乳、加非［咖啡］、清水而已。此教传入中华，则惟仅知不食猪肉，此外并不识回字，将忘宗教之所由来矣。此地居民甚少，乘车一刻钟，已遍游通衢，英法人间有居此。街道全沙土，然竟设小铁轨，以马循轨拖车，载客往来。妇女装饰极怪，头面盖以黑帕，仅露眉目，鼻端置一竹筒，额上以绳系之，不知何所取义也。

是夕八点钟启轮，出苏彝士河，轮行极慢。此河两岸皆沙漠，共长九十英里，西人经理此河，不知费尽几许心力。河中沙土来往无定，此河开通已数十载，而至今尚须时时探视，工程犹未已也。挖河之机器、起重轮船甚多，拖载沙土之剥船亦不少，有专员驻河上照料也。

初七日，仍过苏彝士河。下午四点钟出河口轮湾，片刻即展轮入红海，两岸仍见远山沙漠也。此间天气甚热，寒暑针已达九十度。此轮平常日行三百四五十英里，苏彝士河仅九十英里，而行十六点三刻钟之久，其迟可想矣。

初八日、初九日、初十日，渡红海。

十一日，上午十点钟抵亚丁（Aden）海口，遥望仅一山岛，环居约百余家，内有兵房，为英兵驻扎之处。英人于握要口岸，多为所占，其海权可想矣。登岸，乘马车或驼车，行三刻，至亚丁埠。居民多非洲黑人，约共四万余人。轮船停此储煤，并候载非洲兵二百名至香港。亚丁无甚出产，有黑人持鸵鸟毛并鸵鸟蛋、羚羊角到轮求售。此次自由地中海过红海，渡印度洋，沿途山岛，皆无寸草，地土甚热，轮上有微风，而寒暑表已九十一度矣。

十二日，早六点钟启轮，波平如镜，惟天气稍热耳。

十三日，早，微有暗涌。

十四日，浪较大，然晕浪者甚少。

十五日，风浪未息，幸不甚巨，下午微雨。

十六日，浪稍平定，仍未放晴。

十七日，天色晴明，已无风浪。

十八日，十一点钟抵锡兰岛可伦布（Colombo Ceylon）海口，洋面甚大。该处本不能湾泊船只，经英人布置，于岸边左右伸筑长堤两段，作湾月形，两端设灯塔，左红右绿，堤筑极固，以视吾华之堤工，相去远甚。终日浪激，而百数十年之工程，丝毫未尝破损，西人经营一事，无不一劳永逸，从未见有暂顾目前，图一时之安逸者。街市皆马路，树木甚多，仿佛似檀香山，而不及檀岛之整齐。此间有人力车，亦有马车、牛车。余雇马车，至一睡佛寺，印度信佛教，此寺已九百余年。其佛像与中华无异，睡佛约二三丈长，系以整石刻成，刻工甚粗，其眼珠大如茶碗，嵌以蓝宝石，闪光甚亮，此处原出红蓝各种宝石。经过一富室，为可伦布巨擘，住屋皆洋房，四面余地甚大，皆栽杂树，其致富系因栽种树木，挖得宝石甚多，遂成暴富。此间银行、电报局，仅数英人领袖，余皆用土人。可伦布共十六万人，商务以茶为大宗，每年出口茶约一万六千万磅。全岛仅一华商，其人忘其姓氏，其招牌为"百全号"，所办皆东洋货，惟有瓷器数种，系办自中国者。中国工艺之不兴，商务之不振，不诚可慨哉。是夕九点钟启轮。可伦布仅一掌之地，而电车、电灯、煤气灯、火车、自来水，无一不备，惟居民房屋矮小，乡间店铺甚龌龊不洁，与中土之小店相同，第门外即归警察照料，不容紊乱也。

十九日，天气晴和，南风甚爽，寒暑针已降至六十度，印度洋本正当赤道，而天气则较过红海时爽快多矣。

二十日，下午六点钟，海面遥望，见有大船一艘，以三大轮拖带，查系美国新造之活船澳，其式系平方形，两边如大趸船，中空，可容一大兵舰。闻美自得斐立宾后，以该处无船澳，恐有事故则无处修船，以五十万美金制此活澳，去年工竣，于去腊由纽约海口放出，已阅半载，始抵印度洋。此活澳能容一二万吨之兵轮，其工程可想矣。西人经营国事，其未雨绸缪、无微不至，有如此者。

廿一日，仍在印度洋中。

廿二日，上午十二点钟，抵槟榔屿。该处领事梁君廷芳为该处富商，以小轮来接，并邀饭。谈及粤汉铁路，言集股一二千万当属不难，其股票果可作用年中准计利息，则股东存股票与存现银，彼此均可转输，何乐不为？第求保全利息，亦非照外洋公司办法，并慎选管理之人不可。该岛多闽粤人，西人甚少，局面虽不及欧洲各国，而布置办法亦复大致相同。大约西人整理地方，变荒僻为繁盛，先将荒地开通水道，推广马路，设自来水，渐有人家，则添设煤气灯、电灯之属，并于道旁广栽树木，布置公园，渐而派巡警，渐而设电车，道路广则来往便，空气足则卫生宜，故地虽荒僻，不期旺而自旺矣。华官之尽心民事者，有案则随审随结，冬施衣，夏施饮，堤决则捐廉以补，盗多则赏格以缉，爱民如子，如斯而已，而不知此皆一人之善事，于大局久远之图毫不相关。三代后患不好名，好名固未可厚非，而其成效不过尔尔,安得有目营四表,为斯民筹久远之模者?

廿三日,天色晴明。

廿四日,八点钟抵新嘉坡,领事孙君士鼎派人来接。轮泊码头即登岸。是午,领事请饭。此岛布置,与槟榔屿相仿,惟局面较大。华人二十八万有奇,亦以闽粤两省为多。巨商黄君甫田年七十,精神矍铄,到领事署叙谈,约游胜地,假我马车,到一大储水池,为全埠居民取水之总汇也。旋到公家花园,地大林多,整洁可爱。是夕,领事复邀饮于山巴。此地富商,多于山坡密树之中构一楼房,以为闲游宴乐之地,土名谓之山巴。是日,奉张宫保电饬速回鄂,旋复电,到粤拟请假数日省墓。晚九点回船。

廿五,早八点钟启轮。

廿六、廿七、廿八日,渡南洋。

廿九日,下午三点钟到香港。

三十日,以先茔有寄葬于粤者,因入广东省城省视。

五月初一日,探望各亲友。

初二日,扫墓。余兄弟从公于鄂者八年,道阻且长,久未瞻拜,今日省阅,墓门之后微有损裂,遂逗留数日,从事修理。

初三日,雇工修理先茔,初十方竣事。

十一,赴港。

十二,趁轮返沪。

二十,抵鄂。

余此次奉派随同考察,自顾学识浅薄,时虑负此光阴,沿途未敢休息,凡所闻见,随为纪录,挂漏芜杂,知所不免,惟不敢稍事铺张,所谓存其真而已。

中国海关《十年报告》（1902—1911）选译
——司法与警察、监狱

郭大松 译

说明：本篇所译资料，出自中国海关《十年报告》（1902—1911）第10项"司法与警察、监狱"。从报告的具体内容可知，警察、监狱两项改革，河北与湖北推行较早，主要与各该省当政者有关。综观全国情形，总体上与推行宪政改革基本同步。从中似可得出以下几点结论：一、司法与警察、监狱改革，终结了中国几千年行政长官掌管司法的历史，实实在在开启了司法独立的帷幕。二、就全国范围而言，这些改革总体上也是自上而下推行的，是推行宪政和地方自治的配套措施，尽管警察与监狱改革是个别省份先行，具有启发先导作用。三、由于这些改革均仿照西方现代模式，真正有能力掌管现代司法的人才极其匮乏，省级和省城等大城市安排了当时不多的留学生和相关新式学堂毕业生主其事，府级以下多半是短期培训人员充任。有些地方在改革初期，甚至形式上是现代的，但具体实行的人却是旧官员，因而效果不佳。四、明显废止了传统中国的酷刑和犯科之人的非人待遇，初步形成了文明办案和现代劳教制度。同时，无论现代警察的设立，还是新式监狱的建造，均需大量经

译者：郭大松，济南大学泉城学院教授。

费，而清政府这一时期各项改革齐头并进，财政吃紧，因而几乎所有地方新式警察和监狱都是靠加征各种捐税维持，加重了民众负担，也加剧了社会矛盾，导致不少地方警察队伍缩编、警力不足，监狱改革不彻底或半途而废。五、伴随司法与警察、监狱改革，收回了部分口岸外人居住区的警察权。六、任何改革，无论多么进步和值得肯定，都必须整个社会一致协调行动，争取绝大多数民众的理解和支持，否则有夭折之虞。如现代警察制度建立之际，要规范市场秩序，有的地方民众因为改变了他们的传统习惯，群起反对，甚至聚众烧毁警察局，致使新型市场难以建立。这似乎告诉人们，在观察清末新政改革时期的社会动荡现象时，不能一见到民众反对、攻击政府的行为，就认为是值得肯定的革命行动。

各口岸排列顺序与原文一致，但均略去小标题"司法与警察、监狱"，并于括弧内加注原英文报告中的卷数和页码。如：吉林（Vol.1, p.28），即表明吉林口岸资料在原英文《十年报告》第1卷，第28页。资料中罕见生僻古今异名的地名，按古地名翻译，以页下注形式注明今地名；一些行政机构名称，原英文资料以中文标注当时习惯称谓，与正规称谓不一致的（如"提法司"，正规称谓应是"提法使司"），也按原中文标注行文，以页下注方式注明。个别难以把握的机构或官职称谓，则在其后以（　）标注原英文。

北方及长江流域各口

哈尔滨（Vol.1, pp.1-17）

哈尔滨1907年自开商埠，同年正式设立海关，本十年度无分项报告。

吉林（Vol.1，p.28）

1907年之前，吉林民事案和刑事案不加分别，均由知府审理，把审理结果呈递吉林将军，由吉林将军确认或修正批复。

1908年，实行新的司法行政体制，决定设立两个初级厅、一个地方厅、两个高级厅，交由市政当局行使司法权。

每个新设的厅都有两个，即检察厅和审判厅。检察厅负责收集调查刑事案件证据，交由审判庭进行审理，有权对疑似错误的判决案件发回重审；审判厅审理检察厅提交的刑事案件，也审理民事案件。

刑事案件，初级审判厅的权力有限，只能判决最高一年监禁的案件；民事案件，要提交地方审判厅重审。高等审判厅是上诉厅。高等审判厅除了推事以外，还有六人，地方审判厅十人，初级审判厅一人。高等法院有两名主管，审判厅设厅长，检察厅设检察长，负责各所在厅工作，监督下属审判厅和检察厅的工作。省属所有审判厅、检察厅均归提法司监督[①]，地方审判厅的判决在执行之前，需提交提法司审核，死刑或长期监禁案件则需提交法部审核。

小偷小摸、打架斗殴等案件，由巡警局判罚，其权限最高处罚金30元，判处监禁30天。

对待土匪，吉林形成了另外一套司法规程，这一规程无疑就是严厉惩罚措施，以便足以惩治那些经常犯罪之人的恐怖罪行。设立骑警逮捕匪徒，由一个称之为行营发审处的专门审判厅予以审理。如果案件在其管辖范围之内，立即拉出去枭首。如果捉到了一帮土匪，只有为首的枭首，其他的随从则交由地方法庭，按

[①] 提法司，原文标注中文如此，下同。

常规程序审理。至于在警匪武装冲突中被杀死的匪徒命案，则不再审办。

吉林省狱是罪犯服刑的地方，危险的罪犯监禁在那里等待判决，这些罪犯由管狱官任命一名司法委员亲自监管。省狱是砖砌建筑，十字形，就近有一座瞭望塔。省狱除了一般的办公室，还设立了罪犯习艺所，囚犯在那里学木工、编织、剪裁缝纫、做鞋子、印刷，还有有能力的师傅教授做刺绣。监狱对待犯人是人性化的，实行减刑奖励，设有为犯人医疗服务的医院，在某些条件下允许犯人亲属探监。

除了监狱，地方审判厅还设有看守所，逮捕的刑事犯在看守所里等待审判。民事案犯，找不到保释人保释的也关押在这里。

1906年，吉林将军从精锐营调选兵丁成立了一个独立实体——警察，最初设五个局，后来警力有了一些变化，1911年分成十个区，成立了巡警局，总兵力1000人。每个区额定100人，由一名区官、一名巡官、十名巡长指挥管理。巡警局最高行政长官是巡警局长。然而，最终负责本城治安的机构是民政司①，巡警局长由民政司任命，并对民政司负责。巡警十分抢眼，配备带刺刀的步枪，外观值得称赞，履行各种职责的方式令人满意。

珲春（Vol. 1，p. 63）

宣统元年（1909），珲春设立了审判和处理较小案件的审判厅和检查厅，较严重的案件则由延吉处理。囚犯关押在一座称为看守所的独立建筑里，由一名称为所官的人看管。办公室和拘押监房都是临时租用的。

早在光绪三十二年（1906），副都统废除了旧的警察机构

---

① 民政司，原文标注中文如此，下同。

街道厅，设立了现在的巡警机关。1908年，扩大警力，在邻近城镇设立四个分局，后来又增加了黑顶子和东沟两个所。自这里设了同知后，警察即由他直接管辖，不再由延吉巡警局管辖。1911年，由于缺乏经费，警力由144名减至74名，其中包括黑顶子和东沟的20名。剩下的警力不足以履行本地区巡警应负职责。

这里没有监狱，只有巡警局设立的拘留所，囚犯暂时拘押在那里。

龙井村（Vol. 1, p. 81）

1909年之前，这里的司法根据中国的习惯，由知县执掌。然而，是年开始实行新的司法体制，各地都设立了审判厅。延吉府设地方审判厅，下属较大城镇设立了七个初级审判厅。由于这里的审判厅与全国其他地方的类似，没必要做出说明。

这里的治安体制也与全国其他地方大同小异。每个行政区都有自己的治安部门，由地方治安长官直接控制，分支机构遍及主要村庄。延吉府有个总局，有一名局长，名义上掌管整个延吉府治安。在开放贸易中心，治安部门归商埠局管辖。

每个审判厅都有一所监狱，现在不同程度上仿照外国模式了，所有罪犯在关押之前都经过审判厅审判了。各巡警局都有一所小监狱，或者说是看守所，用于关押罪行较轻的犯人。

安东与大东沟（Vol. 1, pp. 100 - 101）

1909年，建立了地方司法制度，包括地方审判厅和初级审判厅，或者称之为上级审判厅和下级审判厅，每厅都设一个附属机构，称为初级检察厅。所有案件，包括刑事和民事案件，都必须根据其严重程度由相关检查厅调查起诉，然后送交有关审判厅审判。

初级审判厅审理较小的案件，即金额不超过200海关两的民事案件①，以及街头打架斗殴等刑事案件。较重大的案件，诸如政治犯、死刑犯、上诉案，以及需要提交地方审判厅以上机构的案件等，应立即详实上报设在奉天的高级审判厅和同在奉天的提法司。② 最高审判和最终上诉机构，是设在北京的大理院。

一定等级的政治犯惩以徒罪，期限最短一年。这种徒罪可以赎免，100海关两一年，后续每半年35海关两。一些轻微的破坏治安罪，可以认罚免刑，比例为：

一等，拘役两天，或5钱罚款，按每两天5钱比例递增。

五等，拘役10天，或罚款2.5海关两，按每10天2.5海关两比例递增。

十等，60天拘役，或15海关两罚款。

初等审判厅可判决的最高惩罚是60天拘役、做苦力。囚犯一般是为政府做修筑道路等苦力。表现好的，可以到地方管教所，或者称为习艺所，在那里学一些手艺；三年期满释放。

为了防止地方审判厅误判、滥权，北京大理院定期（一般一年两次）派一名或多名官员到各地查询诉讼，并给出建议。

本地巡警设于1906年，虽然名义隶属于道台，但实际上归本地商会掌控，并得到商会部分财政支持。本地巡警有安东、大东沟巡警局，下设六个分局，由设在安东的巡警局的警务长指挥。巡警局下设四个股，即总务股、行政股、司法股、卫生股。警力总计262人，分为差遣队、消防队、探访队、安江队。警员每月薪水9—11元不等，长官每月14—18元不等。

犯人在等待审判期间，拘押在审判厅附设的拘留所里，直到

---

① 英文原文没有限定词或从句说明是罚款200海关两的案件还是价值200海关两的案件。

② 奉天提法司，原文标注中文如此。

宣判为止。宣判之后即被送到知县衙门监狱里，如表现良好，再送往习艺所。轻罪案犯关押在巡警局监狱。

大连（Vol. 1, pp. 125 – 126）

1902年，俄国人设立了旅顺地方法院和大连初级法院。大连初级法院权限限于处鞭刑吊打50下、拘役3个月以内，监禁不超过一年半，或处罚金最高300卢布，重刑案犯须送交旅顺地方法院办理。然而，大连和旅顺的监狱都太小了，通常犯人都遣送至海参崴。1906年，日本当局在旅顺设立了高等法院，在大连、金州设立了分院，这两个分院一年后撤销了。根据1908年的帝国法令和1910年的修正令，民政当局设立初审法院，审定下列案件：

1. 不超过200日元的民事诉讼，或物品价值不超过200日元的民事案件；

2. 除上述民事案件外，当事人均为中国人的民事案件；

3. 处以罚款或拘留的罪案；

4. 违反民政条例处罚金200日元以下或拘役一年以内的罪案；

5. 上述第2条以及法院组织法第十六款第一部分第一条规定的中国人的违法行为。

此外，民政部也有权处理帝国法令规定的其他司法事务。

因此，在租借地有两种法院：初级法院和地方法院，以及民政部代理法院。满洲各地的日本领事，根据1908年4月颁布、当年10月实施的第52号法令，可行使法官职权。重罪案犯先由领事进行初步审查，然后送交关东都督府地方法院公开审判。1908年发布的帝国法令规定，满洲各地隶属于领事管辖的警察，由满洲都督府聘用的警官统领。因此，目前南满外事课（Foreign Office）没有警官。

	1907	1908	1909	1910
高等法院审理案件：				
民事案件	115	70	86	64
刑事案件	47	50	49	51
地方法院审理案件：				
民事案件	687	382	161	94
刑事案件	725	682	244	202
监禁人数：				
男	240	253	299	318
女	3	10	4	8
警察人数：	916	918	957	937

牛庄（Vol. 1, p. 139）

在引进地方审判厅法律诉讼制度之前，知县掌管诉讼并审判案件。新设立的审判厅附设一所监狱，与旧式监狱很不一样了，用于拘押等待审判的犯人。本地有巡警300人，道台有500人的护卫队，均负责维持地方治安。各府、各部门、市镇以及村庄，都有巡警，但数量太少，没有信心镇压任何有组织的骚乱，巡警维持治安是否优于传统的由各村头目自行维持治安，尚有待观察。

秦王岛（Vol. 1, pp. 162 – 163）

司法。现代司法制度尚未引入。

警察。本府警察组织是现代模式的。每个大的村庄和市镇都有巡警，其规模视当地人口多寡和富裕程度而定。

秦王岛巡警始于1902年冬。是年，直隶总督袁世凯阁下获准征召了80名巡警，配有5名训练有素的士官指挥官，驻扎秦王岛。当时任命的首任山永（山海关与永平府）巡警队长，派到了山海关处理外国人与中国人之间的案件,翌年始统领秦王岛巡警。现在,巡警驻扎秦王岛村,营房建于1903年。秦王岛巡警巡查村庄、沿港口至村庄的铁路线巡逻、执行普通警察任务等。巡警待人平和,守纪律,穿着带有黄色饰戴的黑制服,外观容貌利落、齐整。他们白天携带警棍,夜间持枪。抢劫和暴力行为很少发生,这说明巡警和公众都表现良好。现任巡警指挥官林树栋,福州人,是山永巡警局长。他主要住在山海关。1904年,额外组建40名警力,帮助移民当局维持移民秩序。这批警力在这里移民停止后即遭散了。

山海关有两支巡警,其中一支类似于秦王岛巡警,人数也一样多,由山永巡警队副队长统领,负责山海关城市治安。另一支巡警,60人,由当地士绅组建,守护郊区,尤其是南郊,那里有火车站。这支巡警主要由向在山海关铁路附近旅店住宿的旅客征税供养,每名旅客征税5分。两支巡警护卫关内外铁路(Chinese Government Railway of North China)[①],其中一支称为铁路巡警,每10—40人不等驻守各车站。唐山——山海关段,为关内外铁路六大段之一,共500人,总部设在山海关,由一名巡警总监(Inspector General)统领。另一支铁路巡警称为铁路巡防队,有一个团兵力,500名骑警,1000名步警,由一名驻守山海关的参领(Colonel)指挥。这支铁路巡防队是由以前的旧军队淮军组建的,职责是巡逻山海关至北京段铁路。

上述巡警队伍之外,还有一支称为盐巡队的警察队伍,由一位千总(Lieutenant)指挥,隶属于省盐务当局。盐巡队的职责是巡逻海岸,稽查走私,保护本地区食盐储备。

监狱。无所评述。

---

① 即京奉铁路。

天津（Vol. 1, pp. 212 – 213）

袁世凯阁下担任总督期间，天津修建了西式现代监狱。下面关于天津现代监狱情形的记述，是白第（E. O. Patey）先生1910年7月27日发表在《益闻西报》（China Times）上一篇文章的摘要。

天津监狱关押了700名犯人，刑期六个月至十年不等。当局做的每一项努力，似乎都是要教会犯人们有用的手艺，也是为了改造他们的道德和身体。他们住得很好，吃得很好，有病能得到很好治疗。囚犯一天两餐，有小米饭，各种面食。除此之外，改造有成绩，还奖给大米和其他食品。他们的衣着是黄色棉布衣服，冬夏衣服按季节更换。晚上休息用品比较简单，但已经很好了，棉花制作的被褥，按季节更换。对待生病的犯人，照顾得很好。医院很规整，医生显然都训练有素。犯人生病的比例很低，不足4%。有一座隔离医院和几处不同疾病的隔离病房，也有很好的防疫设施。工作间很大，通风良好。男人们在一位有能力的中国技师指导下学习制作地毯、编织、剪裁、染色、木工、油漆、制作粘土人物模型。狱方极为注意确定哪些是适合男人做的手艺活，并根据各自特点分派任务。犯人们做的样品摆放在展厅里出售，价格非常公道。监狱还附设一所非常出色的学校，年轻犯人在这里不仅学习读书写字，还通过地球仪等其他教学仪器设备学习西学基础知识。对犯人的惩罚措施似乎不很严厉，废除了鞭刑，单独拘禁取代了关黑屋子。不严重的违反纪律，采取减少饮食的办法予以惩罚。表现好的给予某些奖励和优待。犯人每月要向狱方缴纳40分至1元钱不等，狱方给存起来。这些钱的所有权归犯人，如果犯人家属有困难，狱方可提前将钱支付给他们的家属，剩下的钱，在犯人离开监狱时发给犯人。监舍很宽敞，通风良好，8个人一个监舍。冬季门窗都有帘子。唯一的缺陷是有孔的砖铺地面，渗水太快。在监狱同一座大院里，有个很大的感化所，或者叫避难所更合适一点。里面关了约 500 名少年和孩子，他们都是在天津街头流浪或迷路的，其中大部分是乞丐，被警察抓进来，并不是因为这些人犯了什么罪，而是因为他们到处流浪。这些人的关押期限 4—10 年不等。对这些人，狱方特别注重他们的教育问题。他们似乎与犯人一样学习各种手艺活。这批人的给养与犯人稍有不同，多样化一些，尽量不与成年犯人的混同。狱方听取他们的一些合理抱怨，采取父爱的方式缓解抱怨。这些人每天都有充裕的时间娱乐和锻炼身体。他们最大的娱乐似乎是唱歌，在一个专门预备的大厅里，有监狱管理人员用一架脚踏风琴伴奏。他们的工作间与成年犯人的一样，服装整洁，看上去很漂亮。监狱不能自给自足，监狱和少管所共计约 12000 人食宿，但每年经费仅 60000 海关两。

天津知县衙门也附设一所监狱，尽可能地采取与上述监狱一样的管理措施。某种程度上说，这所监狱只是个拘留所，无论刑事犯还是民事犯人，都拘押在这里等候审判。实际上，这所监狱很难说能像一所常规监狱那样起到惩罚作用，那些短刑期犯人，即被判短期劳改的犯人也拘押在这里。可以确定的是，大量优待只给民事犯人，刑事犯没有优待。不幸的是，知县衙门监狱的监舍相当拥挤。这里监舍有一个同样的缺陷，即地面铺的砖是本地有孔的砖，这种地面的监舍容易滋生致病细菌。监舍的通风很好，监狱当局似乎尽了最大努力改善被囚禁者们的福利。在监狱期间，犯人们每天被带出去锻炼两次，如果犯人的家庭足够富裕，允许他们每天在规定的时间送来食物。每星期强制洗一次澡、剔一次须。政府不允许犯人有私产，犯人们的津贴就是两顿中国烙饼和一些蔬菜。卫生方面，理论上是非常好的，但实际上却没有那么好。这所监狱另一严重失误就是没有重体力劳动，没有像枪钻和人们所熟知的畜力磨这样的设备。不过，鉴于建造这样的监狱所必然遇到的种种困难，有现在这样的成绩还是值得称道的。这处监狱有一所医院,还设置了不少单独监舍,以备不时之需。

上述新式监狱的情形,与中国旧式监狱里成群的肮脏囚犯、贪婪的看守、浸泡着各种污物的泥土地、无尽的虐待等情形相较,形成了鲜明对照。现代中国监狱已经几乎可与欧洲和美国的监狱相媲美了,十分令人瞩目。

烟台(Vol. 1, p. 228)

1911年3月,成立了两家独立于地方当局、仅向省城提法使负责的审判厅,从而在很多方面倾覆了旧的执法机器,值得赞赏。这两家审判厅即初级审判厅和地方审判厅。新成立的这两个厅的地位、职能和权力,从未有明确规定,或者说至少没有公布过。两个厅都审理刑事案和民事案,高一级的地方审判厅有权判徒罪、监禁一年,罚款200元,较重大的案件必须提交省城审理。

这些改革很显然是创始者进行的试验性措施,根据西方原则实施司法,很受诉讼当事人和不法之徒们的欢迎,但却引起了负责的地方官员们的恐慌。他们习惯于打板子的教养手段,强制人们尊重法律和秩序,对新政体制温和对待罪犯方式的作用,当然持怀疑态度。因权力发生冲撞,审判厅与外国领事们之间的关系从未令人满意。1911年底,戒严法取代了这些新奇的极不成熟的机构。

1909年之前,烟台外人居住区的警察人数不多,由道台支付薪水,受海关邮政司指挥,其余警务人员是公共事务委员会(General Purpose Committee)雇用的。1909年3月,适当组织起来的地方巡警取代了这些不正规不合格的警察。巡警由地方当局指挥,向地方当局负责。目前,烟台巡警有以下几个部门:总务股、文牍股、捐务股、庶务股、行政股、司法股、卫生股、消防队。每股设一名警官,称股员,薪水每月24海关两。所有巡警归巡警总办指挥。还有一所附设的学校,称教练所,候选巡警人员在这里受训六个月。

烟台分为六个警区,每个警区由一名警长负责。1911年,总警力423人。经费目前靠地方税维持,主要是戏院税和妓院税。经费亏空很多,由省政府补齐。

胶州(Vol. 1, p. 247)

1910年春,巡抚孙宝琦按照现代模式进行司法体制改革,他公布了大清现行律,在济南府建了一所模范监狱。新法律由下列执法部门施行:

1. 山东高等审判厅(设济南府,负责审理全省案件);
2. 地方审判厅(济南府地区最高法庭);
3. 商埠初级审判厅(济南商埠法庭);
4. 初级审判厅(济南市法庭);
5. 烟台地方审判厅(烟台通商口岸法庭);
6. 烟台初级审判厅(烟台地方法庭)。

新法典在其他府、县(116个)尚未施行,仍由各地知县执法,无论是人力和财力,都不允许进一步扩展新的司法体系。截至1911年底,新司法体系运行良好。

济南府以及铁路、矿区警察体制,也都按欧洲模式进行了改革,取得了良好效果。

重庆(Vol. 1, pp. 267–268)

1902年,成都依照西方模式建立了警察制度,开设了一所训练警官和警员的学校,新警察都要从这所学校征招。成都警察分为两部分,执法部门与司法部门。执法部门的职责在发布的警察条例中有规定,负责维护公共秩序,逮捕违法者和罪犯,管控群众运动,清理街道卫生等。司法部门负责处理一些不重要的违法行为，诸如违反警察条例等行为，只能实行处以少量罚款的惩罚，将违反条例者拘押至教养所或感化院，管束一般的打架斗殴等，需处以重刑的案件，要提交地方官处理。

警察还承担消防队的职能，并进行了良好的训练，拥有不错的消防设备，这方面他们做了很好的工作。

成都创办现代警察是成功的，随后，其他地区也都按同样的模式建立警察制度，但是都没有达到省城的水准。1911年的巨变干扰了建立新警察制度的计划，很多地方都还没有设立新式警察制度。

1910年，与整个帝国一样，本省开始了司法改革。司法改革由总督拉开帷幕，农历11月1日，在成都审判厅成立庆典现场，他发表了具有诗意的演讲，宣称中国现在要根据立法、司法、行政三权分立原则实施治理。

成都设立了高等审判厅，为全省最高上诉法庭。高等审判厅之下，成都还设立了地方审判厅，为成都县和华阳县司法机构，成都和华阳两县各设初等审判厅。重庆设立了地方审判厅和初级审判厅。省高级审判厅和成都地方审判厅设监督推事（Procurator-General）一人、推事（Procurator）一人，初级审判厅只有一名推事。

刑事案件和民事案件，在地方官审理之前，均需先经过新设的审判厅审理。

随着新型法院的设立，旧式地方官衙门监狱取消了，代之以新式监狱。成都设立一所拘留所、一所女子监狱、一处感化院、一所军事监狱。不过，在这些新式刑法机构建成之前，旧政权被推翻了。

宜昌（Vol. 1, pp. 278-279）

司法与警察。宣统二年底以前，根据《大清律例》，本地区司法由知府和各县知县管辖。约在1911年1月，宜昌设立了两个现代模式的法院，名为地方审判检察厅、初级审判检察厅，或可分别称之为高级审判检察厅、初级审判检察厅。高级审判检察厅负责整个宜昌府的司法，初级审判检察厅仅负责东湖县。初级审判检察厅审理刑事徒刑以下案件、民事诉讼200海关两以内案件。① 地方审判检察厅和初级审判检察厅均分为两个部门，即审判厅和检察厅。地方审判厅有两名法官，一名负责民事，一名负责刑事，每一名法官都有两名助理法官。还有一名典簿，一名主簿，四名录事。地方检察厅设检察长一人，推事二人，典簿一人，主簿一人，录事四人。初级厅也划分为审判厅和检察厅，设有一些级别低的职员。审判厅的职责是审判，检察厅要复核，以便纠错。本地区辛亥革命以前，司法是由审判厅和检察厅依据"大清新刑律"施行。辛亥革命后，审判厅和检察厅都废除了，监狱里的犯人都放走了。革命者占领宜昌之后，建立了他们创设的法庭，名之为宜昌府司法处，负责宜昌全府的司法审判。这个司法处存续时间不长，不足三个月。12月时秩序恢复，根据湖北军政府的命令，成立了两个司法机构，分别称高级审判所、初级审判所，建制和职能与以上介绍的高级审判厅、初级审判厅类似。

警察。四年前，设立警察，一年后，由于经费匮乏又遣散了。辛亥革命前最后一任知府金世和莅任，又采取措施尽力恢复了。宜昌城和郊区以及租界区，共划分五个警区，现有警力200人。巡警队长是武昌警察学堂毕业的学生。巡警重建后，似乎在资金不足的情况下尽了最大努力，他们的经费主要依靠巡警捐。巡警每天清扫街道，夜间路上燃煤油灯照明。由于不断花大量资

---

① 英文原文没有限定词或从句说明是罚款200元的案件还是价值200元的案件。

金整修道路，路况有了很大改善，此前由于引进人力车，道路破坏严重。巡警的体质和履行职责的能力，尚有很大提升空间。

监狱。大约两年前，随着法院的建立，宜昌建了一处拘留所，用来替代拘押等待审判犯人的知县衙门的旧监狱，旧监狱的条件太差了。与拘留所建立的同时，为犯人们着想，设立了习艺所，但犯人们的待遇并没有多大改善。不幸的是，中国开辟新事业太多了，习艺所运作缺乏资金。

沙市（Vol. 1, p. 291）
无所评述。

长沙（Vol. 1, p. 312）
无所评述。

岳州（Vol. 1, p. 335）
无所评述。

汉口（Vol. 1, pp. 353 - 354）
司法与警察。为了比较公正迅速结案，法院做了很多努力，但结果不很令人满意。拷问、拘禁和严酷刑罚，普遍减少了。

1902年，武汉设立警察，据报还比较成功。武汉三镇划分10个警区和24个副警区，每个警区设一名局长，每个副警区设一名局官。全部警力含1200名警员，许多警官、督察员、警探。警官大部分是留日归来的留学生，但一般规则，他们都必须先做几个月的警员。为管控警察，特设了巡警道。

1908年，成立了一所警察训练学堂，对学员进行训练，教授他们有关警察职责知识等。这些学员都必须能读书认字，通过公开考试入学，经过一年的训练学习毕业，加入巡警队伍。

1909年，为了培养警官，设立了高等巡警学堂，由巡警道主持。学员要定期进行竞争性考试，学习期限三年。目前还没有学生毕业。

概括说来，警察处理的案件有：小偷小摸、寻衅滋事、赌博、打人、绑架、盗窃等，处罚限于15天监禁、15元罚款。严重犯罪要交法院处理。警察经费靠住户捐、人力车执照费等维持，不足部分由财政补足。湖北各地均设立了与这里一样模式的警察。

1907年，武昌建了一所依照外国法则运作的监狱，作为湖北各县监狱的模范，故称为"模范监狱"。按照外国风格建造的监狱，通风、卫生、全部电灯照明。监舍全部在看守长视线之内。这座监狱共有400个监舍，每个犯人一间。职员有典狱官（Superintendent）一人，看守长（chief warden）四人，约50名看守，都在武昌专门开办的预备学堂受过教育。犯人的饮食很好，狱方特别注意犯人的身体，及时予以宽慰。犯人们不再受看守们的勒索和虐待。监狱开办了一所工艺学校和习艺所。作息时间根据季节的不同而有所变化，非常注意保证每个人都在诚实工作，没有过劳现象。犯人们工作的产品主要有毛巾、衣服、鞋子、靴子、火柴盒等，都集中在一个地方展览出售。这些产品的利润，分配给劳动的犯人。死刑犯在内部监禁，与其他犯人没有联系。然而，实际上这只是理论上的。

江夏县建了一所模范监狱分狱。

高等审判厅附设拘留所，关押等待审判的犯人。

由于资金匮乏，各县监狱一仍其旧。

九江（Vol. 1, p. 371）

警察现在着外国制服，配前堂装步枪，但没有弹药，他们的武器更多的是展示，而不是使用。很明显，现在警察的武器对犯罪分子有威慑作用，但效果并不好。

1911年，九江设立了两个法院，一个是府一级的，一个是县一级的。审讯犯人废除了拷问刑罚，执法公开，很大程度上保证了比较公平。处罚在张贴布告公示之前，必须得到高一级法院的批准。不服判决，可以到南昌高等审判厅上诉。

芜湖（Vol. 1，p. 384）

1911年1月，试图改进司法制度，设立了初等审判厅和高等审判厅，取消了过去知县司法制度。同时稍微改进了监狱制度和刑罚；对某些罪犯采取重体力劳改政策，轻刑犯在监狱做一些手艺活。

1903年，设立了警察，最初有一位外国督察，但没什么权力。这支警察队伍没做出什么成绩或起到什么作用，反而逐步堕落了，最终甚至还不如没有警察。芜湖城按老规矩办，财产要比在警察"保护"下的郊区安全。

南京（Vol. 1，pp. 401 - 402）

司法。正当司法行政转变之际，革命爆发了。当然，革命爆发后，社会局势杂乱无章，一切都陷入无序状态。新司法制度规章是1907年12月上谕批准的。1910年2月，制定刑法、民律、商法。据此，南京旧司法体制逐渐让位于新司法体制。1910年冬，成立了两个新法院：初级审判厅、地方审判厅。一个由江宁县知县掌控、有几个法学生协助的初级审判厅。上元县知县也成立了一个与江宁县同样的初级审判厅。这些初级审判厅判决的比较重要的案件，可上诉至地方审判厅；地方审判厅比较严重的民事和刑事案件，可上诉至设在苏州的省高级审判厅。然而，由于新法规则并没有发布，审理案件的依据依然是旧法，而且我们已经注意到了，因为任命一位合格的法官要对法律有个学习了解的过程，在此期间，各县知县仍然掌握司法职权。

1902年，征召穿制服的警察，用于巡逻主要街道，很快组织起了维持城市治安的适当体制。为了警察队伍有序运行，南京划分成了北、南、东、西、中五个警区。每个警区有六个所，一个所有六队，每队11人，因此，整个南京城有近2000名警察，训练有素，成效显著。下关港有两个警察所，负责那一地区的巡逻、街道照明、清扫卫生等，包括堤岸、轮船公司卸货码头、海关。海关还在征收码头捐，这对航运业有一定好处。整个警察制度被革命打乱了，彼时警察控制在总督任命的道台手里。

监狱。1908年建了一所大型模范监狱，这是总督端方计划的众多事业之一。这所监狱可容纳大量犯人，非常现代化，教犯人们学做各种手艺，像织布、制作椅子和地毯等。很不幸，1911年11月7日，犯人们被士兵放出来去参加在城里举行的首次起义，他们把这座监狱毁掉了。其他几座监狱，除了知县衙门监狱以外，大都在随后的战斗中毁掉了。这些监狱都是旧式的，尽管不能说是挺好的建筑，但总体上说还是可以用的。

镇江（Vol.1, pp.418–419）

1911年6月27日，设立了两个专门法院，实行司法改革。两个法院分别称之为商埠审判厅、地方审判厅。商埠审判厅位于城西门外，地方审判厅在南门里。商埠审判厅取代外事局，负责外国人与中国人之间的案件，在此以前，外国人与中国人之间的案件均归外事局审理。到目前为止，商埠审判厅尚未审理过案件。地方审判厅仅负责中国人之间的案件，无论民事案或刑事案，审理方法多少采用了一些西法，不再有为敲诈勒索而进行的拷打等刑罚。地方审判厅的设立，一定程度上减少了知县的工作量，知县的职责此后仅局限于收税、处理有关民众福祉的事情。

革命目前还没有影响到这两个审判厅，民政部提供审判厅财政支持。撰写本报告时，军政府虽然已经废止，但还有一个专门审判军事犯的独立法庭。

1903年引进了警察制度，终结了旧的保甲局。镇江划分为六个警区，每区设一个警察所，另有一个总局。城内两个所，城外郊区四个所。总局有一位局长和副局长，分所各有一位巡官，隶属局长管辖。本十年度末，警力总计138人。总局有一个训练部，警官和警员在那里接受训练。警察薪资以前是道台、知府、知县分担，也有一部分源于一些许可证的税费，但革命之后，警察的管理和薪资由民政部负责。至于说警察的工作效率，当然还有改进空间，随着时间的推移，会更有效率。无论士兵和民众，似乎都不把警察视为和平生活的保护人，也不喜欢、不尊敬他们，任何试图干预混乱无规矩现象的行为，都将导致严重的麻烦。例如，为了疏导交通，当警察当局要清理交通要道上拥挤的小摊贩，要这些摊贩迁移到新建的市场去的时候，立刻就会发生暴乱，警察建筑就会被捣毁。镇江还没有一个大市场，街道某些地方布满了小摊贩，带两把椅子就过不去。中国人总是被说成是世界上最守法的人，但却总是不遵守治安规章，显然令人难以理解。

新法院附设一所现代型监狱，犯人们有很好的膳宿条件，所受待遇较旧时代好多了。法院还设有拘留所，用来拘押民事案被告。每个警察所都设有小型拘留室。镇江有一所感化院，是为那些较轻罪犯准备的。感化院里有一些工作间，很多有用的物品，诸如毛巾、刷子、家具等，都是犯人们学习制作的。感化院这个机构很好，改造犯人效率高，因为在中国，很大一部分轻刑犯人都是没有谋生手段的流浪汉，他们在这样的机构里学了手艺，就不用再乞讨或偷窃了。

南方及边疆各口

上海（Vol. 2, pp. 15 – 16）

司法。因为影响本口岸外人行政，会审公廨地位的改变是值得记述的主要问题。由于上海城沦陷，清帝国权威不再，领事团接管了公共租界会审公廨，将其置于自己的保护之下，领事们任命或保留了推事，1911年11月10日领事声明接管管理职能，同一天向上海自治机关通报。① 于是，市政警察接管了隶属于会审公廨的监狱，并负责执行盖有领事印章的所有拘捕令和传票。租界外的拘捕令和传票，像往常一样，需送到会审公廨。领事当局决定暂时留任会审公廨的三名中国推事。

本期内，设立了大美国按察使衙门（United States Court for China），第一任法官任期始于1907年1月2日。

1908年9月，香港总督宣布中韩最高法院（Supreme Court for China and Korea）大法官将每年两次访问香港，履行上诉庭法官职责。1911年3月7日，该法院一位法官发布通告称，中韩最高法院改称中国最高法院（Supreme Court of China）。②

警察。中国警察重组，已在前一个问题（行政管理a）中报告了。公共租界警察，近几年来数量不断增多，以满足租界区对警察日益增长的需要。现在公共租界总警力1850人，其中8名

---

① Municipal Council，上海自治机构，并非上海租界的工部局，也不是民国后的市政厅，当时称上海城厢内外自治公所（前身为"上海城厢内外总工程局"，学界多以此为清末民初上海地方自治之始）。由于这份报告不同时间均使用"Municipal Council"这一称呼，故译为"上海自治机关"。

② 中韩最高法院与中国最高法院，作为近代中国半殖民地性质的英国司法机构，当时在中国均习称"大英按察使衙门"。这里为了体现其司法管辖范围变化，没有用当时的习惯称呼。

外国警官，250名外国警员，540名印度人，其余为中国人。华德路（Ward Road Extension）上新建了一所市监狱，会审公廨监狱的监舍，一直很不卫生，自警察接管以来，情况有所好转。

上海按照外国模式建了一所监狱。

苏州（Vol. 2，p. 33）

过去十年间，据我们所知，除了1910年设立了三个不同级别的法院之外，司法方面没什么进步可言。1910年设立的三家法院分别是高等审判厅、地方审判厅和初级审判厅。那时打算所有案件都由特别任命的法官来审理，知县不再审案，只负责税收等事务。在有适当场所之前，有一个法院一直设在旧牙厘局。1903年组建了警察，警员从裁撤的士兵当中征召。新建警察队伍不断扩大，形成了警察体制，至1911年11月，共有警力1000人，由省巡警道管辖。这种安排的结果，就是1909年接管了海关监督对警察的管辖权，从而结束了实际控制警察管理权的外国警督对警察十二年的控制权。本十年度，监狱有了一些小的改进，像犯人们不再睡在地上，改为木制大通铺；生病后隔离监禁；允许在监狱院内锻炼；重镣铐用得比以前少了等，其他没什么变化。

杭州（Vol. 2，pp. 47-48）

本十年度浙江省司法制度的最大变化是于1910年12月设立了杭州高等审判厅，这是促使司法制度变化的第一步。根据这一变化，准备了充裕的资金，任何案件，无论有什么证据或新发现，都可由下至上申诉，直至到北京上诉，也可以在案件的任何阶段发回重审。与此同时，设立了两个地方审判厅，一个在钱塘，另一个在仁和，司法界限更清楚了。两县地方审判厅之外，各设三个初级审判厅，审理小案件。据说，除宁波外，司法改革在浙江其他府尚未全部推开。新设法庭权限如下：初级审判厅设一名法官，审理所有200元以下的案件[①]；地方审判厅设三名法官审理刑事案件，三名法官审理民事案件，以及所有200元以下的初级审判厅的上诉案件；高等审判厅设五名法官负责刑事案件，五名法官负责民事案件，并处理地方审判厅和初级审判厅的上诉案件。1910年出台的新刑法，对刑事诉讼和法院审判程序做了某些修正（在法庭上下跪和肉体惩罚现象很少有了），较小案件惩处可以用罚款替代监禁。共和政府建立后，暂时保留了旧政权司法制度，但做出了一些修正，其中重要修正是牵涉军人的刑事案件由军事当局审理，平民与军人之间的诉讼案件，实行地方法庭与军事当局联合处理办法。

杭州城有600名警察。该城划分为六个警区，每区设一名警长。每个警区设四个所，每所设一名巡长。租界警察的主要变化是1908年8月一名中国警长替代了外国警长。1911年3月，这位中国警长也开始负责毗邻拱宸桥的郊区警务。租界警力26名，拱宸桥警力33名。1910年，嘉兴警察按西方模式重组，现有警员80名，有四名警长，经费靠征收店铺资产特别税维持。

1910年12月，杭州按照日本模式建造现代监狱，现在已接近完工。这十年间，犯人的食宿条件有了极大改善，也试图教给犯人一些有用的手艺，像木匠活、编织技术等。嘉兴的监狱制度有了改进，但由于缺乏资金，很多改进措施都很不彻底。

宁波（Vol. 2，p. 62）

1911年初，重组司法体制。是年1月15日，解除了知县、道台、臬台的司法职责，这些职位此前掌控司法行政数世纪之

[①] 英文原文没有限定词或从句说明是罚款200元的案件还是价值200元的案件，下同。

久,取而代之的是初级审判厅、地方审判厅、提法司。根据"大清新刑律",初级审判厅、地方审判厅、提法司拥有与过去的知县、道台和臬台同样的执法权,独立于省级行政之外,只对法部负责。

初级审判厅有权审判包括涉案金额 200 海关两以下的所有民事诉讼案,以及不严重的刑事诉讼和治安案件。初级审判厅的法官就相当于一名英国的和平绅士(治安法官)。地方审判厅负责审理比较重要的案件,坐镇杭州的提法使主持省高等审判厅。

1909 年,宁波城创设了一支有组织的警察队伍,归知县管辖,取代了巡役、更夫、守门人等。新建立的警察机构称为巡警局,警员穿戴整齐的制服,每天由军事教官进行训练。达到了警察职责要求之后,警察无疑将证明自己是中国人民中受教育、讲文明的强有力的一员。

太平天国叛乱末期,放荡的水手和坏人常到宁波来,为了维持秩序,江北(Campo)或者说是外人居住区组建了警察。这支警察经数任道台维持了近 40 年,一直由海关税务司华生(Major Watson)统领,直至华生 1907 年去世。现在这支警察已经与上面提到的一般巡警合并,由一名委员负责。

温州(Vol. 2, pp. 75 - 76)
温州府设立了以下三个法院:
1. 地方审判厅或称为府审判厅,下设两个庭,刑庭和民庭;
2. 地方检察厅或称为府检察厅;
3. 初等审判厅。

地方审判厅(府审判厅)设厅长一人,刑庭庭长一人,刑庭推事二人,民庭推事二人,典簿一人,主簿二人,录事四人,书记五人。

地方检察厅(府检察厅),设厅长一人,检察官二人,典簿一人，主簿二人，书记五人，看守所官一人，看守所录事一人，司法巡官一人。

初级审判厅，设监督推事一人，推事一人，录事三人，书记三人。

有两座地方监狱，一座是原来就有的，一座是近年来建造的。监狱里的犯人待遇没有得到改善。

三都澳（Vol. 2，p. 85）

福宁府还没有设立新式法院，旧式刑罚依然盛行。尽管资金匮乏，但各县城都在尽力组建现代警察。各地警力如下：福宁60人，最近缩减至24人；福安20人；宁德24人，但现在停办了。警员每月薪水6元。人们重新认识到有必要进行监狱改良，已采取了某些措施，如清洁监舍，减少了各监舍监禁犯人的人数，为犯人们提供医疗服务，在监舍安装了电灯。

福州（Vol. 2，p. 95）

1911年5月，依据"大清新刑律"，这里引进了一种司法制度。从这时开始，司法行政逐渐从地方知县手里转移到了审判厅，或者说是转移到了法院。这些法院的情形如下：

一级法院：高等审判厅，即省级法院，由省级法官主管；

二级法院：地方审判厅，每个府设一处，由知府级别法官主管；

三级法院：初级审判厅，每个县设一处，由知县级别法官主管。

截至本十年度末，乡村司法行政还没什么变化，但是，在省城以外设立了乡镇审判厅，或者说是乡镇法院，由县丞主管。

1909年，省城引入了新警察制度，设立了由巡警道主管的警察局，以取代过去的保甲制度。为方便治理，省城和郊区划分为18个区，每个区又分为4个段。估计目前警力700—800人。1910年9月，水上警察开始执勤，活动范围自上渡（Upper Bridge）至川石岛（Sharp peak）。新警察制度的各项改良，值得一提的或许是妓女注册分级。妓女按规定分为三个等级，每月上税1—5元不等。改革措施还包括禁止赌博，禁止征招单身女歌手搞娱乐活动。

本十年度末，监狱制度没有有效的改进，但已开始兴建一座新监狱，设立了一所监狱学堂，培养监狱所需要的现代人才。

厦门（Vol. 2，p. 107）

海防厅最初设在泉州，职责是负责沿岸防务，保护贸易免受海盗侵扰，受理诉讼，惩治罪犯，征税，看护每年的贡品等。康熙二十五年（1686），海防厅迁到了厦门，由一名海防同知管辖，受道台监督，道台也驻扎厦门。这种状况一直持续至1906年，是年组建了一支警察队伍，制定了警察条例。厦门划分为六个警区，包括一个警局警区，五个警所警区，共有警力208人。经费靠征收屠宰税、卫生费和妓女税维持。轻微违法行为由警察处理，所有民事和刑事案件由海防厅审理。1911年5月，设立审判厅和检察厅，负责审理所有民事和刑事案件。1911年6月，一座西式建筑落成，附设监狱，造价18000元。这样一来，就形成了道台管控下的行政、治安、司法三个各自独立的部门。然而，改革并不顺利，民众群起反对新法院，说新法院太严厉了，道台无奈之下又恢复旧法，直到人们对新法有了比较清楚的认知，始再度推行新法。海防厅判决的犯人关押在海防厅监狱，审判厅判决的犯人则关押在审判厅监狱。前述这些都是辛亥革命以前的情况。

新政权用民政厅取代了海防厅，行使执法和司法职能，警察局所缩减为四个，每个局所警力30人。监狱犯人不实行劳改制度，每天供应价值五分钱的伙食。

汕头（Vol. 2, pp. 122 – 124）

众所周知，辛亥革命以前，中国地方司法权除某些特定区域以外，一直都掌握在知县手里。知县既是和平绅士，又是法庭推事，有权对一些不严重的违法行为判罚惩处。他这里是民事和刑事案件的初审法院，从这里可上诉至知府那里。此外，知县还承担着许多司法职责，他是他的法庭的高级警长，执行自己法庭的判决。像其他较高级法院一样，他的法院也有监狱，他就是典狱官，负责拘押和监禁犯人。

汕头在澄海县管辖范围，1904年之前，澄海知县掌控上述所有权力，他作为本港及其邻近地区和平监护者的权力，在建立了一支警察队伍之后，或多或少被削弱了。这支警察队伍开始由商会供养和统辖，但不久之后就被道台接管了，他委任了一名委员，该委员有权随时处置一些小案件，但任何重要案件，均像以前一样，须交由澄海知县审理。这支警察队伍最初计划有500人规模，但很快又压缩至300人，一般认为这个数目能保留下来。这些警察有武器，穿制服，每月薪水7—25元不等，而管理他们的那名委员，据说每月薪水200元。警察费用从一些地方税中支出，这些地方税有鸦片烟馆税、妓院执照税、房屋租赁税等。这支警察队伍最初建立起来的几个月时间，有名无实，抢劫犯到处都是，很少有受到制裁的，不过，经过一段时间后，逐渐发挥作用了。据报在这里革命那天，发挥了相当作用。

1909年10月，水警道创设了一支海岸警察队伍。除了照管大量即将移民或返回的移民的利益、规范港口本地船只交通外，这支海岸警察还承担一种准政治角色，负责监视政治嫌疑人的活动。派出去的水上警察，有一艘中型舰艇，配备充裕的重火力，以便应对港口和毗邻地区可能出现的紧急情况。

如上所述，设立警察制度解除了知县的一些小权力，但整个司法体制并没改变。直到本十年度最后一年，澄海县设了外国模式的法院，知县的法庭才明确地被取代和废除了。

新式法院仿照袁世凯1907年7月25日为天津府草拟的章则，而袁世凯的法院章则取自日本，日本则是仿照德国而来的。新法院开办于1911年春，设在一座新建的外国风格的建筑里，位于海关东面数百码地方。有两个独立的法院，即一个高级法院，一个低级法院。两个法院都称为审判厅，分别加以"地方"和"初级"予以区别。两个法院都审判民事和刑事案件。刑事部分又分设检察厅。两个法院的司法管辖地区是一样的，是由高等法院还是低等法院审理，取决于案件的重要程度和当事双方的社会地位。法院的负责人称为厅长，厅长之下的法官称为推事，很显然是法院不同部门的助理。此外，还有一些属官，都是书记、录事之类的职员，特别是那些已经离司法很远的分支部门的职员。

革命爆发以来，新法院都关闭了，不了解这段时间它们的具体情况。不过，可以提到的是，新法院依据外国理念附设的监狱内，犯人们做一些体力劳动。关于这一问题的总体印象是，改革是仓促的，换言之，改革是在尚没有训练有素的可用人才情况下的一种尝试。尽管新式法院打算依照外国模式伸张正义，但执法官员都是旧式官员；所有较高级别官员除了一位法官之外，对外国法律和司法程序毫无所知，这位法官也仅在京师法律学堂学习了一年。审判厅厅长是一位前征收盐厘的官员，除了熟悉旧官场例行程序外，他唯一有价值的地方就是他在这里收税很多年，熟悉这里人们的特点和行事方式。不过，提出批评指责毕竟是件很容易的事。在引进适合这个国家的现代法典之前，必定早经形成了大量司法常识和旧例，一种旧体制向新体制转变，不可能一日甚至是一年时间就完成的。

广州（Vol. 2，pp. 144－145）

1911年4月25日，清廷发布上谕，大意是要建立一套新型司法行政体制，下列即是广州据此设立的新法院：

1. 初级审判厅，三名法官；
2. 地方审判厅，十二名法官；
3. 高等审判厅，七名法官；
4. 大理院。①

上列1、2两种法庭审理所有民事和刑事案件，初级审判厅审判不重要的案件，其他归地方审判厅审理。初级审判厅和地方审判厅均附设检事局，初步审查决定犯人是否交付审判。3、4两种法院是上诉法院。这两个法院也都附设检事局，职责是决定是否允许上诉。终审上诉法院在京城。1、2两种法院即初级审判厅和地方审判厅，各县都设，开始一段时间长官由省里任命，但后来改由中央政府任命。

1908年，设立了新型警察制度。警员共计3000人，其中1500人为武装警察。广州城划分为11个警区、19个副警区。每个警区有一名队长，一名副队长、一名小队长和两名巡长；每个副警区设一名队长、一名副队长、一名小队长、一名巡长。有两个骑警队，由一名队长、三名副队长、九名巡捕统领。还组建了一个消防救护队，分设一个总部、三个分队。水上警察总部设在珠海岛（Dutch Folly Island）。开办了两所警察学堂，一所培训警官，一所训练警员。警察学堂前期由一名监督、两名副监督管理，后来改由一名监督、一名总办管理。开设了一所医院，有一名主任医师和两名医师助理。还设立了一所工艺学校，开展与习艺所有关的工作，教授一些惯犯学习一门手艺。

---

① 原文标注中文如此。

九龙（Vol. 2，p. 162）

本省司法和警察组织有相当大的变化，这些将由各口岸报告。这些变化对边境地区没有影响。1911年初，有一位法部代表陈锦章（Ch'ên Chin Chang）[①] 先生取道香港考察各强国监狱和监狱制度。与警察有关的事项，发生了一件很有意思的事情，香港与广州1911年达成多项协议，极大促进了罪犯和"嫌疑人"引渡工作的开展，广州的总督可以委派一名官员作为他的代表或两地警方的中间人。广州与香港间的协议，不仅展示出现在双方的友好感情，而且有利于两边政府的工作。受命为广州总督代表的是清朝海军管带吴光宗。

拱北（Vol. 2，p. 173）

无所评述。

江门（Vol. 2，pp. 185–186）

司法与警察。

1911年底以前，这一地区的所有案件，除小偷小摸、打架斗殴、赌博等小案件归警察处理以外，均归新会县审理。新会县新法院审判厅设在县城北门，所有案件将来均由专门指定的官员在这里审理。知县的职责此后将限定于征收赋税与管理某些政治事务。士绅或商会对司法没有控制权，但如果他们当中有人对初审法庭的审判不满，则允许将案件提交至高等审判厅做终审判决。

1906年，江门商人组建了警察，委托广州巡警道指派的一名官员管理。警察条例与广州类似，有些许改变。警察活动经费靠征收地方税维持，主要有房捐（房产税）、花捐（妓院执照

[①] 原文如此，疑为沈其昌（Sh'ên Ch'i Ch'ang）。

税），每年总计征收估计为 20000 元。雇用的警察，开始每人每月薪金 7 元，以后根据个人表现提升。当然，如若玩忽职守或违反警察条例，也很容易受到处罚。江门公共秩序很好，几乎没有盗窃、抢劫案件发生。有段时间，警察很不受欢迎。1910 年，警察与民众因琐事发生争吵，结果一名百姓死亡，两名受伤，于是，惹事的警官和警察被解雇了。水警组建于 1908 年，由一名专门任命的官员统辖。有六艘四桨划艇，每艇 5 人，由船捐、缉捕经费（赌博罚款）维持，总部设在江门溪岸边，对岸是江门常关。1907 年新会城组建了警察，但只有警员约 70 人。本海关区其他几个地方即公益、荻海、石岐等地，也组建了警察。1911 年 11 月，革命党人占领了江门、新会城等地以后，驱散了警察。现在有 500 名民军守卫江门城。

监狱。新会监狱设在新会县城，由一名典史管理。最近那里建了一所新监狱，但至今没有任何改进。死刑犯在当地处决，但有些罪犯送交广州再审。江门城没有监狱。为了镇压西河的海盗，猪头山行营的一支军队委托一位委员负责审理案件。猪头山行营有座监狱，专门羁押捕获的水上强盗，一旦确定有罪，将立即处死。

三水（Vol. 2，pp. 198 – 199）

1908 年，在河口组建了一支警察小队，约 20 人。由于筹集不到警察驻地建筑的费用，借用了港口一座政府的旧建筑。城里的旧知县衙门仍保留不动，但近来在城内新建了一个法院，附设可容纳 200 名犯人的监狱。法院开始履行其职责时，有专任审案官员，新建法院就是他的办公地点。

梧州（Vol. 2，p. 208）

司法。1910 年 11 月 26 日，梧州设立了新法院。新法院有高等法院和低等法院，高等和低等又都分为刑事庭和民事庭。高等法院刑事庭与民事庭官员，各有法官一名，助理法官两名，候补助理法官一名。低等法院官员，民事庭设治安推事一名，助理治安推事两名，候补助理治安推事一名；刑事庭设治安推事一名，候补治安推事一名。这些官员的每月薪水如下：

法官 ……………………280 元
助理法官 ………………120 元
候补助理法官 …………… 40 元
治安推事 ………………140 元
助理治安推事 …………120 元
候补助理治安推事 ………… 40 元

警察。梧州有一支 140 人的警察队伍，由一名总督察和两名督察统辖，巡逻街道和城市道路入口。也有一支水警，巡查港口，维持抚河[①]装货人秩序。

监狱。1905 年，地方当局进行监狱改良，轻微罪犯人不再由普通监狱关押，改为教养所教养。教养制度分三个等级，表现好的犯人可据情从最低等待遇转至最高等比较舒适的待遇。劳动是强制性的，进教养所的犯人由指定的看守教做各种手工，制作铜器、蔗色陶器、草垫、鞋子及其他物品。每个犯人的工作都有一份记录，根据这份记录，可以得到累计的利润。然而，这一非常好的教养制度未能一直坚持下去，1910 年，教养所里的犯人合并到普通监狱，教养所停办。

南宁（Vol. 2，p. 228）

依据中国旧体制，司法职能仍然掌握在行政官员手中。刑事案件和民事案件均由知县审理，知县判决的案件可上诉至知府。

---

① 抚河，今桂江。

地方法庭没有现代意义的法官。审理死亡案件依旧实行严刑拷打手段，从司法角度看，必要的验尸由辖区内的仵作进行。在广大农村，难觅法律权威，罪犯都由村里长者审理。共和政权建立后，废除了砍头刑罚，改用枪毙。

1906年，为了维护南宁城内秩序，创设了警察。这支警察队伍约120人，穿着制服，日夜配枪。1910年，设立水警，归并城市警察序列。水警有三艘小划艇，每艘四人。不久，传闻水警勒索船民，1911年1月，新政权废除了水警，后来又试图恢复。

南宁唯一一所监狱设在知县衙门里。新政权建立后，虽然在清理卫生和对待犯人方式上有所改进，但监狱还是那所旧式的监狱。

琼州（Vol. 2, p. 245）

1911年4月，琼州新法院竣工，同年6月，组建新法院。广州提法使司派来一位官员主持法院工作，但由于爆发革命，新法院无人上班。1904年，组建了警察，有警员120人，归琼山知县管辖，40名驻扎琼州，80名驻扎海口（Hoihow）。1911年年中，道台组建了一支水警，共40人，在河上巡逻。革命造成很多警务人员任命变动，在局势安定下来以前，无疑将极大影响警务。

琼州正在兴建一所新监狱，用以取代条件十分恶劣的旧监狱。新监狱建在法院附近，预计很快竣工。

北海（Vol. 2, pp. 256–257）

1911年1月，新法院开始履行职责，根据一种仿照最现代国家制度的新体制实施司法职能，由经过专门训练的法官主司其事。7月，虽然法院新建筑尚未完全竣工，但已经准备开庭审案了。广州派来了法官，包括高等法院一名首席大法官，五名大法官，一名检察官，两名助理检察官；两名治安法庭法官，两名治安法官助理。审理案件规则是审理所有居住在新法院治安辖区内被告人的案件，以及本县知县辖区的其他地方发生的案件。某种程度上仿照日本，没有陪审团。候审犯人拘押在法院附设的监狱。从开庭审案到革命爆发前的四个月时间里，法官除星期天外，每天到庭审案。然而，这家法院并没有得到充分发展，还有一些令人不能满意的地方。法官们都受过良好训练，精通他们的本职工作，但是，准备待审案件材料、搜集证据对警察来说还是新工作，缺乏证据便不立案。当然，随着时间的推移，会慢慢克服这些缺陷。当法院在新政权下重新开办时，无疑会做得更好，交出所有人都满意的司法答卷。

警察设立源于1906年的改革。身着制服的警察列队在街上毫无目标地行进，在民众眼里是一道奇异的风景。人们还不明白，任何警察要想有效开展工作，都必须得到市民的合作。革命爆发以后，警察消失了，代之而起的是军队巡逻队。无疑将来警察还会恢复，随着人们的教育和知识水平的普遍进步，监督警官更好地管理警察队伍，警员们逐渐更好地了解他们的职责所在，民众将会重视警察的价值，并给予他们所需要的一切帮助。

旧政权终结之前，除了在本十年度期内为教授犯人有用的手艺，建了与监狱有联系的工厂外，这里一直实行旧监狱制度。这些工厂一个设在廉州，另一个设在钦州。似乎没有犯人分班教学的任何规章，因为监狱里的犯人既有年轻的，也有老的。一年前我访问了廉州工厂的两个犯人。犯人们的公寓外观上整齐干净，犯人们都在练习做各种手艺活，外表看吃得很好，照顾得也很好。新政权无疑将设立很多这样的工厂，违法者将在这些工厂接受惩罚和训练，对他们本人和整个社区都有好处。

龙州（Vol. 2, p. 269）

像龙州这样的偏远原始部落地区，抢劫和海盗猖獗，在人们心目中，严厉快速惩治罪犯能更好地压制恐怖活动。这些地方的情况用另一位作者的话来说，就是"做土匪像做其他任何和平职业一样"。在这些地区，经常砍掉犯人的脑袋可能不像一般农村那样令人恐惧。1906年建了一所新监狱，犯人们的监舍宽敞、通风，并尽力教授犯人们学做一些"和平营生"。这方面的工作由于缺乏资金，做得不是很成功。

1907年，这里组建了一支100人的现代警察队伍，这项改革逐渐扩大到了邻近地区。为此对猪肉征收一种特别税。

蒙自（Vol. 2, P. 279）

未获详情。

思茅（Vol. 2, p. 295）

本港司法属思茅厅。然而，去年12月末，迤南道将其驻地从普洱迁至思茅。现在司法由道台执掌，厅、辖塘（Hsia T'ang）协助。小案件有时由捕头（chief of police）处理。道台、厅、辖塘在有城墙的城内，捕头住城外靠近繁忙市场附近。1907年7月，为了维护城里秩序，思茅设立警察，有一名警长，25名警察。这一小支警察队伍，据说与云南其他地方的现代警察不同。这里的警察穿着土布套装，染成蓝色，戴着有"中"字徽章的顶帽，脚上登草鞋。在镇里和郊区分布着七座岗亭，三座设在城墙内，四座设在城墙外，一般一座岗亭三人，八小时轮班。监狱是一层建筑，在厅衙门里，混凝土、泥土、石灰混合建成，有八个监舍，每个监舍关押三至四人。监舍目前严重失修，昏暗，潮湿，极不卫生。这里的犯人，用铁链子栓着双脚，通常雇佣他们干一些重体力活。监狱也允许犯人做草鞋、钱串子等小物件。做这些小物件，每天每人得到 50 枚铜钱，厅里每天发给他们一市斤大米。这 50 枚铜钱和一市斤大米，就是他们每天的伙食费。这些劳动通常是从天一放亮干到天黑，回到监舍即被带上脚镣，晚上就睡在泥地上。

腾越（Vol. 2，p. 307）
1908 年，腾跃街道上第一次出现警察，共 60 人。

奉天（Vol. 3，pp. 19 – 21）
中国古代实行知县司法制度，知县除了行政职能外，还有行使司法之权。现在这种司法权已被不同层级的法院所取代，这些法院具有明确的司法管辖权和确定的法典。1908 年，新司法体制开始运行，设立了不同层级的审判厅。高等审判厅监督地方审判厅和初级审判厅，裁决重大案件和刑事案件，审决地方法院的上诉案。地方审判厅是中级法院，审判普通民事案件和刑事案件，受理初级审判厅的上诉案。初级审判厅审理轻微刑事案件和琐碎民事案，有权判决一年内监禁期的刑事案。这些法院分为两类，即审判厅和检察厅，分别设厅长和检察长。检察厅专门负责收集刑事案件证据，交付审判厅用于判案参考和重要依据。这些法院不受理涉及军事和政治的案件。各级法院均归提法司管辖，地方审判厅判决需提交提法司审查后方能生效。同样，提法司死刑判决须提交北京高等法院核准方始生效。

警察制度极大地改变了满洲尤其是奉天的社会生活。1905 年，赵尔巽阁下开办了一所警察学堂。翌年，组建了我们现在看到的警察，由天津警务学堂受过教育的警官指挥。警察隶属于巡警总局管辖，但 1909 年纳入民政使司，巡警总局改称省城警察局。奉天城内以及郊区土墙以内和铁路各站点与农村之间，均为警察治安范围。城里有省城警察局，并设承德镇乡警务局。城内省城警察局分管七个警区，城内两个警区，城外四郊四个警区，还有一个区是城西至火车站之间。（本报告所附地图显示只有六个区，绘制地图时分六个警区，完成本报告时没有找到七个警区分布图。）除第五警区 120 人外，其他警区每区 190 人，全城警力总计 1360 人。七个警区每区有一名区官，一名巡官，两名副巡官，五名小队长。警察总负责人为巡警总局督办。奉天所辖农村，共分四个警区，每区又分为七个站段。还设有辅助警察，称为镇乡堡防队，由经过训练的团练组成。

总体上说，人们对警察行政一片赞扬之声，认为他们都很优秀、正直、训练有素。每个分站段，至少每天严格训练一个小时。主要街道的清扫、洒水、照明等工作，都做得很好。不断有来访者评论说，这是中国最清洁、管理最好的城市。警察薪水，根据个人表现，每人每月 7 元、7.5 元至 8 元不等。此外，他们有很好的公寓，伙食待遇也很好。结果，不乏出身良好的子弟应召加入警察队伍。每年配发两套制服，一套夏装，很合身；一套深黑色冬装。此外，还配发一顶夏季圆高帽，一顶有皮毛耳朵的冬帽。每人冬季还发放一双棉皮靴，以及雨雪天气的防雨衣和一双雨鞋。每个警察白天都配刀，夜间除了配刀以外，还有配枪及数发子弹。警察在每个警区的战略要地布点。他们除了执行常规职责外，还要每年两次登记辖区内的户口，也要负责街道清扫、照明。我们很难了解警察在各个分站段的实际情况，从交通规则、每年的房屋检查等方面看，尚有不少改进余地。奉天城内有几处日本警察站点，每个站点由一名警察执勤，其他警察在街道上巡逻，极不引人注意，但他们却随时警戒侦探或防止住在日本铁道区域以外的侨民可能出现的麻烦。根据日本与奉天地方当局的协议，中国警察的管辖权不能延伸至日本人居住区，这一协议似乎履行得很好。每天晚上 11 点，所有八个城门都关闭，进出城门的人必须有通行证。有四个拘留所，一个在南门外，一个在东门里，警察总部有一个男拘留所和一个女拘留所。警察督办有权对违法分子处以少量罚金，或拘押并罚做重体力活，拘押期限一天至三十天不等。奉天城有173549人口，1911年审理案件3971起，其中包括三起杀人案和八起暴力抢劫案，这说明严重犯罪率很低。其余轻微罪案2728件，因乡下人不懂城市管理规则等引起的琐碎案件1232件。1906年重组警察花费175000海关两，警方提供的数据表明，1911年奉天警察所有经费433200海关两。

奉天建了一所现代监狱，按照最新式现代法则管理。监舍整洁、明亮、通风、卫生。有病号监舍，并为病号准备病号饭。对那些刑期长的犯人，监狱教授他们做手艺活，进行常规道德教育；刑期短的苦力阶层出身的犯人，成群结队在大街上做苦力劳动。这所现代监狱附设习艺所，刑期长的犯人在那里学做各种手艺活，像剪裁衣服，制作皮带、皮子弹袋、地毯、家具等。

清室遗老为溥仪被逐致欧登科函

蒋铁鑫 整理

编者按：1924年10月，冯玉祥发动北京政变后，将逊帝溥仪驱逐出宫，同时宣布废除帝号，修正清室优待条件。溥仪在避居日本使馆的同时，也积极寻求其他"国际援助"。荷兰国家档案馆所藏驻华使馆档案中，存有数件清室内务府及清朝遗老等致荷兰驻华公使欧登科的信函，与此相关，现整理刊出，以为补充，从中也可以一窥遗老们的组成与身份。

清室内务府致欧登科函
（1924年11月30日）

敬启者：

顷奉大清皇帝面谕："我大清自世祖章皇帝入主中夏，满、蒙、回、藏后先归附。列祖列宗以勤政爱民、轻徭薄赋垂为家法，二百余年未之有改。迨武昌事起，海宇震惊。以尔时兵力，未始不可勘定。我孝定景皇后不忍万民之涂炭，自愿让出政权，满、蒙、回、藏俯首听命。民国成立，实由于此。于是有优待皇室八条待遇、皇族四条、满蒙回藏七条，以相酬报，由两方代表议定，参议院通过，载在民国约法，正式照会各国驻京公使，转

整理者：蒋铁鑫，中国社会科学院研究生院近代史系硕士研究生。

达各国政府。嗣于民国三年修改约法，复明令公布优待皇室条件，永不变更效力各在案，今十有三年。虽民国政府未尽履行，然以时事多艰，予未尝不深加体谅。乃本年十一月五日，民国摄政【内】阁突派警卫司令鹿钟麟、警察总监张璧，率同李煜瀛，带领军队入宫，逼令迁出，并出修正条件五款，限时答复。予以军威胁迫，无力抵抗，即日移居醇王府。是后宫中所有员役，次第驱逐，所存物品，尽归掌握。此中外人士所共见，无可讳言。近日过激传单公然遍布，报纸喧传，甚至有援路易十六为例，言诸执政者。不料予以爱民戢兵、躬让大政，不获民国优待，而反视若仇雠。危险在前，能不寒心，万不得已，始避居日本使署。自念本朝与各友邦讲信修睦，历有年所，方事之殷，各公使奔走集议，警告频闻，义问热诚，良深感佩。今予寄居日馆，与各国使节比邻，岂容默无一言，致孤厚意。夫优待条件者，乃民国产生之根本，最初之信条载在盟府，布诸友邦，一国之信用所关，即友邦之观瞻所注。今以片面之词不待商榷，以众军之势逼令允然，揆诸各国法理，断断不能生效。至于宫禁，原为暂居，物品皆属私产，优待条件并无公产字样，今乃任意增入，并欲巧立种种名色，以为侵夺之计。岂知热河、奉天行宫所存诸物，民国政府均认为皇室私产，曾经估定价目，见诸公文。行宫如此，禁内可知。此外房屋地亩，亦均造册咨明内务府立案，租赋所得全归内府，十三年来未闻异议。是皇室所有权久经确定，通国皆知，更属无可置喙。除饬该大臣等函告驻北京各国公使转达各国政府，庶几事实昭然，公论自在，惟各友邦其加察焉。"等因。相应敬谨奉达贵公使知照，请烦转达贵国政府可也。专此。敬颂日祉。

清皇室内务府谨启
十一月三十日

广东省在籍士绅致欧登科函

(1924年11月26日)

大荷兰国公使先生大人阁下：

敬启者：敝国辛亥革命之役，我皇帝不忍涂炭生灵，以政权逊让，大公无我，为历古所未闻。民国订立优待条件，不独敝国臣民所共见，当时各友邦亦均认可。今逆贼举兵入都，竟有逼胁我皇帝出宫之事，复议变更优待条件，弃信蔑义，大悖公理。夫以十余年履行、十余国认可之条约，尚敢以一二人私见随意变更，则后患何堪设想。现敝国臣民无不切齿抚膺，一致反对，交相警告，志遏邪谋。贵公使睦谊素敦，主持公道，闻此横逆，当亦同深愤惋。伏乞笃念旧好，为之仗义执言，庶足寒宵小狂悖之心，杜后日侵陵之祸。迫切呼号，伏希矜鉴。

甲子十月三十日
一九二四年十一月廿六号

张绳祖、陈伯陶、崔永安、张其淦、张学华、曹受培、黄诰、卢宝鉴、金湛霖、邓本达、桂坫、邓善麟、梁庆桂、丁仁长、吴道熔、何国沣、岑光樾、赖际熙、区大原、陈念典、何藻翔、李渊硕、潘光耀、王光昭、杨履瑞、周朝槐、黄凤藻、罗汝楠、苏宝盉、梁元任、黄恩荣、张继祖、苏志纲、何庆鸿、钟兰芬、冯树芬、黄瀚华、邓彦远、崔珏、梁荣祥仝叩

中国广东省在籍士绅衔名

张绳祖，世袭一等男爵兼一【等】云骑尉世职；陈伯陶，署江宁布政使司江宁提学使司；崔永安，护理直隶总督直隶布政使司；张其淦，安徽提学使司；张学华，江西提法使司；曹受培，山西太宁道；黄诰，驻意大利公使、江苏候补道；卢宝鉴，

江苏补用道；金湛霖，四川候补道、一等轻车都尉世职；邓本达，浙江宁波府知府；桂坫，浙江杭州府知府；邓善麟，江苏候补知府；梁庆桂，内阁侍读；丁仁长，翰林院侍读；吴道熔，翰林院编修；何国沣，翰林院编修；岑光樾，翰林院编修；赖际熙，翰林院编修；区大原，翰林院检讨；陈念典，礼部郎中；何藻翔，外务部员外郎；李渊硕，农工商部员外郎；潘光耀，民政部员外郎；王光昭，四川汉州知州；杨履瑞，赏给五品衔；周朝槐，吏部主事；黄凤藻，度支部主事；罗汝楠，度支部主事；苏宝盉，礼部主事；梁元任，民政部主事；黄恩荣，法部主事；张继祖，法部主事；苏志纲，内阁中书；何庆鸿，内阁中书；钟兰芬，内阁中书；冯树芬，内阁中书；黄瀚华，河南补用知县；邓彦远，江苏补用知县；崔珪，江西补用知县；梁荣祥，四川补用知县。

世荣等致欧登科函

敬启者：

敝国自清宣统三年辛亥革命事起，其时涂炭生灵，震惊中外。英公使朱尔典与敝国前任大总统袁世凯及今现执政段祺瑞等，鉴于世界共尚和平，与民军议和，两相退让，约以优待清室八条、待遇皇族四条、待遇满蒙回藏七条，列于正式公文，由两方代表照会各国驻京公使转达各国政府，并交海牙万国和平会立案。清皇室亦不忍以一姓尊荣拂万民好恶，乃下诏禅让，将皇帝统治权公诸全国，改国体为共和。十余年来，相安无事。乃去岁十一月，奉直战后，国势尚未底定，遽以二三人私见，改易优待皇室条件，逼走乘舆。似此毁信废义，不惟非敝国人民之公意，恐亦为贵公使及各国公论所不许也。因此敝国各省耆旧绅民同声呼吁，电请敝国现执政恢复优待皇室条件，以昭大信而服人心。迄今月余，未闻明命，且闻有持异议者。荣等素仰贵公使主持公道，用敢合词恭恳联合各国公使仗义执言，商请敝国现执政仍实践当日约章之言，所有前订优待条件勿得擅更，永远遵守。不惟清皇室备承嘉惠，即敝国数亿万绅民亦同感友邦之德于无既矣。为此百拜以请，伏乞垂鉴为祷。敬颂公安。此致荷兰国欧公使阁下。

前清翰林院侍讲学士、民国前奉天学务总理世荣，民国前吉林省长魁升，前清翰林给事中、云南大理府知府朱显廷，前清翰林户部主事、山东临清州知州缪润绂，前清贡生候补四品京堂、现充中东铁路理事袁金铠，前清翰林记名副都统、现充本溪煤铁公司总办谈国桓，前清盛京副都统兼金州副都统宗室正管文启，前盛京满洲协领常庆，前清盛京记名副都统蒙古协领荣德，前清盛京蒙古协领树棠，前清盛京汉军协领王双贵，前清盛京记名副都统、三陵协领寿年彭，前清黑龙江满洲协领托胜额，前清直隶通永河道、民国前奉天东边道尹关锡龄，前清奉天警察局总办姜思治，前清翰林院侍讲安徽宁国府知府、民国前沈阳县知事赵景祺，前清举人礼部候补郎中赵晋臣，前清举人法部候补郎中赵家干，前清拔贡直隶州州判、民国前省议会议长白永贞，前清进士内阁中书佟文政，前清进士直隶知县田鸿文，前清举人内阁中书麟庆，前清附生翰林院侍诏李西，前清举人翰林院侍诏、民国前奉天女子师范学校校长王书铭，前清附生陆军部候补员外郎郭振铺，前清进士江苏知县马佳绩，前清举人光禄寺署正宋连仲，前清举人候补知县耿文举，前清举人绍棠，前清举人李明善，前清举人直隶知县关庆升，前清举人阎宝琛，前清举人李义田，前清举人候补知府刘润之，前清举人直隶知县聂葆勋，前清举人吉林知县春融，前清举人高春毓，前清盛京内务府主事桂丰，前清附生盛京内务府主事宛恒元，前清盛京内务府委署主事张承霖，前清贡生民国前省议会议员孙逢吉，前清贡生李维模，前清举人直隶知县高绍年，前清附生陆军部候补主事李征福，前清贡生山西知州富槟阁，前清拔贡崔清佩，前清优贡候补知县李懋春，前清附生张世燊，前清贡生候补道台蔺祖荣，前清贡生云南直隶州知州李恩溥，前清贡生张奎彬，前清贡生王宝璿同顿首

吕海寰等致欧登科函

（1925年1月10日）

大和兰国驻华领袖公使欧大人大鉴：

敬启者：月前敝国发生内乱，一二军人以北京短时间无政府之际，逼迫前清逊帝出京，并删改中华民国与前清订立优待条件，致逊帝畏祸，避居大日本公使馆内，至今尚无正当办法。查优待清室条件，系经中华民国大总统与清室会商多次始经订定，并由东西各国承认、全球共见共闻之正式条件，履行十余年，岂能以一二人私为删改。海寰等已函请段执政政府，以明令取消国民军时代擅改优待条件之伪令。兹特公函，恳请贵公使通牒段执政政府，明令宣布按照各国承认中华民国原定优待清室之正式条件继续履行，并尽力保卫清逊帝，毋令发生危险。想贵公使顾念贵国与前清二百数十年邦交敦睦，谅能俯允海寰等之请也。并请贵领袖转致各国驻京公使查照施行。不胜悚惶待命之至。专此沥陈。顺请勋安。

前外务部尚书吕海寰、前都察院都御史张英麟、前两江总督张人骏、前江宁将军铁良、前陕甘总督升允、前新疆巡抚袁大化、前四川布政使王人文、前邮传部参议陈毅、前山东布政使余则达、前法部右侍郎王垿、前翰林院编修马步元、前翰林院编修郭恩赓、前法部郎中郝祖修、前法部员外郎陈昂、前度支部主事李言蔼、前宗人府主事赵录绩、前礼部主事张梅亭、前度支部主事贾鸿宾、前陆军部主事沈廷骏、前分部主事武福恭、前掌云南道监察御史王宝田、前浙江粮道王季寅、前四川劝业道于宗潼、前江苏盐巡道刘麟瑞、前直隶候补道张炎、前候选道毛承霖、前

候选道李嵩年、前陕西同州府知府丁麟年、前直隶宣化府知府高熙喆、前福建福州府知府曹垣、前山东济南府知府黄曾源、前陕西知府郑文洙、前候补直隶州州判余士干、前江苏修补同知李维桢、前陕西佛坪厅同知孙卿裕、前候选按经历吴凤慈、前江苏候补州同宋按远、前广东赤溪厅通判郭绍汀、前热河赤峰县知县张锡鸿、前广东英德县知县杨树祺、前广东灵山县知县刘塾、前河南舞阳县知县王元瑞、前山东惠民县知县柳堂、前四川知县王化东、前浙江知县郝毓椿、前候选知县吴龢麟、前拣选知县夏廷相、前两淮候补盐大使傅丙鉴、前两淮候补盐大使陈星烂、前宁阳县教谕严西清、前新泰县教谕艾象丰、前汶上县训导胡秉章、前候选教谕姜遇赓、前候选训导李福銮、前莒州学正靳维熙公启

大中华民国十四年一月十日

吕海寰（印）

鲜卑履险折冲记

张文焕 著 吴 顺 整理

编者按：此篇原名《驻外历险记》。作者张文焕（1884—1977），字彬希，湖北黄梅人。1907年毕业于湖北方言学堂，1914年毕业于海参崴东方大学。后历任哈尔滨吉林铁路交涉总局俄文翻译、中俄会审公堂中方会审员。1917年任驻库伦办事大员公署秘书，1919年任驻俄国庙街领事，1922年任驻伊尔库茨克领事，1926年代理驻西伯利亚总领事，1929年任代理驻伯力总领事，同年夏调回南京外交部任职，1935年后离开外交界。抗战期间在宜昌、重庆等地避难。1948—1956年间，先后在湖北师范学院、中华大学、湖北教育学院、华中师范学院等校任俄文教授。《鲜卑履险折冲记》为1936年所著回忆，述其任职庙街、伯力期间亲身经历之护侨、交涉诸事，特别于庙街事件提供之亲历见闻，于中、俄、日关系史之研究颇有史料价值。原文为竖排繁体之自印本，今标点整理，以供相关研究之参考。感谢张志平、张志中、潘平先生供稿。张志平（1931—2011），张文焕长子，生前长期在中国人民解放军空军司令部工作。

整理者：吴顺，中国社会科学院研究生院近代史系硕士研究生。

文焕从政廿年，饱经患难，始任中俄会审于哈尔滨，继办中俄交涉于库伦，厥后供职外交部。愚戆性成，硁硁以忠义廉正自励，可告无愧于心，无负于国于人者，以此而动招忌嫉，致受艰险困苦者亦以此。抚今思昔，辄生直道难行，廉吏可为而不可为之感。其在哈埠、库伦所经历者，姑不备述，惟于驻俄领事任内，迭遭非常事变，其中冒险尽职之事，实有关国家安危、侨民生命财产，可为当时中、俄、日国际关系之特别记录，而知之者盖已鲜矣。爰略述梗概，就正世之君子。惜事关外交，不能畅所欲言，阅者幸垂察焉。

一　驻庙街任内事实

甲

1. 民八年，文焕奉令开办驻庙街领事馆。到任后，正值俄红党对白党及驻庙街之日军战争，邮电不通。红党占据海口炮台，用大炮攻城数月。炮弹满城横飞，城内被击毙者甚多，华商会会长孙盛财其一也。领馆处枪林弹雨之中，随时有危险之虞。文焕念当此危急存亡之际，领事一身为侨民安危之所系，倘专顾个人利害，稍涉畏葸，则侨民将如群龙无首，在己则叫嚣隳突，秩序日乱；在人则鱼肉宰割，保障毫无，其影响于侨民之生命财产者至巨，故不忍弃侨他避，坚驻领馆，以便遇事交涉。一日正出门间，适遇大炮弹坠落身旁，炸毁领馆大门，文焕之未被炸毙者，实为天幸。事后于大门内外捡起榴弹炮弹（即榴霰弹，又名子母弹）之隔板一块，直径约十五公分、厚约二公分半，及炸出之小弹（即铅丸）五十七粒，圆周约七公分，现尚存为纪念。

2. 民九年春，日军及白党见势不敌，让红党入城主政，双方签订和议条件。未几，有一方忽于某日深夜起袭击。当夜，红军总司令受伤于司令部。连续巷战数昼夜。我领馆四围火起，枪声隆隆，枪弹之射入窗户者，络绎不绝。文焕偕馆员朱君维明、邓君仲芳等避居地窖一周，幸免于难。而日本领馆被炮轰毁，领事先枪杀其妻及子女，然后自杀。日本司令官、军队、侨民等约二千余人悉数歼灭。事前数日，文焕曾面向日本领事表示，至危急时，可暂避我舰。乃日本领事不尔，竟从容率其全家为国殉难，良可风已。同时，白党则自省长、要塞司令以下文武大小官吏及认为有嫌疑之人民，尽遭惨戮，诚浩劫也。其法系于冻江中凿大冰穴，将活人倒填其内，每次数十人或数百人不等。文焕辄于深夜听及被填者哀号之声，心为凄恻，益悚然于此时保侨责任之难且重矣。

3. 是时，红党当局拟定将华商货物以无偿征收军用，其红军收编成军之中国胡匪数千，且任意敲诈华侨，寻仇报复。侨众畏之如虎，生命财产朝不保夕。经文焕随时分别严重抗议，要求以现金照价收买，不得无偿征发，并须严禁其所收胡匪对华侨之不法行动。因此俄当局颇滋不满，胡匪恨之尤深，声言在革命军、共产政治下不能任华商独拥巨量之货物财产，而欲抢夺华侨，则必先杀领事以除障碍。当时欧美侨民之在庙街者亦不下千人，因交通断绝，不及请其本国保护，乃按国际公法，亦纷纷请求文焕予以保护，使红党不能肆行涂炭。于是红党及胡匪视线集于文焕一身，而暗杀文焕之风声遂不绝于耳矣。时多有劝登兵舰避难者。舰长陈君季良（现任海军部次长）见情势险恶，特别关切，迭派员来请登舰以避其锋。文焕念时值一发千钧，苟一身离避，则侨众立危，乃抱定主见，效古人临难毋苟、舍生取义之旨，决不登舰。遂随身携带见危捐躯之急性物品，拼命坐镇，设法护持者半载有余，卒使中国及欧美二万余侨民之生命财产不受红党及胡匪之侵害。而文焕一生精神已大受损失，痛定思痛，实同再世矣。

4. 此外更有重大忧虑者，转瞬解冻开江，日本大队军舰驶至，势必轰城，玉石俱焚，侨民将无噍类，而庙街周围又无陆路可走。文焕乃与俄当局再三交涉，请准华侨收买俄人大帆船五十余艘（是时红党规章：船归国有，不准私人买卖）。并因庙街粮食来源断绝，华商存粮仅足供全体华侨数月之食用，复与俄当局再三交涉，请其官厅勿征收华商存粮（是时红党规章：粮归官有，不准私人存储，并须为军用征发），一面即将华侨所有粮食由领馆收买存储，以防俄官厅强制征收，然后平均分配，发给侨众度命。俟解冻开江，即乘日军舰未到之前，利用帆船带同中西侨众、俄国妇孺及所有食粮到距庙街八十余里之特尔地方避居，始得脱日军炮火之险及免绝粮饿毙之虞。

5. 先是日俄双方当战争时期，均曾要求我假道客居之舰队，借炮相助，文焕则力劝拒绝。事后日本政府因其驻庙街之领馆被炮轰毁，领事被难，军队、侨民均被屠尽，对我方亦多有不谅解。复因俄国正闹革命，尚无正式政府可问，乃向我政府要求派员会同前往调查。日方费尽心思，彻查月余，总欲寻得我方助俄攻日嫌疑事件之证据，并以领事为政府代表，军舰对外行动系本领事意旨，欲将文焕牵入军事漩涡，藉以掀起中日重大国际交涉问题。幸文焕处两军相争之际，无论何方如何逼迫，总系主张严守中立，毫未贻人口实。当时军舰方面有无若何应付失当之处，领馆虽不知其详，然于会查前即经文焕思患预防，多方设法使我方立于不败之地。及会查时，复审度彼此情势，妥筹应付，使日方找何大错不着，卒不能达其目的，遂未至酿成国际巨案贻我政府累。故我国为此事所受日本之条件要挟，与因其要求之经济损失，因得未曾十分扩大。时外交、海军两部当局及其他深知内情者，虽认文焕不无微劳于国，而调查员某参事别有用意，因文焕无疵可求，乃与日方评判，以文焕不应与红党当局为个人交际等语报部，致部为对外计，反不得不下开缺回国、另候任用之令。惟文焕因军舰事饱受风波，虽甚痛苦，幸能为国隐消外患，亦差

6. 旋红军败走，全城焚毁，而随日本军舰新来之日俄官民代表，对华商卖货所得存于华舰之现金，计值华币一百五十余万元，心存妒忌，谓俄人多数被抢被杀，日人尤无一人幸免，华商不应安然尚坐得多金；并强词夺理，谓该金或系红党由日俄人民家中所夺取而用以买华商货物者（其实均系俄国银行所存之基本金砖，其上均铸有帝俄时代之年号），要求提归日俄人民。时部派会查华舰被嫌事件之某参事，不知为何亦附和此说，乃于会查事竣，中、俄、日官民均须离开庙街之前一日（冻江在即，再无船走），忽嘱文焕即与日俄两方会议处分此金之办法，否则此事闹至东京将不得了，并促从速解决，迟则渠不能候文焕同行云云。文焕以此金为华商正当财产（均持有俄官厅所发证明金系货价之字据），万无提归外人及与外人会议处分之理，更何闹至东京将不得了之有？甚不以其言为然。第当时内外夹攻，势处两难，不得已乃勉与日俄两方会议。在会议中，该两方始而坚持将金全数提归日俄人民，继则让步要求提分半数，终乃要求至低限度须交海参崴俄法庭判断。文焕深知此金一交俄法庭判断，则权操于人，不啻将金拱手断送，故无论如何，坚拒不允。经竟日之抗争，直至力竭声嘶，始获办到送请驻海参崴各国领事团公议此金应归谁得之一策，亦云苦矣。

7. 迨文焕偕中日调查员等带侨回国时，某参事又托言军舰载金恐起交涉，嘱将金转移交所称吉林红十字会干事长李琛等，就其带来救侨之各轮装载。讵李等均系假借名义来图诈财之奸徒，与之共作圈套，始则允为载金，乃金既过船，行甫数里，又拒绝装载，并谓侨商遇此浩劫，能保全性命回国已属万幸，不应尚得此金，须拿出公分，昌言不讳。各金主侨商因畏威不敢明拒，又知文焕必能为其保障，遂推以须问领事。李等深恨文焕不允其分金，恃有背景及武力，竟敢肆行无忌；又串通见财起意之东北海军司令部参谋张某、哈尔滨戊通航业公司科长谢某等（均系派去调查庙街事变者），假作调人，以便行其奸计。为逼文焕答应瓜分此金，迭招会议，动以手枪威吓，并曾乘黑夜行至孤洲野岸，逼文焕将金卸下。文焕生死罔顾，且谅其决不敢弃文焕而开船回国，故随金下船，不变态度。其意以为冻江再无船置搭，文焕于必死于饥寒或盗匪之绝境，可使就范。后见计不售，果复托人来请文焕携金上船，再行商议。乃于翌日又变一计，令与金无关之万余侨工下船集会，以船上载金必招匪劫，危及大众性命，欲生还者须反对领事带金等语，多方鼓动，嘱赞成其议者举手。不料万余侨工深感文焕之作事为人，竟无一人举手以应之者。于此，益信公道之自在人心也。时海军部派去会查华舰被嫌事件之沈君成章（现任青岛市长），目击文焕一切情形，曾为赞叹，而敲诈不遂者则宣传蜚语以诬毁之。凡此种种，皆血性过度之所致，如稍抱圆滑主义，对李等强迫分金，声明不负责任，推由金主自行作主，则文焕可不至多结仇怨、受侮受险，且于公事上似亦无何责任。但如此，则是专为身谋，坐视侨产不保，实非文焕所忍为也。

8. 于时俄乱方亟，胡匪蜂起，此金运至伯利下船后，伯利领馆及商会均不敢寄存，客车又不通。文焕乃会同驻伯利权锡三领事（现任驻海参崴总领事），商驻该处日本军事当局（时协约国共同出兵俄国远东，日兵最多），给一凭证借坐军车，遂只身冒险携金送海参崴。讵夜间行至双城子站，又遇日本查车，军队不细阅凭证，曾迫令携带金箱下车。文焕找站长、队长交涉许久，始获复行上车。是时该站为著名多匪之区，幸未被劫，亦云险矣。

9. 当会议时，文焕所以主张将金送请驻海参崴领事团公议者，实因为内外环境及时势之所迫，出于无法中之一法，在外交上固无此先例也。文焕将金送崴后，即与邵筠农总领事设法向驻崴各国领事接洽，请其公议。各国领事虽多认此金应归原主华商，不直日俄两方之要求，惟因无此公议成例，又不愿开罪日俄两方，故不便正式公议决定，只有非正式采取默认我方有理、彼方无理之态度而已。其中有主张公道之某国领事并曾为此案公议办法请示该国政府，因之暗向我方表示，可将金发还原主华商。文焕遂商同邵总领事据情电部请示可否发还，祗奉电令妥慎办理。彼时文焕同邵总领事再三筹商，此金乃华侨之血汗资本，按法按理亟应予以发还。第日俄强词夺理，抗议累累，而部中又不肯负责主持，所颁训令不着边际。设或发还之后，内外之责言纷至，则侨民之血产虽获保全，而一己之实害无可避免，将奈何？终乃决定置个人利害于不顾，即根据领事团默认此金应归原主之理由，硬行发交各金主具领，以济难侨，而置外人无理抗议于不理。幸外人知难而退，交涉卒未扩大，可见弱国无外交一语似未可概论。惟此胜利结果，虽缘文焕负责傻干，亦有赖于邵总领事之力也。后各金主曾会议决定分送文焕半数计七十余万元，经文焕严峻拒绝，不受丝毫。种种情形，迭经文焕及邵总领事报部有案。

10. 当文焕由伯利赴海参崴办理金案之时，馆员朱君维明即由伯利先行回国。颜骏人总长初因流言太多，又未接据文焕任何报告，不知实情，于接见朱君时，即厉声诘之曰：张领事为何如此如此？朱君当莫名其妙，据实面陈。颜总长一听朱君所言与其前所闻者完全相反，不觉疑信参半，复严诘曰：是诚如此耶？朱君因所陈均系事实，毫无疑惧，答以确系如此。颜总长始觉从前所闻系属捏诬。迨文焕卸任回国呈报情形后，鲁籍较多之归国侨民纷纷电部，控诉某调查员媚外挟私，置侨民利益于不顾，旋举代表赴京，送文焕以万民衣伞、匾额，又为立德政碑于烟台。同时英、美、法、德各外侨归其本国后，均对文焕登报鸣感，各该国驻京公使亦以此向外交部申谢。即初因不明真相，甚不满意于文焕之日本公使，后反到部晤颜总长，声称张领事为人正直，殊堪重用，现既因庙街撤馆召回，贵部似仍当畀以相当外缺等语，载于存部之民九年冬间颜总长会晤日使记录。（此系因现任铁道部专员、前外交部通商司周赞尧司长当时所告而查悉者。）至此，颜总长乃是非大明，于接见文焕时即慰劳之曰："君劳苦有功于国，毫无过失。渠等谓君不应与红党当局为个人交际，完全不对！领事既与地方当局办事，岂能无交际乎？"遂令回部办事，足见颜总长之贤明爽直。惟日使既始对文焕啧有烦言，乃终又赞扬，并出位保荐，其为良心所驱使，终觉公道之不容泯歿，斯则深出文焕意料之外者也。

以上各节，部中均有民八、民九两年关于庙街事件之案卷可查，并为当时馆员、现在部供职之朱君维明等所亲见，合并识之。

乙

民九年，红党总司令占据庙街后，以食粮告匮，亲交文焕计值华币约三十万元之足赤金砖，托为出名汇至海参崴购办粮食，盖以庙街粮食向仰给于海参崴，时则海参崴尚为白党势力范围，红党固不敢自行汇款购办也。文焕乃以个人名义，将此金汇交驻海参崴邵筠农总领事代收。未几，庙街全城焚毁，该总司令及有关系人死亡尽净，文书案卷复荡然无存，此金遂成无主并无人知之物。文焕服膺于天知地知、临财毋苟之义，于撤馆抵崴后，将此金原委及非文焕所应得、愿得者，告知邵总领事，遂检同其所交还之取金汇票，备函送存于驻崴总领事馆卷内，作为正式交代，请其将金仍存银行，俟俄政局大定后再行取出商议处置之法。文焕对于此事并特立卷宗，于回国后送部存查。至民国十三年，某总领事到崴接任后，将金由银行提出，归入私囊，事为该处侨民侦知，列为呈控某总领事条款之一，分向国务院、外交部及吴子玉巡阅使告发。吴使乃下令缉捕并请外部认真查办。彼时顾少川总长、沈砚裔次长及全部同人惊悉此事，于查阅上项卷宗后，均称文焕拾金不昧，难能可贵。迨金追出若干送部，经总、次长派文焕查看后，即由政府拨为救济在华境俄白党之用，部中均有专卷可查。

二　驻伯利任内事实

民十八年，文焕代理驻伯利总领事职务，时值中俄为中东铁路事绝交开衅，互撤使领。因数年前有某馆员收存旧枪十余枝于领馆，俄方本早知之，不过平时视为无关，不曾过问，至此时乃藉端派军搜查领馆，以泄我国搜查驻哈俄领事馆及逐去中东铁路俄局长之愤，并强指为领馆藏枪，或为准备响应东省对俄之军事动作。文焕身为馆长，对外为人负责，备尝艰险痛苦。是时中俄军队业已开战，俄方将馆员吴君泽舟、韩君嵩生、尹君承蕾等（现均在部供职），以驱逐式放之回国，将文焕扣不放行，表面虽属自由，实则暗中监视，用意莫测，危险万状。当时未尝不可避入当地日本领事馆内请求保护，以避其锋，如驻俄某处某代总领事同样被扣时之所为者，而文焕则处之泰然，决意死难，不肯贪生辱国、托庇外人，以表现我中华民族轻生爱国之精神与人格。讵越数日，俄方又忽变为礼遇态度，派员前来道歉，谓以后不再有此种误会。后复到站送行，殷勤招待。文焕幸得生还，殊出意表，然诚属忧患余生。转念驻华各处俄领事撤回时，我方均以礼钱送，及某处俄领馆所存枪枝，我地方官并代搬送上轮等情事，足见双方待遇太不平等，对外精神实相悬殊。迨十九年春，中俄签订伯利会议记录，恢复原状，更为两国强弱及战事胜败之表现，有何外交之可言？故文焕迭奉部令，促回代理驻伯利总领事原任，东三省张汉卿司令长官亦迭电部相催。经先去见张司令长官说明一切，再回京坚决呈辞，遂调部办事，迭令嘉奖，所有详情，有案可稽。

民国二十五年六月

六二回忆（九）

李景铭 著

（三）西南之战争

华北与察绥正在挣扎之际，而西南风云日紧。是年六月二日起，外间盛传西南以抗日名义反蒋，有军事行动，京、粤两方均有辟谣之电。至九日，则真相大白矣。蒋有阳电为证（七日），盖西南发出冬（二日）、支（四日）两电后，蒋于七日致陈济棠电云：

> 两粤军民痛心国难，志切御侮，以一致救亡之决心，作慷慨请缨之表示，凡在国人，无不感奋。惟近日电讯纷传，均谓已作单独出动之准备，且有改立建制、调动部队等传闻，以中正所见，敢断言所传之不确。今日救亡图存，必以整个之国力，取一致之步骤，若筹策不定，而一隅独标揭于先，则整个国家之尊严即已丧失于国际之间。侮我者益肆其轻蔑，爱我者亦将为扼腕。此就国家之立场言知，兄等必不以救国而转以降低国家之地位，减损对外之力量也。若以军事原则言，任何军事行动必于整个命令之下协同动作，方克有济。证以国际战事之史例，即在友军地位，亦必事先有详密之协商，而后临事有切实之联络，乃能在整个策略之下达成任务。凡此定理、定则，兄等自能深知。若事先一未协

整理者：本篇资料由《近代史资料》编译室整理。

商，而遽以出师相号召，知兄等又必不漠视此种军事原则，而丧失吾国家军人之立场也。况和战为党国之大事，宁有不征求于全体多数之意见，而赌民族永久之存亡于一时之奋兴乎？近日道路纷传，群疑蜂起，不谅者甚至谓，两粤行动果为外电所传，是不啻以御侮之名义，而适与侮我者以快心；以救亡之决心，而招致与救亡相反之结果。中正深知兄赤忱为国，不致示人以纷歧不一致之弱点。近日部队征调，切勿进入邻省边境，以启内外之疑端，而妨整个之大计，并望推派负责人员来京，共同商决一切。国家处境如斯，当无瓦全之理。中央救亡决心与兄等初无二致，诸兄之明必能均见及此。掬诚奉请转告德邻、健生诸兄为盼。阳。中正。

余意此次桂军发动，陈济棠不过附和而已，故蒋与陈电，冀有转圜。桂非真抗日者也，藉抗日之名以反蒋耳。

先是数日，余友吴乃琛（煦忱）谈其子在广西任职，来信皆言桂亲日事，始亦疑之，最近阅报载路透电云，桂省过去曾聘有日籍顾问，现在确实。彼等尚在服务中，桂省向日本购买水泥、飞机、机器、军火等物品继续不辍。尚有一事颇为重要，日本现在正攫取足以藉口提出抗议之事实，但日本对西南已往数周之强烈抗日态度并未措意，且并温和之抗议而无之。此间渐觉粤省对此次运动颇为冷淡，但因粤桂省境毗联，关系友好，遂被卷入漩涡。众信此事结果，将纯为粤省行动，而桂省则将退出云云。盖桂极穷困，岂能以一隅之师与中央为抗，非有后援，何恃不恐。今日路透电又载，第四集团军秘书长潘宜之，与顾问王乃昌，八号（六日）乘青岛丸首途，前赴大连，由大连赴长春。如果抗日，赴大连、长春何为者？是不止与日本有关，且与关东军有关矣。桂省一隅断无足以抗日之理，即反蒋亦有所不能。蒋如明知其反己也，则以从前消灭福建人民政府者消灭广西亦有何难。然蒋亦知非广西真意，故令中央军北退，以免冲突。盖此次之运动，全是日本之阴谋也。日本向采海陆并进政策，有大陆政策即有海洋政策，故九一八以后，非继以一·二八不可，华北既增兵矣，岂有华南不进舰之理。然进舰须有理由，华北既制造一共产以为彼借口之资矣，华南非制造一抗日何足为彼抗议之用？是以西南之反蒋抗日者，虽曰继续胡汉民（展堂）未竟之志，实则为日本所唆使，为日本造机会也。反蒋虽非其真意，反蒋之为大总统趋于独裁、政治排斥异己，实为西南所顾虑。蒋所以主张召集二中全会者，一方决定财政方针，一方亦将决定对选举之事。蒋如能暂缓国民大会，则桂粤之军事行动或可停止。设数日之间，华北与华南同时有举动，则国事不堪问矣。夫西南之事发动于二日（冬电），桂省即于四号（支电）响应，广东即于五号（微电）决定颁给军号，北上抗日。虽曰有使而然，非真抗日，非真反蒋，而其为有计划之布置可知。冬电无处寻觅，即支、微两电各报纸亦禁登载。余于民国大学图书馆友人处觅得两电，兹附记之如下：

西南全体将领支日通电云：奉读西南执行部政务委员会冬电，忠肝义胆，炳若日星，凡有血气，莫不感奋。自九一八以还，日人挟其暴力，蔑视一切国际信义与条约，掠夺我土地，虐待我国民，侵略我主权，危害我国家，侮辱我民族，已及五年矣。我政府隐忍委曲，冀欲蒙亘古未有之耻辱，求万一或得之和平。讵知我愈隐忍，敌愈凶狂；我愈和平，敌愈侵逼。驯至受威胁而成之《淞沪协定》、《塘沽协定》、"何梅协定"，俱不足以厌敌人之苛求，今则辽、吉、黑、热四省与冀东之失地未复，而敌又以进兵天津、走私华北闻矣。呜呼！寇氛既滔于腹心，亡祸已迫于眉睫，舍奋起抗战外，实无他途。济棠、宗仁等及全体将士，分属军人，天职所在，厥为捍卫国土，保障生命。今敌人得寸进尺，实迫处此，惟有依从冬电之主张，为国家雪频年屈辱之耻，为民族延一线生存之机。用特电恳钧部、钧府、钧会，迅予改颁军号，明令属部北上抗日，赴汤蹈火，所不敢辞，众志成城，定操胜算。临电无任悲愤待命之至。总司令陈济棠、李宗仁，副司令白崇禧，总参谋长李品仙，参谋长张任民，军长余汉谋、张达、李扬敬、廖磊、夏威，副军长李振球、李汉魂、黄延桢、韦云松、周祖晃，师长缪培南、黄任寰、黄岭德、叶肇、张瑞贵、巫剑雄、李振良、黄质文、谭明星、叶寿尧、郑龙光、王赞斌、苏祖馨、贺维珍、杨俊昌、陈树芬，副师长谭邃、彭霖生、黄桢南、徐镜澄、孔可权、路秀礼、陈伯英、郑辉、谢铮、李崇纲、周元、李济垣、顾仁毅、张光炜、凌亚西、莫德宏，师长陈汉光、陈章、曾友仁、严莫鱼，空军司令黄光锐、林伟成，海军司令张之英，要塞司令徐洁芝，绥靖委员陈章甫、范德星、周景臻、许廷杰，民团区指挥官钟祖培、梁汉松、尹承纲、陈思元、陈良佐、蒋如荃、苏新民、高仰如仝叩。支。印。

西南执行部西南政务委员会微日通电：（衔略）鉴：微日执行部政务委员会开联席会议，关于第一、四集团军将领支电请改颁军号、出师抗日事，中华民国国民革命军改为中华民国国民革命抗日救国军，嘉奖如下：广州第一集团军陈总司令济棠，南宁第四集团军李司令宗仁、白副司令崇禧均鉴：支电悉。该总司令、副总司令暨所部将领等痛心国难，一致同仇敌忾，请缨捍疆御侮，志忱勇概，嘉赖良深，除另颁军号，另令饬遵外，仰即迅为准备出师抗日可也。西南执行部西南政务委员会。微。

自此两电观之，固堂堂以抗日为号召，义正词严，谁敢非难？然自实际言之，则实堪发噱。十月十一日，杨连荣语余曰："西南之争，乃由鸦片而起也。盖自蒋派龙云为云南主席，何健为湘边'剿匪'司令，鸦片之来源已断，桂省军饷无着，故急求发展，思夺湖南之地盘，遣兵调将，日迫一日。"孙彦玮自沪来亦曰："西南发动之原因在鸦片，从前贵州鸦片由广西出口，广西对之征税年约六百万元，自川黔公路通，土由川下长江，广西骤失此款，不免张皇。其次因乏款故，不能不借用日款，而交换条件必许日本以铁路、矿山权利，又招法人之怒，法视广西为其势力范围也。于是中央与法联络，许法在云南建立飞机场，以压迫广西，此亦为此次破裂之近因。"

蒋见阳电无效，乃于十日再电陈济棠云：

> 广州陈主任伯南兄勋鉴：某密。阳电谅达，未获明复，无任祈念。中央执行委员会请严戒所部自由行动之电谅已达览，现二中全会已决于一月内举行（已决七月十日举行），一切均当待决于党议。我全国军人听命党国，万不宜自由行动，使群情益深惶惑。当此华北情形严重，外交局势紧张，举国愤慨，人人悲痛之际，知兄等必不忍乘国家之危而加重国难。中央对于谣诼本不置信，虽据湘中确报两粤部队已于八日进越郴、永，今又继续北进，殊非梦想意料所及。此实中正德薄能鲜，精诚不至之所致，闻讯彷徨，愧怍无地。中央已命衡州以南部队一律北移，冀免冲突，以待协商整个方案。务希严饬两粤所有北进部队，即日停止前进，迅令归复原防，扫除谣诼与不安，否则中央最高机关已有定期开会之决议与劝止队部行动之电文，而仍固执成见，自由行动，继续不止，则人将谓此非中国军队抗日之举动，而为地方将领抗命之佐证。国家未救，纲纪先隳，果尔，将不仅我前方担

任国防之将士有内外夹攻之忧，亦使我全国国民在忧惶悲切中，益增萁豆相煎之痛，瞻念前途，岂忍坐此？兄等此举，意必有残佞之夫妄拟纵横之计，以为在抗日名义之下越疆出师，即可以长驱直入，为所欲为，若辈私利蒙心，或且有此谬想。殊不知国难愈深，国民之认识愈确，民听民视，昭于明镜，诚伪是非，毫发莫掩，岂宜惑于不负责任者之左计，而自玷过去之历史与勋名？吾人久共患难，何能泛泛相视，心所谓危，实不能不致切直之忠告。国家危急至此，集我全国之民志与国力，尚虑不足以图存，若于此存亡绝续之交，更速分崩离析之祸，天下后世将谓之何？兄久主南疆，领袖两粤，成败功罪，所系尤巨。务望遵照中央电令，迅命撤回两粤前进部队，以肃清外间之谣诼，而掬示爱国之真诚。德邻、健生诸兄并请转致鄙意，千万为民族留一线之生机，使大局由危疑而复趋安定。国家幸甚！两广幸甚！

试问蒋之谆谆以制止军事行动相告诫者，西南遽能以此而已耶。

鸦片战争不过其一因耳，此外尚有症结难解也。六月十二日，方兆鳌（策六）子福东（障川）自南京回，谈陈济棠发动原因，起于陈曾汇款三千万元往美国，为南京所知，孔祥熙电达汇丰银行停汇此款，故西南与南京结衅。现在陈济棠军备不及广西精良，故只好听广西之命。或曰，陈济棠被白崇禧软禁者，是又一说也。不意事隔三日，至六月十四日，唐馥田告余云："外传白崇禧竟有惨败之说，且云何健先期早知有此举，故略有准备，故意退师，至后乃一举包围之。中央一面为和缓内战计，延期开国民大会，而两粤将领亦无战意，大局尚可以调停。中间曾一度电约宋哲元编为第二集团，以壮西南声势，而宋以抗日名义不宜于华北婉却之，故西南之势益孤。"然六月十九日，又有桂军突进之说，此中变化殊难意料。

至六月二十日，在陈宗藩（莼仲）公宴席上，胡庆培（伯午）谈及，蒋以张发奎擒制陈济棠，甚为得计。盖张扼东江，以窥广州，故陈急撤退军队，以防后顾之忧。粤势一衰，蒋挟两湖之力以压桂省，绰绰有余。且近商左列四条件：一补助广西军费，二合作并一致抗日，三改正宪法，四将国民大会延期。中央均可容纳。且今日蒋已对《字林西报》声明，不为总统，则西南之战氛势将消灭矣。

宋哲元、韩复榘不甚悉西南内容，乃竟于六月二十一日通电云：

> 南京国民政府钧鉴，各院部勋鉴，广州西南政委会勋鉴：国难严重，违言近尚纷起，倘更不幸而演成内战，人民糜烂，国力日消，袍泽疚心，万邦腾笑。哲元等待罪边隅，困心衡虑，惧陆沉之无日，不得不先涕泣呼吁，伏祈垂念国脉民生，克日停止各方军事行动，务期开诚相济，大局幸甚！宋哲元、韩复榘叩。马。

蒋于二十三日复云：

> 明轩兄、向方兄勋鉴：马电语重心长，至为佩纫。国事艰难，中央审慎支持亦既有时，更为郑重决定目前方策起见，已定期举行二中全会，转瞬即届，各方意见皆可提出商定。中正有一本精诚，力求团结，对于各省袍泽皆推心置腹，开诚相与，所有军队皆用以保卫疆陲，维持秩序，决无丝毫轻启内战之意。此非徒托空言，事实所在，当为全国明达所共见。自两广调动军队进入邻省，各处文电交驰，请求中央切实制止。中央仍本原旨，力避内战，并对两广恳切说

明，去除误会。凡此力求和平，巩固国基之苦心，悉出至诚，烂然可见，与来电主张若合符节，所见相同，深以为然。中正爱国不敢后人，一息尚存，决不自逸，鞠躬尽瘁，至死不悔。惟万［望］两广诸君，共体此意，勿作阋墙之争，则国难虽重，事尚可为。临电不胜盼祷。蒋中正。梗（二十三）。

同时，广州西南政务委员会亦复一电云："已撤回入湘部队矣。"夫两粤既以抗日相号召，胡为一接宋、韩通电，即撤退入湘部队乎？岂真听从宋、韩劝告而即罢兵乎？其中盖有故存焉。六月二十四日，张同礼（筱岱）自津来语余云："西南之事发生于二日，蒋调浙赣之师，以道途梗阻，恐赶不及，乃调陕豫之兵以应之。盖何健军队多在黔边，先期已请示中央须早为计，幸而入陕军队撤回者于十二日到衡阳，而广西之军十三日始抵衡，故知中央有备，势难抵敌，乃命南退，此战略上之当然也。若中央军迟到一日，则衡阳失守，长沙岌岌矣。蒋素疑桂而抚粤，粤之军火经过海关者均予放行，盖蒋留陈以制李、白。最近西南有电请蒋下野，蒋昨日复宋、韩电云：'一息尚存，不敢自逸；鞠躬尽瘁，至死不悔。'盖即默示西南无下野考虑之余地也。"又谈："粤东以富而战，粤西以贫而战，情形大有不同。盖陈济棠每日有十五万收入，或传已积资至九千万元，今见胡汉民已死，失却中心人物，如不先发制人，则中央军一旦入粤，储藏难恃，且无从报销，势非受刑法处分不可。广西一隅之地，搜括已空，若不进取湖南，势必坐困，故原拟第一集团军委某某、第二集团军委何键、第三集团军委龙云，李、白自任第四集团，然何、龙未敢苟同也。蒋本以张发奎任闽边防务，以顾祝同任湘边防务，亦以张不可恃，故调祝防闽，调陈诚防湘，双方正在相持之中，而西南竟以宋、韩之通电退兵者，是亦出人意料外也。夫宋、韩与西南漠不相关，胡为而有息事之电乎？其中盖亦有作用在焉。"

六月二十六日，刘骧业（午源）告余云："宋、韩劝止息争之电具有深意，盖对内示鲁冀联为一体，对政治上有发言权，视西南与中央立于同等地位，西南不可抗中央，中央亦不宜侵西南，如果双方不听，即可宣言中立。中立云者，即变相之独立也。不然，疆吏只有服从中央命令，何能劝其息争乎？商震、陈仪、何键等决不敢发此电也。对外亦加强冀察力量，谓与鲁有联防，无异冀察订攻守同盟。"呜呼，宋之用心亦苦矣！

蒋不直宋、韩之所为也，乃于六月二十六日在无线电广播西南之罪状，暴露其乱动之内容，俾天下晓然于中央之无他，而乱动之咎责应由西南负之。据其广播云，福建人民政府借用日款五千万，已交者三分之一，而人民政府失败，此款无着落，故广西承认此债务，而继续借款。借外款以发生内乱，自不合理，然广西必谓鸦片税无着落，而军饷无出也。禁烟为中央一贯政策，不能因广西税款有误全盘计划，即广西军饷有求助中央者，中央无不应之。即谓对外作战，亦须通盘筹画，断无个人行动之理。试问陆军发动，海军从何措手乎？今抗敌徒托空言，而中央因军队移动，各地土匪纷起，悬挂救国军牌号，无法镇压，徒苦吾民，此种责任不能不由西南当局负之。正广播演讲酣畅间，而长春放高压电浪以纷乱之，忽断忽续，乱人听闻，此亦空中战争之妙趣也。

因西南与蒋之变争，竟变成胡适之与罗文干之笔战。胡适之本为蒋之直派，不赞成西南之内战，尤以罗文干加入内战运动为不宜，故曾以长电劝罗息争。夫罗文干本为南京司法行政部部长，乃抛弃南京，竟与西南合作，其为胡之不齿也固宜。乃罗又电胡云：

昔年长城之役，兄主停战休养，今已四年矣，华北外患日进日深，使当日一鼓作气，或稍有畏惧。即战而败，亦可步比国、东菲后尘，听候舆论主持公道，或有一日虽败犹荣。去年弟闻北方来者言，兄因□□□□①亦已改谈抵抗，乃今日西南发难抗日，而兄反谓不能减轻掀动内战危害国家之责任，弟实未解。假使中央此时皆举兵北向而不南下，则何有内战之可言？今日东京路透传来，川越日使将压迫中央制止□□举动，做成中、日、"满"合作，减轻关税，俾免私运，并强我承认日本在我国之特别利益。试问此种要求，如何可以商议？兄公忠谋国，必有以教我。而请缨拒敌，兄不假思索，即断为危害国家，此种警人之言，弟未之前闻也。蒋先生素爱闻警人之言，望共切实领导□□，以救国难而顺民情。咏霓（秘书长翁文灏）兄处亦望其主持正论，以定大计。弟一生不偏不党，富贵贫贱皆尝过滋味，再无所图，但求一死以救国。弟虽不才，亦非金字招牌所能利用也。兄望重一时，中外共仰，一言兴邦，一言丧邦，乞登高一呼，以正气号召天下。国家存亡在此一举，望兄熟审之。弟。

文干，号钧任，好饮酒谈论，何方均可加入，诚所谓不偏不党也。此次加入西南运动，或曰李、白之主张，即皆罗之主张也。

李、白于六月二十一日（马日）复电南京暨各省云：

此次本军因日本进兵平津，奉令动员，集中桂湘边境，请求中央领导，实欲效民二十一年援助华北友军出兵湖南之例，以事实促成中央及全国抗日救国运动。耿耿此心，未蒙鉴谅，南调之兵继续未已，势将对内煎急，疚心曷极。为彻

---

① 原文缺，似为作者故意隐去，下同。

底抗日主张、反对内战起见，经奉令进至祁、永之苏师，限令立即源源撤回桂境，静候中央明令，并电知湘省当局查照在案。兹接湘省何主任巧（十八日）日来绥一电开：桂军撤回，至佩荩筹，永州防务已令唐欧司令开衡担任等由。则本军已将入湘部队撤回粤北，湘省当局并实证明。乃顷阅报载宁沪专电，尚有桂军夏威部仍向祁阳推进之语，殊属淆乱听闻，居心叵测。深恐远道传闻失实，易滋误会，特将奉令撤兵经过电陈，敬祈鉴察。李宗仁、白崇禧叩。马。

顷之，何应钦等复以一电云：

各省政府勋鉴：顷电致陈伯南、李德邻、何健宥（二十六）电曰：兄等上委座巧（十八日）、马（二十一日）两电均获拜读，为国赤诚，弟等固相信其精神无间，而属词吐句之间，似挟有愤郁不平之气，对于中枢近年来措施，犹有误会不满者。数年来，兄等各膺疆寄，主政一方，历届中央会议多以事牵，未能莅京出席，道远传说，不免纷歧，而中央艰难撑拄与委座埋头苦干之决心，遂致不蒙见谅。然而弟等之愚以为，就革命言，则委座乃吾辈惟一之领袖；就职务言，则委座乃吾辈最高之长官，无论为党为国，吾辈有何意见，有何主张，均宜抅诚贡献，以供采择，但有利于国家，当无不虚怀接纳之理。若图囿于一隅观测之所及，不顾整个国家民族之利害，任情径行，则事势演变，不至断送国家民族之生命而不止。兄等明达，宁不喻此？此专就外交问题而言，今日吾国所需要者，不在空言而在实力。环顾国内，军队数量不可谓不多，考其实，则军令既不统一，军纪更复荡然。污辱上官，目无政府，以此救国，实为亡国；以此□□，何异附日。小之遭各个击破之危，大之遭国亡种灭之祸。诚恐不特两粤之军未到华北，而两粤已陷为东北四省之续矣。以弟等观之，两粤今日之危机，实较甚于华北，如兄等明知之而不速谋自救之道，日惟以出兵北上相叫嚷，适中以华制华之诡谋。谋国忠诚者顾如是乎？总之，收复东北，挽救危亡，乃国家整个之大计，尤为政府惟一之重责，决更不推诿，此弟等所敢自信者。今日中央所望于两粤当局者，则在如何保守我总理与革命将士牺牲无数生命所造成之革命根据地，而不陷为东北之续。简言之，即望诸兄先救两粤之人民，先固两粤之边防，并在中央整个计划与统一命令之下，以救全国，以复失土耳。否则，不图基本之巩固而自行分裂，不谋军令之统一而自由行动，不循国家之纪纲，不守军人之本分，则东隅未复，桑榆又失，天下后世将谓我辈何？弟等既爱诸兄，尤爱两粤袍泽与同胞，故不愿见诸兄误入陷阱至于不能自拔，更不愿见两粤袍泽因一念之差，致陷国家民族于万劫不复之地。盖兄等之荣辱，而弟等之荣辱，为公为私，皆有整个不可分离之关系也。兄等以为中央派兵赴湘，未免本末颠倒，须知御侮、"剿匪"为中央并重之政策，而"安内攘外"更为中央一贯之方针，中央并未减少国防前线之兵力，亦不忍抽调各方进剿之部队。惟两粤擅行越境，深恐全国将士十余年革命之牺牲，乃为两粤少数将领自由行动所毁弃，故不得不酌调整训之兵入卫，以制止纠纷而维地方秩序。二年来，中央尽调驻湘部队以担任御侮、"剿匪"之工作，事实昭彰，世人共见，可知中央不特无加兵两粤之心，抑且无防范西南之意。中央所望于两粤将士者，乃为整顿训练，确守纪律，以备效命疆场。若果如今日之行动，危害革命，动摇国本，事之危殆，孰甚于此？故中央不得不权衡本末，先后兼筹并顾。诸兄真能同心救国，一致御侮，则先求军令之统一，军纪之精肃，勿视军事为轻举，赌国家于孤注。根本既立，后顾无忧，中央不惟可以立撤湘省之兵，且令两粤部队随时加入。今兄等来电，又以已撤入湘军队为号召，而何以最近对于赣省之安远、寻乌、三南、赣州，闽省之武平，以及黔省之独山、都匀等县，不仅增兵越境，征发仓谷民夫，甚且勾结当地散匪与不肖部队，扰乱社会，破坏交通，尚美其名曰□□。凡此超越常轨之行为，或出于少数官佐无意识之举动，中央固不惜大度宽容，观其后效，而粤桂邻省民众之哀求呼吁，兄等能忍恝置不问乎？为兄等计，过去之事，或系误听道途之传言，或为佥佞所惑弄，均可一概置之不论，惟望自即日起，迅撤退进入邻省之大军，使国防前方之兵心，绝无后方牵制之顾虑，即两粤二千里之海疆与边境之国防，亦可积极整理，渐臻强固，则猜疑可去，共信自立，和衷共济，团结御侮，国家民族乃有独立解放之一日，而吾辈军人对于国家亦得稍减愆尤，实皆深受兄等之厚赐也。委座于接读兄等巧电、马电后，今日曾有恳切谈话发表，重申中央对内必本和平统一之政策，并剀切明示，一视同仁，决不追求既往之本旨，其为国之忠，对人之诚，及其处事之严正光明，自处之宁静淡泊，实足为吾辈效法，而曩日兄等容有误会不满之处，今亦既朗然大白矣。愿兄等虚心体察，一致拥护中央救国大计，国家民族实利赖之。弟何应钦、程潜、朱培德、唐生智、陈调元叩。宥。

李宗仁、白崇禧接此劝告之电后，稍觉和缓，故路透电传其对二中全会提调停案五项：一、对日开战；二、九一八以后中日所订之协定、秘约均无效；三、平津一带日本超过《辛丑条约》之兵额，以兵力干涉，令其撤回；四、允许民众运动；五、言论自由。由此观之，二中全会关系颇大，非决定讨伐西南，即决定

对日开战。其结果为模棱两可,计则一切授权政府统筹办理,而李、白仍表示不满,诘难如故。何应钦等复于七月二日电致各省云:

> 某某勋鉴:顷接伯南(陈)、德邻(李)、健生(白)兄等卅一复电:"(中略)谓迭请中央领导进行,并指定北上程线、集中地点,非不秉承上官、尊重政府也。至谓两粤将陷为东北四省之续,□□尚未南侵,在粤言粤,固称宁谧,至不幸□兵骤至两粤,誓必拼铁血,力保我总理与诸先烈所造成之革命根据地尺土寸地决不与人。弟等请中央指导,□□救国,正所以促成整个团结,而人乃认为分离,谁入陷阱之中,即谁当自拔,一念之差,万劫不复。兄等之言良是"云云。末谁[谓]"救国大计须合全国人谋之,且须与国人共之"等语。弟等顷复以冬电复之。原电文曰:"卅一电奉悉。弟等前上宥电,语语出于至诚,不蒙鉴纳,实深大愧。今日国家危难至此,凡有血气,谁不以救亡图存为己责?惟既曰救国,则关系于国家民族之前途至巨,一举一动,必须就整个国家民族通盘打算,缜密考虑,而不容任何个人单独行动,致乱步趋,尤须全国上下精诚团结,共同拥护此艰难缔造之和平统一,而不容任何个人加以破坏,授他人以可乘之隙。细读诸兄来电,一则曰迭请中央指导,非不秉承上官、尊重政府,再则曰请中央领导救国,则所以促成整个之团结,最后更望救国大计须合全国人谋之,且须全国人共之。雒诵至再,佩慰莫名。盖数宗者,正中央近今之所努力蕲求,并盼粤桂地方当局言行一致,真正实行者也。二中全会会期不远,诸兄若能抽暇北来出席,同抒救国大计,曷胜企待。万一羁于职守,不能远离,则请各派负责将领即日莅京,共商大计,党国前途利赖实深。掬诚奉复,伫候明

示"等语，特并奉闻。弟何应钦、程潜、朱培德、唐生智、陈调元叩。冬。

至七月六日，余天休语余云，西南空气有和缓之说。苏世亦曰，湘南小有冲突即退。惟飞机五架失踪，西南之宣传为蒋所买收，而蒋之宣传则谓良心上不欲内战。至十三日，乃知失踪之飞机已归降南京矣。

粤桂之军不能久持，因有陈济棠出洋之说，因而南京气势稍张。是日（十三日），二中全会第二次会议，通过撤销西南执行部及政务委员会，在京组织国防会议，以李宗仁、白崇禧、陈济棠、刘峙、张学良、宋哲元、韩复榘、何成濬、顾祝同、刘湘、龙云、何键、蒋鼎文、杨虎城、朱绍良、徐永昌、傅作义、余汉谋为委员，共同御侮，并改任余汉谋为广东绥靖主任，负责整理全省军事，任林云陔为广东省政府主席，任李宗仁为广西绥靖主任，白崇禧为副主任，黄旭初为广西省政府主席，拟于十四日宣言后，二中全会即闭会，是所谓以政治的、和平的解决西南问题，先求军令、政令之统一，而后再谋御侮救亡也。取销西南党政两机关，由唐绍仪提议案，列名者三十一人。提案大要云：

窃以最近粤桂将领藉名请缨抗日，称号异动，勿论其内幕动机如何，自客观事实言之，总为涣散民族精神，摇动政府地位，削弱国家力量之所为，名曰御侮，实多招侮；名曰救国，适以败国。事之可伤，孰过于此。查粤桂将领年来跋扈行为，皆以西南执行部与西南政务委员会为凭藉，俨然另立政府，对抗中央，不惟用人行政自成系统，甚至外交则自为主张，宣扬国际，于军政则擅更旗号，自成一帜，曾不思国于今日，岂有国家不统一而可以对外，内部不团结而可以御侮者？西南执行部本隶属中央党部，西南政务委员会本隶属国府，今竟忘其本来，以少数军人挟持，为反对中央、割据自雄之工具。按之实际，原日在两机关负责之同志，多已不甘为傀儡，飘然远引；其暂留有待者，亦每坐视横流，辄兴浩叹，无如之何。今日为谋一致御侮，必须增强中央政府力量，统一全国政令，此两机关实已无设置之必要。兹值本党五届二中全会开会，爰本上述意见，提议即将西南执行部及西南政务委员会明令撤销。其原日在西南指导党务政治之同志，自当集中中央，共同负责，庶几国家内部从此实现统一之精神，完成统一组织，然后于抗敌御侮乃实际有裨也。是否有当，敬祈公决。

于是而两机关撤销，改在中央组织国防会议。
蒋并于七月十七日再电陈云：

广州陈委员伯南兄勋鉴：灰电计早达览，恳切之言，以为必荷采纳。乃据报，兄等对二中全会决议案，竟不加接受，而将有召集非常会议，另行组织军政府之举。此息确否，未敢深信。意者前电简略，致兄或尚惑于人言，而不谅中央处置之苦心与中正始终爱护之夙志，为公为私，不能不为兄再进一言。此次粤中事变，中央始终以纪纲与感情并顾为宗旨，期共纳于正轨，而中正之衷诚，尤在于保全我革命袍泽之历史，故一面请兄离粤，使兄得自脱于荆棘；一面仍调兄入京，共负国防重任。诚吾辈既同患难于先，必当保始终于后，爱人以德，于义应尔，亦深信兄必能洞察此意，善自为计也。溯自革命以来，粤中军人不乏勋业彪炳之辈，而往往一念之差，不克保全名于最后。昔日总理寄陈竞存以心腹之重任，而竞存终于悍然谋叛，迄今身死之后，犹为同志所深痛。其后本党以维持同志革命策源地之职责，望陈真如与吾兄同心协力，而真如不安其分，心怀异志，在闽称变，毁党叛国，以致名节不保，无所于归。彼辈猕狂冥行，最后究何所得，而粤中革命历史乃贻莫大之污点。每念往事，对我粤中有历史之军人如兄者，辄不禁代兄憭之。故中正自事变初起，即无时无刻不以保全吾兄革命历史为怀，请兄离粤来京，实完全出于爱护吾兄之真诚，不愿兄蹈陈竞存、陈真如之覆辙，以趋于身败名裂、公私交害之途。质言之，中正惟希望兄能在革命史上占有永远光荣之地位，故劝兄即时引退耳。吾辈军人成败荣辱，断不系于一时之进退，而实系于服从命令与自身出处之光明。中正七年以来，一本此旨，党命之进则进，党命之退则退，绝无犹豫，亦绝无规避。愿兄亦能深知此为革命军人最低应守之条件，相与共励，以自免于悔咎，则此日皓然引退，即为将来进步、效力党国之始基，正不必以一时之意气，断送无限之前途。今为兄计，将为竞存、真如辈自绝自弃、声败名裂之为愈乎？抑笃守革命军人服从之本分、进退光明之为愈乎？兄苟平心一思，必当接受中央之善意而无所犹疑矣。党国艰危至此，粤中人民彷徨痛苦又如彼，即兄个人将来历史上之得失祸福，亦悉系于此时之一念。无论为粤、为国、为公、为私，皆宜急流勇退，自保始终，不远而复，□智所嘉。披沥尽言，胥出于保全袍泽之诚意，切望驾来京，勿令亲友失望为幸。中正。十七日晨。

果尔，至十九日，报载粤东飞机六十余架反正，集中韶关，一半飞往南昌。陈济棠见大势已去，离粤赴港，军政交李敬扬、林翼中维持。其兄陈维周已被人刺死。陈在粤积资一万万以上，粤人及其部下恨之刺骨，故有此结果。先是十八日，陈济棠开最后联席会议，决定下野，午后五时，即乘军舰海虎离粤。该舰因风雨所阻,延至十九日夜七时二十分抵港登岸,港警厅派警探三十余人驾水警小轮出港保护,拟在港住一周后偕林翼中、区芳浦、李益谦、何苏、张国全等出洋。自上月二日发动后,计至此四十八日之昙花耳。其离粤前,曾召执行部起草下野通电,大意谓:

> 济棠自顾德不足以感人,诚不足以动众,求全之毁,其来无端。夫前之揭橥抗日名号,组织抗日联军,专以表示意志坚决也。若不战于外而阋于内,则是自负初心,在我并不存诟尤之私,而人或疲于纷歧之论。济棠方以决心抗敌为统一正轨,中央则以统一全部为御侮前提,虽因果原自相联,而取径要非一致,为齐一抗日步骤计,为保存抗日实力计,决于即日自动下野,解甲归农。惟身虽远引,而抗日救国之志即至海枯石烂亦不终移,所愿秉圜铃衡与我袍泽,以敌忾同仇励士卒,以复仇雪耻勖国人,以取消一切羞辱协定、收复故所失地为惟一无二之决策。鹄此以趋,毋馁毋挠,期其必至。倘果实行抗战,济棠虽棲陇亩仍当请缨负弩,为国前驱,愚叟移山,冤禽填海,一息尚存,矢志不移。谨布区区,伏维亮察。陈济棠叩。

自表面观之,陈已离粤,粤事即告解决,然唐长风语余曰:"是不过以余易陈耳,犹是粤之军队也,中央军队全未入粤,陈之出洋安知非以退为进,袭阎锡山之故智欤。"唐馥田亦曰:"且观宋子良之财政厅长、唐海安之盐运使能否到任,如能到任,则财权操之中央,军队或易就绪。"然而余汉谋军队果于七月二十四日前入粤矣,立即召集将领会议,整理广东新方案。至翌日,以国府明令观之,粤西之事亦解决矣。府令白崇禧主浙,而以浙主席黄绍雄为广西绥靖主任,李品仙副之,调派李宗仁为军事委员会常务委员会，是中国统一之期不远矣。不知蒋、白结不解之仇，此次虽调浙，白崇禧未必奉命，且恐别有所图，天下事固未可乐观也。试观张超南（蟹庐）之谈话，即知蒋、白过去之历史矣。张曰："革命军北伐时，南京失守者数月，后孙传芳又调师过江反攻。南京不利，白崇禧从间道以前敌总指挥名义调集奇师，方将孙传芳全军覆没，夺取军械无算，南京卒为南军所有。所谓龙潭之战，固天下知名者也。盖无此役，则南京不保，北伐仍未成功。然则白崇禧之功伟矣。故此次白崇禧在桂誓师谓：'蒋别视异己之军队，我崇禧虽与蒋有仇，我之军队与之何仇乎？即我之军队与蒋有仇，至于龙潭战死之烈士与之何仇乎？蒋胡乃将龙潭阵亡烈士之纪功碑亦摧仆之耶！'故蒋、白万无调和之理。蒋之调白主浙，明知其不奉命，姑留此为将来讨伐之理由耳。外传白将于八月一日组织军政府，又云日人到梧州者近千余人，是以广西形势尚未容乐观。蒋、白之隙何从来也？蒋忌白之功，欲去之，白以此自危。故北伐之师抵北京时，白欲联杨宇霆以倒蒋，为蒋发觉，故急电张学良，枪决杨宇霆，而白崇禧自北京逃往广西，自树一帜，维持至今，今焉能与蒋合作耶？"

八月一日，李公博谈广西非完全内部问题也，实乃英日角逐之问题。盖自李滋罗斯回国报告后，英国对华问题极注意，且英苏、英美近极密切，中央亦有备战，故近来各方均注目于西南乱动之如何。

八月一日，蒋介石复电李、白，加以劝告曰：

> 邕宁李德邻、白健生先生勋鉴：密。俭（廿八）电计早达览，迄今未奉惠复，而道路传说，均谓兄等将拒绝新命，不惜诉之武力，且有八月一日组织自治政府之说。此等消息传播甚盛，闻之怅惋，终不信兄将有此举动。今已八月

一日，组府之说并未实现，益信兄等终能爱党爱国，决不对中央有所携贰，以为革命历史之羞。顾中正之去电，迄未获复，新职亦未表示就任，而中央同志私人所接来电，似兄等对中央仍不无隔阂于误会，为不惮觍缕，再为兄等恳切言之。迭观兄等最近对中央同志来电，综括之，约有二点：一、以为中央调动兄等新职系有作用；二、以国府发表新命为违反二中全会议决，甚至诋为违法失信。兄等若如此观察，此诚误会之甚矣。先就第一点言，中正可直告兄等，中央新命，无非一方面爱护兄等之革命历史与勋业，观兄等所处之环境困难，以发挥兄等效力党国之长才，一方面彻底实现国家之统一，加强本党之团结，俾人尽其才，将以共同一致发展力量以对外，如有作用，此即为惟一之作用。中正俭电所言，绝无一语虚饰。兄等为就恶意方面而推测，直将谬以千里。且中正在二中全会之前后，每对桂省同志谈广西问题，辄以为长此以往，兄等将有不可收拾之苦痛。盖自八月一日以后，军队较前扩充一倍，军费支出激增，纸币价格暴涨，物价腾贵，社会愁苦，兼以征兵、征粮，引起民间反感，有不如命，囚系随之；变乱迭起，闾阎不宁。故即置军队问题于不谈，而社会经济、人民疾苦如此，知兄等亦将无法以善其后。中央当时发表绥靖新命，一面又特任兄等为国防会议会员，即希望兄等能命驾来京，得以详商处置桂局善后之道。及兄迟回未就，爰有调季宽回桂，而使兄等来中央与浙省之命令，诚以设身处地，一方面不能不顾惜桂省人民之元气与兄等努力之基础，同时又不愿兄等当此事实之困难，感解铃系铃之不易也。如事已至此，而中央再行责成兄等整理桂局，负责到底，以恢复八月一日以前之原状，乃为强兄等之所难耳。故此次调新职矣，为保持兄等令名于久远，留桂省民众对兄等之好感，而国家亦得借重兄等之大才。中央苦心与中央友好之诚意，不外乎此。兄等如平心而思，即不难释然于第一点之误会矣。至就第二点言之，二中全会之决议与政府之命令，皆于七月十三日发表，而十五日兄犹有就任所谓联军总副司令之举，不惟无遵守之表示，而粤桂报纸且任意反对中央。中央嘱季宽、伯璇、礼卿诸兄分电切劝，希望公私两全，俾大局有完满之解决，而兄等亦未有明复。其后伯南离粤赴港，以为兄等必可无所拘束而立就新职矣，乃翘盼久虚，直至幄奇回省之后，发表命令已逾旬日，仍未见兄等正式就职。政府同仁以兄等迟延不就，必有现实之困难，故另调兄出任新职，以为转圜之地。迨新令发表，而兄定期就任之电文亦到，此虽时日上之差池，然中央倚重兄等固无今昔之异。兄等既愿接受绥靖之前令，当无不愿接受新命之理。吾人许身党国，奉命驰驱，范围至广，事业至多，岂必局限于特定之地域而始有以自见。德邻兄供职中央，贡献更大；健生兄改主省政，浙桂皆属国土，亦何所择。兄等如真欲表示光明磊落之本怀，完成党国之统一与团结，示全国以拥护统一、服从党国之规〔圭〕臬，则任何命令，宜均乐受，而无所用其迟疑。至于任命地方官吏，原属政府职权，全会亦并无不得变更之限制，党部、政府之权责向系如此规定，又断不得视为违反决议，而以违法失信相诋也。自新命发表已逾一周，举国舆论咸望兄等之善保今誉，造福邦国，乃兄等迄无接受中央新命之事实表示，转闻增防筑垒，纷调队伍，甚至传说兄等已有攻粤犯湘之决心，此尤险妄，请兄等必宜详察。无论中央爱惜国力，企望和平，久已昭示中外，即全国民意亦决不容对内有用兵自残之举。若兄等出兵邻省，则请兄等注意今日民心之决非昔比，如无中央命令而进出于任何省分，无论兵力如何，必为人民所不容，止有自陷于绝境。如吾人自厌为中国之军人与国民,则不遵中央命令,不惟无路可行,而且无地自容矣。故今日必须认识时代潮流,尊视民意之力量,而勿徒以兵力为可恃。凡上所述,一经剖析,知兄等必首肯中正之所言,顾外间或有不察,则不能不望兄等有消释群疑之表示也。总之,吾人今日成败之机,必以顺应情理与事势为断,任何举措,顺乎理而应乎势者靡不成。如于革命之大义相违,与时代之潮流相左,则违理逆势,即于公私两无所利。此次之事,其主因当在吾人之睽离太久,中正耿耿之诚不能自达于多年同死生共休戚之兄等,徒自疚痛,用敢披沥肺腑,再述所见,无隐无饰,以详告于二兄。切望兄等念国家民族之利害,暨中央之诚款与国民之期望,尽去疑猜之见解,为英明之决断,接受新命,表示就职,以示大公无我之真诚,而慰举国上下之殷盼。中正最短期内,并拟来粤一行,尤望能与兄等晤言一堂,详切面商,只求统一得以实现,和平得以贯彻,国家与地方交受其益,一切均可尽情商酌,为国家定长治久安之大计,亦即所以坚固革命之基础。如蒙采纳刍言,即请复电见示,即当启行来粤,面谈一切。吾人多年患难相共,深信必有以共聚一堂,掬示精诚,而慰总理在天之灵。言不尽意,惟祈垂察。蒋中正。一日叩。

自此电发后,又相持一月,仍无解决办法。至八月三十日,外报始传粤军有不利消息,粤南将为桂省所袭。蒋为防备计,乃调闽师由海道赴粤,盖李敬扬师无意与桂作战也。是晚,张超南(蟹庐)亦来云:"友人言,粤军果失败,内部恐有变化。因军权、财权全收于中央,余汉谋亦颇有悔心,即广西事亦有难于解决之势。"余曾与谌厚慈讨论此事,谌云:"以中央之力扑灭一广西有何不可,但广西民族性与别省不同,万一铤而走险,必挟其余众东奔西窜,与共产合作,天下仍是糜烂,故蒋始终欲以和平政治解决。然白崇禧不去桂，中央究不能一日高枕卧也。"幸而延至九月七日，广西有和平解决消息，李宗仁绥靖桂省，白崇禧为军事委员会常务委员，黄绍雄仍主浙，双方军队均撤退。中央所以宽大容忍者，大抵一因蓉案紧急故也。九月十八日，张同礼（筱岱）自津来谈："广西所以解决者，非广西服从中央，乃中央容纳广西也。广西要求五项：一、每月由中央补助军费五十万元；二、李、白军队不离广西；三、中央军先行撤退；四、表示抗日态度；五、承认十九路军。中央完全接受，盖因广东军队不足以平靖广西，且中央军尚须留大部分在粤，以实行监视也。但将来十九路军或不能独立编制，中央有将令其附属第五军之意耳。"

（四）西北之变乱

自九月间，西南乱动甫告平息仅逾两月，而西北之变乱突如其来，此诚国家多故之秋也。兹欲述西安之变乱，当先言陕西之内容。门人陈后山于十一月十九日自陕来云："此次随同西北考察团入'剿匪'区考察，经过陕甘数省，遍地枯骨，壮丁为双方逮捕而去，所余者老弱而已。中间外传张学良独立者，因西北代表六百余人向张请愿，谓中央以'川匪'二十余万驱入陕甘，为川计则得矣，然其如以邻国为壑，何如能于短期聚而歼之？犹可说也，若延长时期，糜烂愈甚，则为地方计，为民族计，均非所宜，故限张于一个月内'剿匪'，如无功，则应停止内战。张无如之何，故暂入停战状态。中央以其不奉命也，疑其联共倒蒋，于是有钱大钧、熊式辉微服飞陕消息，而日本报纸乃张扬其说曰，西北独立矣。此次蒋之入陕，与张晤面，大抵亦商决此问题也。陕之共产党近已改编为中国苏维埃抗日救国军，不放火，不杀人，与农民颇能合作，拟停攻都会，北窜宁夏，由宁夏冬[东]侵，与日接触，日正从事绥北，则红白之战在眼前。"十二月十一日报载，蒋介石开国防会议，有与共党妥协，将东北军调回绥远，以当西北防线之第一路说。果尔，则我国有备战决心，蒋亦与共略有谅解，不意翌日张学良即以叛国闻。国府令云：

> 据报张学良十二日通电叛国，殊堪痛恨。查该员奉职无状，原在中央曲予矜全，冀图后效之中，当此外侮紧急、"剿匪"将竣之际，竟劫持统帅，妄作主张。该员以身负"剿匪"重责之人，行同匪寇，以身为军人，竟冒犯长官，实属违法荡纪。张学良应先褫夺本兼各职，交军事委员会严办；所部军队归军事委员会直接指挥。懔遵毋违！切切！此令。

是役也，十二日上午起，西安电报即不通。嗣据报，张学良率部叛变，在临潼附近施行胁迫，同时发通电，主张推翻政府，电中并明言对蒋委员长作最后谏诤，暂留西安等语。中央得报，当晚十一时半，举行中央常务委员会、中央政治委员会临时联席会议，议决：一、行政院由孔副院长负责，军事委员会常务委员改为五人至七人，并加推何应钦、程潜、李烈钧、朱培德、唐生智、陈绍宽为常务委员；三、军事委员会会议由冯副委员长及常务委员负责；四、关于指挥调动军队，归军事常务委员、军政部长何应钦负责。又议决：张学良应先褫夺本兼各职，交军事委员会严办，所部军队归军事委员会直接指挥。观其如此布置，恐蒋已为张所害，不仅暂留西安已也。先是日本报载，蒋在西安开国防会议，杨虎城、邵力子、陈诚等皆到席，所主张者二事：一、与共妥协，暂停战事；二、将东北军调往绥远，以为防御第一线。第一固张之所愿也，第二则张自度力有不逮，不愿当其冲，且恐东北已失，西北地盘又为中央军所侵入，必至无家可归。此次事端或即由斯而起。总之，张学良失土四省，罪有应得，即与以闲散保其头颅，亦云优厚矣。乃以改换青天白日旗之微勋，必以西北地盘与之，令其"剿共"赎罪，此亦正办。然既保全东北军矣，不必时存消灭思想。传闻张军与共作战仅余数旅，南京不与补充，又不加接济，张至愤而自戕，孔祥熙助以一百二十万金乃已。去夏"剿共"无功，六百余回民环请与共停战，否则尽一月内剿灭净尽。张自度不敌，乃持观望态度。蒋复疑其违抗中央，派钱大钧、熊式辉微服入陕查察，此次又将调动其军队，故外间传言蒋对内之心切于对外也。盖蒋之口号"先安内后攘外"，其所谓安者，去之之谓，消灭之之谓也。世人多夸蒋多智、多才、多兵、多将，且不惜金钱，为中国历代帝王所不及者，每遇一事，至无可解决时，则以金钱解决之，王英十团之反正，亦金钱之力也。然余尝谓：治一国不能徒恃金钱，设不以诚意感人，天下遽可治乎？蒋何尝不以金钱与张，东三省之易帜岂非耗五百万金哉！而今何如哉？身羁长安，全军无主，何也？钱尽故也，诚不足之故也。

青年学子迷信蒋介石者，闻蒋被囚，为之堕泪。冯玉祥亦为蒋张目，于十三日致电张学良云：

顷读通电，敬悉介公暂留西安，莫不骇异。介公力图自强，人所共知，政治、军事逐渐进步，其荦荦大端，如国事已真正统一，外交已真正不屈，绥远之战，中央军队抗敌皆昭然在人耳目。当此外侮日深，风雨飘摇之际，虽吾人和衷共济，同挽国难，犹恐计虑不周，岂容互生意见，致使国事动摇。兹为世兄计，特叙鄙意如下：一、请先释介公回京。如世兄驻军陕甘别有困难，以为有何意见，均可开诚陈述。介公为革命军人，光明磊落，坦白为怀，必能包容，必能采纳，则尊处之困难既解，而抗日之计亦行矣。二、如虑事已至此，挽回不易，或有何反复，于世兄有所不利，则祥可完全担保。若犹难释然，祥尚约同知交多人留居贵处，以为释回介公之保证。三、处事贵有定见，万勿因他人之挑拨离间致伤感情，致伤国本。祥自以年岁较长，更事较多，老马识途，决不致有误于尊事。四、总之，若能误会解除，与介公同商国是，则一切为难之处俱可迎刃而解，于公于私两有裨益。至于明令处分之事，止要世兄对蒋公能释回，则中央诸友无不可设法挽回也。世兄明达，当能鉴及。掬诚奉告，惟乞明察，并盼示复。冯玉祥。元。

同时，闻张有电致孔祥熙、宋美龄云："决以全力保卫蒋公安全。"由是观之，蒋好票也，张绑票而不撕票者也，冯说票而拟以票代票者也。是成何政体耶！成何国家耶！能无感慨系之乎。顷之，孔祥熙通电云：

祥熙备位中枢，悉佐政院，月前因病在沪疗治，医嘱原须静养，不意西安事变突然发生，中央以蒋院长暂时不能行使职权，决议委负院务，职责所在，星夜力疾来京，获读西安少数将领通电，对于中央意旨显有误会之处。查中央同人对于抗敌御侮素具决心，深信当此内忧外患交迫之际，救国之策必须力谋主权及领土之完整，而欲达目的，首须国内统一，完成集中力量，庶足以巩固国家之地位。蒋院长赤忱报国，主政中枢，秉此主张，坚苦奋斗，努力迈进，成效显然。讵料绥边前方战事方殷，而西安后方忽生变故。当此国家存亡绝续之际，乃竟有此纠纷，关系我中国国家之前途至深且钜，深信我全国民众素明大义，爱国心长，必能一致拥护中央既定之国策，完成国家统一。各地方长官翊赞中枢，忠诚素著，当亦必能益励忠勇，一本中央之意旨，为一致之进行。祥熙及我政院同仁，值此危时，自当力肩重任，宏济艰难，一切政务，照蒋院长既定方针，以最大之努力，与全国上下共策国家之安全。此则祥熙等之所自警而励我全国官民之相与共勉者也。特电奉闻。孔祥熙。十三日叩。

此不过孔祥熙以副院长资格摄行行政院长职务而已，于大局无关也。

十五日，张艺泉云："冀察政务委员会得情报，谓蒋已不保矣。但情报未必确，中央已派蒋介石顾问端纳入陕，且观其与张商洽如何。"张艺泉又谈，蒋、张意见之参差由来久矣。今夏有东北大学学生二人赴陕晤张，与谈中国前途，张以副司令资格向来对于属下不作政治谈，今晤亲信学生，有得抒胸臆机会，且因历来受挫于"共匪"，见弃于中央，深感有回去老家之必要，故对学生云，为救国计，非抗日不可。然言外之意，欲抗日则非联共不可。学生秉此主旨，赴各队演讲，且颁给小册。而各队见投诚共党者，军饷十足，纪律严明，战术新颖，且放火杀人之事近亦不为，而所呼之口号仅"抗日救国"而已，是何不可，于是张之部下"容共"抗日之情绪日甚一日，且较张为浓厚。事为党部所闻，逮捕学生，诬以共产，与上海之逮捕沈钧儒、邹韬奋情事相同。张闻之，向党部索人，党部拒之，张以卫兵包围党部，载人去。以电召邵力子，不来；以代理总司令资格召之，乃至。诘以故，邵支吾，于是蒋、张之隔阂益深。蒋之不抗日，与英日有默契，作为交换保全蒋地位之条件。张本与蒋同在保障之列也，今张陷于陕甘，一方受"共匪"威胁，一方为中央屏弃，求生不得，求死不能，故高呼抗日，以为求生之计，欲救自己之生，不能不置蒋于死。张无必死蒋之心，而张之部下及党则以蒋不抗日之故，均欲死之也。汪主抗日也，故一闻西安之变，即命驾回国。汪亦非真抗日也，以抗日倒蒋后再图与日妥协也。无论汪也，张也，蒋也，或抗日，或不抗日，不过口号而已，不过藉此口号以保全或夺取其地位耳。一般之人以为，蒋在尚可抗日，蒋去则无人能抗日，不知蒋在一日，即一日不能抗日也。英国不欲抗日，恐有碍其商务也。蒋联英者也，故仰英之鼻息，绝不抗日也。或曰蒋去则国亡矣，然蒋在则中国历史亡矣。中国历史未有专以金钱治天下，而不以诚意感人者；未有以自己之地位保全，为外交交换之条件者；未有丧失四省疆土不加以罪，而且以北平绥靖主任付之，并使为东北委员会委员长，使其为冀、察、绥、晋、鲁之领袖者。明知"共匪"之为祸天下，何以不使散之？七省（即湘、鄂、闽、赣、皖、豫、川）之"共匪"全聚于陕甘，既聚于陕甘矣，何以不聚而歼之，竟置身局外，而自为行政院院长，而以军务全付于乳臭未脱、曾经丧师失土之张学良乎？明知张学良之无用矣，则张与共接触之后，丧失过半，何以又令其收合余烬，背城再战乎？既令其收合余烬矣，何又不与以接济，令张学良将自杀以谢军士乎？张知中央之不可恃也，乃有与共妥协之说。既派钱大钧、熊式辉入陕密查矣，何以又自投虎口以身尝试，竟以统帅之尊严，效贵妃之故事耶？（时在华清池洗浴为叛兵逮捕）吾故曰：有是因，必有是果。最近传说蒋之生死尚未明，或曰住冯钦哉师长宅中，或曰住新城大楼，或曰张随端纳往见，蒋拒绝之。然证以宋美龄欲乘机飞陕，蒋复以毋庸来，则不免与人以可疑。总之，蒋在则议赎价而已。张与共非真有何主义也，不过在多得钱耳。多得钱无难事，令印刷局多印法币足矣，平定两粤岂非法币之力乎！自古治天下者，非以武力，即以文德，未有全恃金钱者。唐馥田尝谓余曰："蒋介石为中国历史上第一人，盖其慷慨花钱为中国历史上皇帝所不能及者。袁世凯、徐世昌何足道哉。是其所以成功也。"余驳之曰："是其所以失败也。此若成功，中国历史皆可焚，而尧舜周孔之道皆欺人，《五经》、《二十一史》皆当付之一炬，专效投机拍卖而天下即太平，外交即无事矣。"更有誉蒋者曰力摹曾文正，试问曾文正有以金钱买收人心乎？曾文正之诚非蒋所能及，亦非蒋之所知也。设蒋果不保其身，则中国将全赤矣。

刘亚农（幼雪）云："陕人来云，张军尽易帜为红军矣。"前陈俊山来云："尽竖苏维埃抗日救国旗帜矣。"张艺泉以为，潼关天下之险要也，张如以重兵扼潼关，则中央军亦难于攻入，张可由此出师，与绥远接触。今日（十二月十六日）已见讨伐令，明令何应钦率师攻陕矣。其明令一云："张学良背叛党国，劫持统帅，业经褫夺本兼各职，交军事委员会严办。乃犹不自悔悟，束身待罪，反将所部军队集中西安，负嵎抗命，希图遂其逆谋，扰害大局，全国人民同深愤慨。政府为整饬纪纲起见，不得不明令讨伐，着由讨逆总司令何应钦迅速指挥国军，扫荡叛逆，以靖凶氛而维国本。此令。"其二云："特派何应钦为讨逆总司令。此令。"

翌日（十七日），日本报纸盛载十三、十四两日西安消息数则，其一云："先是蒋鼎文飞西安，监视张军态度，张已不安。今蒋又飞西安，促其出兵绥远，张军不愿行，是以肇乱。"又一云："十二日午前，蒋在华清池浴（距西安三十里），被叛军逮捕，午后送往西安拘禁。华清池者，白乐天《长恨歌》所谓'春寒赐浴华清池，温泉水滑洗凝脂'之旧名迹也。"又一云："或曰蒋因张军之倾于'赤化'，十一日命其大队移驻福建，因此愤激，出报复手段。"又一云："国府所发表者，十二日午后，西安有三十名之陕西军起叛乱，其要求者二端：一'容共'政策，即时回复；二对于侵占我领土、侵害我主权之日即刻积极对抗。因此孔祥熙即由沪扶病入京，协议对策。"又一云："新兴中国之独裁者如蒋介石者，竟如疾风迅雷的被监视，盖由于张学良苦迭打之断行也。而断行之理由，无非责备政府优游寡断，要求即日对日宣战，并行政府之改造。然此不过表面之口实耳，而其实际被逐出北平以后，本许以湖北、河南一带之地盘，故设

'剿匪'司令部于汉口，不谓以讨共为名，竟流谪于西北边境。积此不平之气，故有乘机狙击之思。今则乘蒋之不备，而博浪椎加之，亦其积年愤懑之爆发耳。张之背后，且有广西派、第三党及其他反蒋军之大连击，今后趋势如何，不可知，恐不免一国大混乱而已。"又一云："张学良保障蒋安全，要求'容共'抗日之电十二日午后十一时到上海，是张学良为此次兵变之指挥者无疑。政府对其通电开紧急会议，以回复蒋自由为先提，再行考虑提议之案电复之。"又一云："最近应蒋之电招，在西安参集者，有朱绍良、邵力子、朱家骅、陈诚、蒋方震、蒋作宾、杨虎城、陈调元等。钱大钧本蒋之侍从也。此次除张学良、于学忠为指挥者外，余皆被逮捕监禁。其最冤者为陈调元，本是随同段（执政）柩来平，因追悼日期尚离两日，故暂飞西安谒蒋，亦及于难。"又一云："十二夜深更，中央常务委员会与中央政治会议开联合会，综合各方情报，似蒋已被暗杀，故决定使行政院、军事委员会负责有人，并派张继前往西安调查。"又一云："香港电，广东十三早号外云：蒋在临潼于十二夜被张部下叛兵虐杀，一般市民及经济界大冲动。"又一云："张之举兵，与朱德、毛泽东之共产军有连击，并有俄之谅解，故以蒋为质，要求政府为对日宣战之布告。设中央加以讨伐，则在俄国后援之下，与共产军合流，进出陇海线，以窥取中原。是以中央速命河南、山西两省之中央军移驻陕边待命而动，则两方之冲突将来发生大乱未可知也。"又一云："张学良军在西安者不过八万，而陇海沿线之中央军有三十师，似乎张势较劣。然潼关险要在张掌握中，中央欲加讨伐，亦有困难，故一面与张讲求妥协之策。而最堪注目者属于各地军阀之动作。此次与张军兵变有关者大抵属于广西李宗仁，四川、云南、宁夏各将领不免因蒋被监禁而有所动摇，即从来对蒋不即不离之山东韩复榘、北平宋哲元，虽不显明反蒋之色彩，今后或渐显明矣。中央未决定讨伐以前，若不先怀柔各将领,则全中国投入混乱涡中,岂不危甚。是以耗多额收买费,以怀柔各地方军阀者,当今之急务也。"又一云:"张学良通电要求七事:一、蒋介石暂时留于西安;二、国民政府扩大抗日统一战线,使之强化,开始抗日战;三、国民政府与共产党合作;四、改组国民政府为民众政府;五、政府采联俄政策;六、即时解决绥远冀察问题;七、即时收复东北失地。"又一云:"张学良所以监禁蒋介石者,满洲事变后五年间之愤郁爆发于一朝也。盖此五年间,张氏皆度苦难之日月。九一八事变发生时,张住顺承王府,立刻电商对策于蒋。蒋告以不要与日本开战,无宁舍弃满洲,实行总退却。张不得已,忍泪下退却之令,所谓不抵抗主义是也。自是失去东省地盘,而且受蒋之无情冷淡,其愤怒之情彻于骨髓。满洲事变终了,以张为北平军事分会会长,搜集残败东北军尚有二十万。至热河失守,则无颜再驻北平,遂亡于意大利。半年以后,思回返故国,卷土重来,其意仍期回翔故都也。而蒋告以再入华北必招日本恶感,于是违反张之希望,仅予以'剿匪'副司令名义,使其驻扎汉口,命其讨伐'共匪'。然张之思夺回失土,固梦寐所不忘者也,而被压于蒋氏势力之下,不得不将其旧部东北军移驻汉口。蒋则视如继子,名之曰杂牌军队,其冷遇虐待已不堪言,况又驱之西北,以期灭杀其势力。由此不平不满之念日甚一日。而蒋乃以统制全国军事为口实,拟着手改编东北军,优良军队编入中央,恶劣军队尽行解散,此等措置,无异断张之手而取其手也。张氏对此其能隐忍否耶?此次蒋令张部出援绥远,张则不能再忍矣。非公负我,即我负公,遂先发制人,而蒋被拘禁是非五年间之郁积爆发于一朝耶?"又一云:"西安通电列名者十八名,杨虎城、冯钦哉、孙蔚如、陈调元、陈诚、朱绍良、蒋鼎文、卫立煌、万耀煌、陈继承、马占山、钱大钧、邵力子、何柱国、王以哲、缪征流、董英斌、于学忠,大抵后五名为参加变叛者,余皆被迫列名而已。"凡此者皆日人关心西安事变所得消息及其言论，揭橥之以告世人者也。

然十八日，余与丁香玲谈西安事变原因，丁有扼要之言曰："蒋既令杨虎城为陕甘绥靖主任矣，又以邵力子监视之；既令于学忠为甘肃主席矣，又以朱绍良监视之，似亦不知大体者。用人勿疑，疑则勿用，古训昭昭，不明乎此？是以危乱相乘也。"

是日，外间对于蒋之安全与否最为注意，或曰张学良派李金洲晤阎锡山，谓可派人晤蒋，证明其安全。阎曰，如何独见？则派徐永昌、赵戴文同往。李在请示中。或曰，张学良军之强硬派及杨虎城军不以张学良之妥协策为然。十四日，有将张监禁说。或曰即是百零五师师长刘多荃军队完全赤化故也。张且不保，何况于蒋。幸而至十九日，世人始晓然于蒋之尚在人间也。报载蒋鼎文已回京，赍蒋函致何应钦云："星期六（即十九日）前可出险回京，在此以前饬勿轰炸。"并述蒋告张学良曰："汝既称吾为委员长，即应送吾回洛阳，否则汝为叛逆，汝即当杀我。此时止有此两路可走。"以此可证蒋之尚生存也。然届期蒋未出险，不过二十日，宋子文入陕援救，当有办法。童峙青谈张要求一千万军饷，中央已允五百万，说价一妥，蒋可恢复自由。不过邵元冲及邵力子夫人此次被牺牲耳。外传十六日，杨虎城兵变，杨命索邵力子，叛兵遇邵元冲，询以贵姓，曰姓邵，其所戴眼镜与邵力子同，故枪决之。二十二日，余友汪某云，西安之事，由阎锡山接洽，可以解决矣，条件亦甚平常也。一、保全张个人家族及其财产之安全；二、张自动下野；三、军队仍在原驻地，交阎照料；四、每月军饷须增加。然与各报所发表者微有不同。报谓，张之提案先则容纳"容共"政策，改组政府，对日宣战，而后护送蒋介石还京。中央之妥协策：一、无条件由蒋自动的还京，不得为释放；二、返京后再考虑张之提议；三、事件未解决前，仍不懈军备；四、先派宋子文入陕接洽。阎锡山之妥协策，则张学良、蒋介石、宋子文、赵戴文、徐永昌同赴太原会议，俟会议有办法，再送蒋回南京。余意此其枝节耳，根本问题则在钱，或曰八千万，或曰五千万，或曰一千万，非此问题先决，余皆空谈也。

正在西安问题未解决间，宋、韩乃效西南乱动之故事，忽致中央一通电，以表明其态度，隐示其对中央有发言之资格者。二十三日，由济联名电中央党部、国府、各院部会，并通电各地云：

慨自西安非常之变，举世惊痛无已。伏念吾国年来在蒋委员长领导之下，艰苦缔造，始克成统一救安之局。各地方长官纵因事实上特殊之困难，感觉有所不同，然无论如何，应论列意见，为中央统筹公决，万不容在国难严重之际，再有自伐自毁之行动。不此之图，竟成出轨之事。国人在忧惧惊骇之余，皆不能考其主张奚若，则其结果非陷国家于万劫不复之地不止，所谓亲痛仇快者是也。目前急务，约有三大原则：第一如何维持国家命脉，第二如何避免人民涂炭，第三如何保护领袖安全。以上三义，凤夜徘徊，窃维处穷处变之道迥与处经处常不同，似宜尽量采取沈毅与静耐，以求政治妥善通适之解决。设采极端断然之途径，上列三义恐难兼顾，或演至兵连祸结不堪收拾之时，虽有任何巨大之代价，不复弥补挽救。此种空前之损失，惟事体大，疾疢之心，本不敢置喙，第恐及今不言，将无以对国家，无以对人民，无以对领袖，则虽推心悔憾，毫无所济。爰本殷忧焦虑之诚，详申垂涕叩马之请，敬祈诸君本饮冰茹蘖之胸怀，取动心忍气之态度，审外顾之危机，测来日之枢掖，庶我领袖为国家预定之步骤，依然在狂风暴雨之中安全达到，我国家人民与领袖之光荣，蒙一时阴翳，更不能有毫发之伤害。倘蒙俯察，由中央召集在职人员、在野名流，妥商办法，合谋万全无遗之策，所有旋乾转坤之功，胥拜诸公讦谟之赐。至于全体有效办法，实待诸公迅速洽议，一致进行，不胜祷幸屏营之至！宋哲元、韩复榘叩。二十三日。

此盖反对讨伐令，亦即反中央之一种表示。广西亦有同一表示，且动员北上，意在广东及南京，并非助中央讨伐西北也。夫宋、韩及广西有此表示者，均不知蒋之存亡，均有藐视中央，为西北张目之意。不料事隔二日（即二十五），南京广播放送云："蒋委员长已与宋美龄夫人同于是日下午五时飞回洛阳矣。"北平之号外亦同。但闻脑海被震，颇受损伤。或云奔赴骊山，腿已断矣。翌日（二十六日），街上燃鞭爆，悬国旗，庆祝蒋委员长生还，且贴有标语，红绿相间，不敢用青白之色，亦不敢用全红。又翌日（二十七日），蒋偕宋夫人飞京，发表告同胞同志书，等于下罪己之诏。张学良函蒋请罪，等于递悔过书。蒋离陕前，对张学良、杨虎城训话，缅缅数千言，其扼要云："（一）余如有丝毫自私自利而无为国家与民众之心，则无论何人，可视我为国家之罪人，即人人可得而杀我。（二）如余之言行稍有不诚不实，虚伪欺妄，而不为革命与主义着想，则任何部下皆可视我为敌人，即无论何时，可以杀余。"又云："尔等屡次求余签字与下令，余始终拒绝，以人格事大，生死事小也。余之言行，不仅要留垂于后世，且欲以事实示尔等。"云云。语颇诚恳（稿详日记，未备录），阅者可审此次事变之颠末矣。

然犹有未知其内幕者。二十九日，张竞仁（心谷）谈西安之变，张学良为李[黎]天才、应德田所诱，故发生尔许波澜。李[黎]固共党，赴外留学，张在欧时曾晤谈，及归，予以要职，故李[黎]应用窑变之术，于无形中使张军变红。蒋被监禁，张日往视，蒋怒责之，张鹄立不辩。其中央要人住西北招待所者，张日赠每人二百金为博篆娱乐费，其无意残害，可知此则事变之起因及经过也。至善后之策，刘骧业（午原）告余云："蒋本与张约同时下野，今但辞行政院长，让诸宋子文，而仍留军事委员会主席职，然经中常会议决，均与慰留。"二十九日再呈辞职，但给假一月，以资调摄，于是轰轰烈烈惊动世界之西安事变告一段落矣。

（五）日本之内乱

以上所言者，我国外患内忧之相乘者也。不意邻邦同居东亚地位，亦蒙受影响，发生内乱，即所谓二二六事件是也。事变发生于二月二十六日，其内容无非少壮军人及法西斯蒂派对于现阁冈田首相外交消极有所不满也。二十八日，刘骧业（午原）来谈："后藤、荒木、直［真］崎均属国本社，即所谓法西斯蒂派，故事变后即以后藤代阁，将来何人组阁，实堪重视。向例须征元老西园寺公同意，此次西园寺公逃往知事署内，则军阀目无元老，且为大规模之革命可知。现阁各重臣均避入皇宫，而私邸多被叛兵盘踞，最近始有回营之议，殆尚可妥协完结，然不能处置叛兵，究竟纪纲坠地矣。"而伦敦之电传评论尤详，其言曰："日本少壮派军官在最近数月内，蒙温和派所创败者已有三次，故迫而有二二六之举。其一次在去年七月，满、蒙两方在满洲里举行会议，讨论哈尔哈庙之解决办法。当时日本关东军参谋部曾要求外蒙接受交换使节，而以出兵蒙古为要挟之工具。嗣后会议虽告失败，而出兵之议则被阻止。二为去年十一月间，少壮军官主张在华北五省树立自治制度，结果又为温和派制止。三日本陆军省军务局长永田少将被刺之后，少壮派军官所期待之后果亦为温和派所遏制，未得实现。至此次事变，则运筹划策者显欲夺取政权，俾达左列目的：（一）推翻现行制，铲除政客势力。（二）限制实业界财阀之势力，而由农业界取而代之。（三）建立军政国，向中国本部及蒙古方面从事扩展，俾使日本一跃为黄种民族之贤主。"是此次事变与德国国家社会主义运动颇相似也。而我国《农报》社论则谓，前次刺杀犬养毅，不过二三十名青年将校之结合，此次参加军队达二三千人，其性质迥非五一五事件可比。同时被害者，有首相冈田启介、内务大臣斋藤实、陆军教育总监渡边锭太郎、财相高桥是清、侍从长官铃木庄六、前内大臣牧野伸显，皆为重臣，则暴动意义可知。据陆军省公布称，青年将校本早实行袭击之目的，系以内外严重时局之下，元老重臣、财阀官僚及政党等将从事破坏日本国体，故拟伸明大义，以图完成国体拥护。此亦不过一种口实耳。九一八事变时，日本之军事的法西斯蒂主义行将夺取政权，元老重臣亦知其对外发展者，即树立对内地位之前提，若政权为彼辈所操，国家前途可虑。故若槻内阁瓦解，仍举犬养毅为阁揆，仍欲完成宪政也。犬养被刺，元老尤焦急，考虑结果，以斋藤实组阁，盖欲藉其资望及超然地位，收拾时局。不幸军人仍不满其对外政策、军备经费、财政方针、救济农村等未能容纳军人意见，乃又因阁员贿案嫌疑，卒让其政权于异体同心之冈田启介，斋藤隐为指挥。然军人对之仍不满，如昨年天皇机关税问题、军备预算问题，最后虽属冈田屈服，而程度、方法终不满军人欲望。即如救济农村问题，军人亦深切感觉口惠而实不至。积此数因，酿成此变。军人固不满冈田，连及元老重臣，元老仅西园寺公一人，重臣则如牧野伸显、斋藤实、高桥是清、若槻礼次郎、清浦奎吾、一本善德郎、币原喜重郎等，皆其趄趄者也。此辈重臣早岁留学欧美，颇解现代政治真谛，深虑军人干政。五一五事变时，军人本有一种政治方案，卒被遏抑，然军人内在之愤慨情绪仍继长增高。林铣十郎任陆相，高唱陆军统制化之说，以排斥不服中央统制之跋扈军人，然因欲去秦真次（第二师团长），而与少壮军人领袖真崎甚三郎（当时为陆军教育总监）冲突，林铣虽能强迫真崎辞职，而倚为手足之永田军务局长卒遭杀害，因此统制派受一重大挫折。现任陆军大臣川岛义之虽亦以实现统制为己任，但其实效尚未表现，而空前大事变突然发作矣。以上云云，于日本政治内幕言之綦详，故备述之。

以上所陈者，关于外交、政治各方面也。至于教育、经济两方面，是年有可述之一趣事焉。

（一）教育方面

自一月二日鲍明钤告余：东北大学将迁往陕西三原县。后于是年二月二十日即有冀察政务委员会将接收国立大学之消息。五月四日，即奉停止军事训练之消息。六月四日，唐长风告余曰：日本要求将前教育部改为东方文化委员会。七月一日，东北大学决将文学系留平，法学系迁往西安。教务长王回波云："北平为故都，宜于享乐游览，不宜于读书。故为苦干计，须避地为良。"民国校长鲁荡平（若衡）致函刘彦（式南）云："北平非讲学之地，拟将民大他迁。"凡此皆因冀察特殊关系，欲改变教育方针，有此举动，皆在意料中事。

所最奇者，三月三十一日，北大为追悼某女生，因被捕死狱中，群昇空棺，在市上游行，甫至北池子，军警包围，复逮捕男女生数十人，然后解散。尤奇者，无如朝阳大学有裸体运动之一事。该校教务主任王觐（漱苹）告余云："朝校有二年级学生陈正常，江西人，一日在体育场裸裎而立，斋务长告以毫无体统。陈曰：'今日教育应重健康，健康当从裸体运动始，所谓回去自然也。吾明日将发通告，劝大家加入裸体运动。'斋务长以告庶务长。翌日，陈果大张通告谓：以寄宿舍划为五区，作为裸运动之实验。或问女生可加入否，陈曰：欢迎之。至庶务长许某撕破其通告，彼乃大肆咆哮曰：'学校何权揭吾之通告。'许曰：'汝欲实行裸体运动，在汝家庭内试验，学校固不能干涉汝事，若欲行于学校，则学校公共之校也，非汝有权可以出通告。'陈曰：'学校即吾之第二家庭，家庭既可试验裸体运动，何以学校不可试验乎？'庶务长告诸教务长（即漱苹），教务长怒而斥之：

'噫，即此一端观之，学界荒谬至此，国焉得不亡乎。'"

（二）经济方面

二月四日，唐心源（馥田）与余谈："此次公债改革，孔祥熙等又为投机之举，获利不少，然社会被其陷害者深矣。盖先是极力买收，提高债价，及发行统一公债、复兴公债办法公布后，公债价跌，又派员查禁商人捣把，谓所有以前交易，均须交付现款现货，如此则伊从前买进之货，不得现货亦得现款矣。从前之操纵标金，计亦如是。"又谈王克敏（叔鲁）亦曾操纵九六公债，伪造公文，谓九六基金由关余拨付，员司窥见，宣扬于外，九六大涨，其结果并无是事，价又大跌。一跌一涨间，赢利数十万。孔祥熙盖师其故智也。刘一峰亦语余云："某甲向孔祥熙夫人营谋天津大陆银行经理，夫人曰：'此无用，曷营公债乎？'因代向某团体搭购一份，并未交款，不及二星期，分润得十四万，全成一富家翁矣。"然有成者必有败者，余友卫渤（听涛）曾以公债失败蹈海死。三月十七日，吴乃琛（煦臣）告余曰："卫听涛蹈海原因，以陈少芸有五万元存款以听涛名义存于交通银行，听涛因公债失败，此款被扣，尚短九千，谋诸其妇，妇靳不予，故一怒而以死谢友。或曰亏数十万，或曰亏百余万，究之，以贪而败耳，然亦不良之政治使之然也。"座上有谈南京财政部长有两个皮包，一个皮包之公债计划，将以法币尽收回旧公债，腾出关余，再募新债，是以公债大涨也。又一皮包之公债计划，发行新公债，抽换旧公债，延长期间，减轻利息，是以公债大跌。卫听涛殆闻其第一皮包之计划，以为公债将涨，故买进之，不知其结果乃施行第二皮包计划，公债大跌，赔累数十万，无法逃避，蹈海塞责。此亦经济界之波澜，研究南京经济者不可不知，亦不可不引以为戒也。

是年，余之东友佃信夫两度来华，均以余之介绍得与江朝宗（宇澄）交。盖佃信夫有拥戴吴佩孚（子玉）为华北领袖之意，始均由张广建（欣帛）转达于吴，及张回皖，则挽江以转致余，亦以此与江过从渐密，备悉江之历史，亦以见人生之遭遇固无常也。兹将佃信夫两次之谈话及江朝宗一生之历史分述如左：

（甲）佃信夫两次谈话

第一次谈话

一月二十七日，招待席上，介绍江将军于佃信夫，谈话如左：

佃："二十年前张勋复辟时，余在北池子张勋府上，曾晤一面，尔时宣发尚短，今则长发如银矣。"

江询佃年若干。

佃："七十二岁。"

江："余比汝长三岁。"

佃谈张勋失败原因。

江："张勋闹复辟时，余告以外交、财政、军事、铁路如无把握，万不能成功，惜不听余言，果致失败，由余把他送往荷兰使馆。"

佃："此事余都知悉。"

李："此次由东京来平，经过大连、长春否？'满洲国'近状如何？听说土匪较前为多，确否？"

佃："日本以二十万万金钱，与俄作战，连利钱统算将及四十万万，仅取得大连、旅顺及南满铁路而已，而张作霖父子惨杀日韩侨民不计其数，张学良尤甚，故酿成九一八事件，而有所谓'满洲国'者出现。但近四年来满洲三千万民众均知'满洲'皇帝为日本所制造，不甚信仰，故此制不宜再行于华北。"

李："三年前彼此谈话时，佃先生甚佩服曾文正一流人物，今佃先生心目中尚有此人否？"

佃："人才本应运而生。三年前余思中国当统一，必须有如文正一流人物方能澄清天下，今就中国历史观之，汉、唐、宋三朝各有其相当人才，而今日中国之时局有如宋代，不能比汉唐矣。"

李："中国历史以武人得天下，以文人治天下，文正所以成功者，以文人带兵故，武功文治两者兼胜，天下方能太平。今中国武人专政，而日本亦是武人专政，是以中日两军阀联合而言中日提携，而言中日亲善，是岂中日两国之福乎？"

佃："大抵大人物欲成大事业，须有无数人才帮助之，方能成功，譬如孙中山，不过一医者耳，然有谭延闿、许崇智、汪精卫等为之助，故克达其目的。吴将军亦文武兼优者也，今当由各方人物共同拥戴之，亦有成功之望。从前在洛阳时，有教育长李成霖及张其煌等，人才太少，故尔蹉跌。今如复起，为将军计，当搜罗各种人才。而为各方人才计，亦当同心戮力，共拥一将军，方能成大事。近由友人或报章上，阅吴将军之诗音韵苍老，胸怀开豁，大有进境，可见其经验之宏达，不似前在洛阳时之狭隘也。东山再起，指日可期。但十余年来罢兵之后，流离边境，困厄旧都，爱国有心，斧柯无藉，势亦甚难。然譬诸行路开步之始，行二里三里甚难，及已登途，则日行一百里、八十里无难事也。吴将军在洛阳时，兵权在握，犹之日可行千里也。蹉跌后则大受挫折，今苟有机可乘，先行二里三里无妨之事，上途后，仍是日行百里千里可也。"

李："前闻末次云，二十日到冀东考察，感想如何？"

佃："殷汝耕是余之学生。殷在东留学时，余告以欲成大事，不可不通汉学，故余略授以汉文。余从前在南京，与蒋晤谈，均由殷翻译。此人喜挥霍，不似陶尚铭利己主义，金钱一入其囊，即不复出；殷则喜结纳，轻货利，在沪负逋万余金，黄郛欲罗致之，年与万金不足，余代请益与一万五千金，乃得偿沪，遄挈眷北来。初冀东分设两区专员，殷主蓟密区，陶主榆滦区。

嗣余北来，殷以蓟密区不足展布，余为言于黄郛，将两区合并，听殷主持，是以造成冀东今日局面。英美亦知有日本为之援助，然自地方自治政府成立后，亦无烦言，是外交无问题矣。冀东近有保安队一万人，本来陶管六千，殷管四千，今统归殷指挥，将来尚可添练。通州与北平咫尺之地，又地邻战区，外界不得加干涉。余所谓开步之始，先行一里二里者，即此意也。既得通州为根据，则各方响应如反掌，由是而日行百里千里，不亦可乎。"

李："请先入席，饭毕再谈。"

席散。佃云："诸君须知，末次政郎为最忠于吴将军之一人。伊在中国二十余年，盱衡人物，以为现在时局非吴将军复起不易收拾，且为中日两国计，亦非祈祷吴将军再出不可。伊以六六老翁，为吴将军事坐三等大车，奔走于东京、南满，向各方陈说，并宣传吴将军威德者，不计次数，最后求助于余。余以时机未至告之。又求助于末永先生，先生亦大赞成。末次君又说林铣十郎氏，此人是前年任陆军大臣。末次以长函告华北领袖非吴莫属，林铣深以为然。今林铣虽去职，而后任之意犹林铣意也。广田外相与末次同为福冈县人，同一中学毕业，末次学历在广田上。末次亦辄上书言：'吴将军为四海人望所归。'余感末次之诚，亦代言于日本之朝野上下。末次之诚心诚意，彻始彻终为吴将军效驰驱，向不告人，惟余知之，诸君未必知之，吴将军尤不知之，且未尝闻之也。今时机已至，末次之愿将酬，吴将军将复开步走矣。望各方人士合力成之，且望将末次拥戴之诚转告于吴将军，并望吴将军信任末次，咨以大事。"

李："当将尊意及末次奔走之勤，拥戴之诚，一一托将军转达。"

佃："余此次十二月三十一日离东京，先赴伊势宫（即日本太庙）祈祷，问此行助吴将军事业能成功否，得卦大吉，乃决行，且预料五月间可以见诸事实。与末次示余韦润一先生所占之卦相同。韦用神易，余兼用心易。余以心理度之，寂而不动，感而遂通天下之故。吴将军之寂也久矣。今其将动时，叹吴将军之感也普矣。今其将通时，叹余屡言于蒋，须与吴分途而治，惜其不早从吾言也。"

李："蒋院长与吴将军比较如何？"

佃："蒋介石脑子好（谓其巧妙），吴将军肚子好（谓其诚实）。大抵大人物须有福相。殷汝耕福相较陶尚铭好，故陶去而殷留。吴将军鹰眼狼颐，声大如洪钟，蒋说话声音不如吴。末次丰颐，亦是有福泽之人，可与吴将军相助，以有成也。望吴将军勿忘余言。"

李出纸笔，请书数言作为纪念。

佃因书云："予曾望吴子玉将军以'高明柔克'四字，将军以'沈潜刚克'四字应之。其后将军流离困沛，沈而潜于此间。余遥望西天，均祷以刚克也久矣。今也，将军健又健，是天行健者，四海皆望将军以'子玉不出奈苍生何'八字。夫如此之时，予亦望将军欲以'柔克又柔克'五字，诸公以为如何？"

李云："当将此亲笔之函，托江将军转陈，表明先生崇拜英雄，竭诚至意。"

佃临别握手。询以再来之期，佃云："五月再来与诸君相见。其时吴将军亦将出来矣。"

佃握江朝宗手云："今日见汝七五老翁，白发酡颜，霭然可亲，如见二八青春少女，使我心动，奈何，奈何。"

江："但愿祝汝永远康宁。余不善说辞，只多谢汝好意而已。"

第二次谈话

翌日在林少英招待席上：

佃云："以中国历史观之，成大业者，均自北而南，惟明太祖及蒋介石自南而北。然明在南京建都已六年始到燕京，蒋介石自两广出发，不及年半，直抵故都，盖历史所未有也。"

余问："英美能联合与日作战否？"

曰："不能。"诘以故，曰："英之海军工业家有与日作战意，而纺织业尤甚，盖英在东方纺织业大受日本打击，而国内经济又极困难，非战争不能打破此难关。美国则不然，美国海军、重工业，亦微有与英联合对日作战之意，其余则毫无此意。以美国经济可以支持对日战争，无意义也。"

问："日俄有第二次战争之可能乎？"

曰："大有可能。但日本舆论主战者不过十分之二，其余十分之八均不主战。"

问："日急于对俄作战乎？抑俄急于对日作战乎？"

曰："日本有战意，俄不敢与日战，因有波兰、德国掣其后肘，白俄数十万在满洲提其前襟。日与波、德均有联络，故俄不敢动。"

江宇澄云："日亦须联络法国及沿俄边之土耳其、丹麦、瑞典等，方可免日俄冲关。"

佃云："德国目中无法国，只有英日。法国自大战后男子死亡过半，只剩女子，无能为役。德国敢于退出国联，即目无法国之一证。日德协定及英德同盟，即不啻英日之同盟也。德国失败原因，即系帝政推翻，共党横行。共党有思想，有主义，有人才，故金钱均归其掌中，临战只有扰乱，无人应敌，此所以败也。今已大悟，杀灭共党，焚毁书籍，驱逐犹太人，派遣学生赴日，以日本臣民统率于万世一系天皇之下，故国基巩固，思想单纯也。"

余询："'满洲国'承认问题将来如何解决？国联既议决不承认，母国势难承认。不止国民党人不能承认，即党外之人亦岂能承认？若长此不承认，于事实有无妨碍？"

佃云："日本朝野近不注意此事，此事听诸中国人自决。"

余曰："果如是，中国人谁肯承认者？"

佃云："以余个人之意言之，民国成立之初，本议以四百万两为皇室经费，请宣统将政权让出，乃契约未及一年，即不履行。国民政府成立，并驱逐出宫，毁其陵寝，盗其实物，故迫成今日'满洲国'局面。满洲本属宣统之物，今伊可带四省回来，仍是坐享四百万皇室经费，陆海空军大权仍归汉人管理，有何不可？昔余曾建议于何应钦、袁良，使其转达蒋介石，此不过恢复民国初年之旧观耳，有何难事？惜乎彼等不从也。"又曰："中国自二千余年来，以忠立国。自民国二十五年来，将忠字撕破。余登泰山，所有碑碣凡遇忠字均凿毁，岂不谬哉。吴子玉在洛阳崇拜关、岳，口不言忠，心实慕忠为美德，故余请吴书'忠孝廉节'四字为赠，吴即欣然大笔一挥。中国二十五年来，除张勋为忠臣已死不计外，其言忠者只郑孝胥一人，吴子玉半个。今则时机已至矣。郑孝胥之侄妇即殷汝耕之亲妹，故公等不可视满洲为一事，通州为一事（二十二县自治政府所在地），北平为一事。须知北平即是通州，通州即是满洲也。满洲电话可通通州，通州电话可通北平。宣统何时启跸，一电相通足矣。"

余曰："此似将以北平为限，推其极，不过以黄河为界。"

佃云："有响必有应。吴子玉人望颇归之，余思响应至速也。"

江宇澄询："阎锡山、徐世昌、段祺瑞、冯玉祥四人品格如何？"

佃云："阎不足论，徐则甚贪。余前十余年办复辟时，往见之，书'清风徐来'四字以讽之。余有两意，谓清国复起，请徐再出来；又一则谓徐能清洁，则请出来。彼不喻意，有手足起栗状。看钱重之人，余素鄙之。"

江曰："然。"

佃云："余与段交涉郑家屯一案，颇有趣。日本五人在郑家屯被华警殴至重伤,时林权助遣余往见段祺瑞,有刘某司译事。段云:'日人受伤,实吾国警察保护不力之咎,甚抱歉。'余曰:'既知警察不力,此后可请日本为顾问,雇用日本警察。'段曰:'是与主权有关。'余曰:'警察之捕盗贼,犹猫之捕鼠也。猫年老不能捕鼠,或因饱食懒惰,鼠类不惧,白昼窥人,因借邻猫以伺鼠,此与主权何关?设驱去甲妻以乙代之,自然与甲之主权有关,二者轻重不同,何可同日而语。'段语塞,低头不语。余亦不语。译者出香滨酒相饷。欧俗以酒杯相示者,即辞客意也。余满斟一杯,大声曰:'主人欲逐客乎?此欧俗也,不适用于东方。'段知余怒,屏译者,以笔谈曰:'余非不欲,不能也。时国会方开,袁方以病出缺,余再签此字,亦压不住袁之部将及国会议员,请为原谅。'余报告林权助。林曰:'姑置之。此人尚肯说老实话,但无大用耳。'冯玉祥与余见面一次,即北伐成功时也。中国历史上,谁先入关者王之,必然之理也。然北伐时阎锡山、蒋介石、冯玉祥三军并进,冯军先抵北平,应让冯执牛耳。正在会议时,余语冯曰:'冯、阎两位能将主席让蒋介石,则让德所播,天下归心,大事定矣。'冯抱余腰曰:'主意甚佳,吾只有听命而已。'议乃定。然口虽如是,心实不谓然也。故余谓之口是心非。"

江云:"所译极当。"

时已亥刻,余曰:"再以一事相询,国民党运命尚能延长几时?"

佃云:"去年已将国民党取消矣,哪里还有国民党。"

余曰:"形式取消,精神尚在。"

佃云:"蒋已以新生活之'孝悌忠信礼义廉耻'八字替代三民主义。蒋已知忠有用处矣,哪里尚有三民主义。"

余曰:"口说礼义廉耻,心怀三民主义,有何不可?"大家一笑而散。

江又曰："南京皆乱党也。中国非无才，在乱党环境中，人才不得出耳。"佃亦云然。

(乙)江朝宗之历史

余与江朝宗（宇澄）交二十余年矣，是年往来较密。六月二日，与余谈其生平出处，有非人力所能为者，始知凡事皆天定也。江自言，年十三四岁时，出就外傅，日须行三十五里。年二十三，即由族人介绍于刘壮肃公（铭传）。时刘奉诏巡抚台湾，督带淮军万人援台，住上海抛球场，以年少而轻之，一见面即斥之曰："何不勤读，即思得事？"退而缩居旅社，佗傺无聊。傍晚辄步黄浦滩头，临流浩叹。路旁有泰来洋行，其经理为德人，名补海师岱。一日，见有年少伶俜徘徊于斜阳芳草间，心焉异之，拍其肩曰："尔何人？"曰："江姓。""何处人？"曰："合肥。"其先实旌德人，时因淮军统于合肥，故权以合肥对。补海师岱曰："尔曷为者？"曰："我从刘钦差来。"曰："而与刘钦差有旧乎？"曰："吾叔祖江希公故人也。"（希曾，光绪丙戌翰林，宇澄之族叔祖。）补海曰："子从我来，吾有以语子。"因同入其洋行，款以高宾礼。补海密告之曰："刘钦差奉命督办台湾军务，须知台之前后均为法国鱼雷所布，钦差前往，有身命之虞。吾德人也，德与法为世仇。刘能从吾言，吾可为刘效力。吾新自德定购三艘军火，约两周可到。如刘能许吾以下列三条件：一、台湾铁路由德承办，二、台湾矿产归德开采，三、台湾军械向德购买，则此次头批军火可不计值，钦差且可坐吾之舶，吾护送其赴台，并代计划一切。但事宜速决，汝能介吾与钦差一面乎？"曰："可。"补海乃以其自来马车遣丁送江赴钦差辕门。阍者见而大骇曰："江郎从何来邪？何车马之盛也？"江曰："有事上大帅，不可误大帅事。"阍者入报曰："江郎来矣。"刘曰："来何为者？请其入见。"刘问何事，曰："有密事奉禀。"屏左右，以补海言告之。刘曰："汝何从识此人？"曰："族叔祖希曾编修之故人也。"刘曰:"诺。汝可招之来。"因乘原车往迓。补海候诸门,乃同车谒刘,谈至夜十二时,即订约议定同行。补海曰:"法人甚注意也。行之日须由钦差宴客,邀沪上同寅及各国领事聚饮。"时上海道龚照玙,酒半,龚代主人,而刘已登德舶赴台。抵台之翌日,法人始知刘钦差离沪矣。时光绪十三年春二月也。

法人封锁台湾海口,战事方酣,法将孤拔率战舰十余艘来袭基隆。补海讽刘与法议停战一星期,令工人建筑海塘,索台绅士献马三百匹。林实甫,台之巨绅也,闻官军至,避居深山中,刘命江往劝之。江告林曰:"官军来,不索款,不迫役,尔何惧为?官军只冀献马三百匹,否则一百五十匹亦可。"林曰:"诺。"不数日,马毕俱。补海令工人系马于木桩,马曝于烈阳下,口渴一日不得饮。战期至,下令曰:"准败不准胜,准退不准进。"一交绥,我兵尽退。法人以为我败,纷纷登岸。法人甚懒惰,见马即争乘。法人上马,马渴躁狂奔,不受控,闯入吾营。法人乱不成队,吾一起伏兵,包围尽歼之。敌舰之炮不能轰击,我乃以一炮中法舰,孤拔大将亡矣。时镇南关法亦败绩。吾因电信不通,捷报未至,而法使在京已知法败,乃扬言法胜吾败,促吾议和。总理衙门受其欺也,于是议和之命下。时江充伏波文管带,驾驶之事武管带林文和主之。林闽人,能法语。文牍之事文管带主之。始江任副管带,后升文管带,扼守沪尾基隆口门。刘钦差特为江设文管带之职,盖异数也。外交之事,江亦多赞助之。嗣有言于朝者,刘钦差未经奏请,擅订条约,奉旨革职留任。

时左恪靖侯为闽浙总督。左与刘不相能。刘自此归隐,介江于北洋李文忠。文忠遣江管军械事。甲午事起,宋庆军驻旅顺,文忠命运军米若干、军衣一万套、军饷十九万两,搭镇东兵船,绕道前往。到地,江见大队已败,遂将军米、军衣发散,而原饷仍置原轮，绕道运回。时盛宣怀为天津道，与文忠会晤，以外传运轮为日本捕获。文忠正深焦灼，见江船、银俱在，喜出望外，告江曰："尔可运交营口前营粮台。"时周馥（玉山）为前敌总营务处。袁世凯以奉命抚辑高丽事宜，退驻关外十三站，时在行台，闻江与同事陈说前敌退败情形，袁约江一谈，具知江曾在台建功者，遂亦心折，许为奇才。和议成，胡汝楣奉命督办天津至山海关铁路，约江为助，而袁入京，充军务处提调，亦约江入京候差。时江住旌德会馆，馆中同住者，均同乡之宦京者。有江毓昌为刑部员外郎，尝向司馆者曰："江为何许人？"司馆曰："候差者。"一日携烟器入江室，颇睥睨，询江仕历。江告以台湾及山海关两役为袁所见许，袁邀其来京候差。毓昌喜曰："然则汝当往拜同乡，吾处有车，可借乘之。"江曰："诺。"一日，毓昌宴客，客尽显宦，江居末座。有朱家华者，询主人曰："旌德会馆移居耶？"曰："移往何处？"曰："非移往刑部牢乎？"盖是时安徽同乡因中日之战失败者，有数人交刑部治罪，朱盖讥淮军之无用也。江即微笑曰："淮军之成败，亦关国家之气运，国家气运盛者，淮军不在湘军下，国家气运衰，故不免受挫，但视浙江人纷纷屈服于太平天国天王者，似较胜一筹。"朱盖浙人，闻之语塞，后询末座者谁，主人曰："江某也。"

久之，袁欲为江特保知县，江坚却之，乃派江在小站管军需。嗣袁任山东巡抚，庚子乱起，小站适在法兵画守之地。法兵屡犯小站防地。江电告袁抚，并告瓦德西，与法画河为界，河以北法守之，河以西仍归我守，后亦相安无事。事定，袁以徐世昌为留京营务处总办，以江为会办。有日，兵丁行抢，被人告发，其中有北洋兵在内。江恐有玷北洋军务也，乃以朱谕遣人密授兵丁，告以会审查时可出此谕为证，谓上官派余为侦探，非真抢也；如真抢，必有分赃。时三法司会审，中外观者如堵。问官询何以抢为？兵丁呈朱谕曰："奉令行也。""何早不言？"曰："早言失此据，不能护吾身矣。"兵丁宣告无罪。江于事后卒递解回籍，正之以法。此盖一时权宜之计耳。嗣徐世昌以纵兵殃民控江于袁。袁询究竟，江告之曰："宫保欲留兵镇守京畿否？如不欲也，则可正办，不然不能不通权达变，余甘坐纵兵之罪。余不欲宫保有抢民之兵，北洋军誉不保，即宫保之军权不保。徐某非陷害余也，徐某实欲夺宫保兵权也。"袁微哂曰："汝言诚是。汝好自为之，然汝亦不必开罪于徐某也。"盖徐尝荐人于江，江不餍其欲，是以设陷阱以推江。更有一事尤可愤者。吴樾谋炸五大臣，徐忽告军机曰："此案与江有关。"军机以告肃王。时肃王为九门提督，先是丁士源（问槎）由英回国，江派充营务处通译，月金一百五十金。肃王筹办警政，以外文需人，求才于江。江荐丁往兼，请月给五十金夫马费。肃王甚得其臂助。一日，肃王告丁曰："江某汝之旧人也，汝可告伊善事徐某，不然头颅难保矣。"盖即指吴樾案言也。江以袁之举荐，得以副都统管理宿卫军营务，管辖一千五百人，月薪二百金，加以营务处二百金，月亦不过四百金，但内廷赏赐有加，遇年节亦与王大臣同膺颁赍。孝钦太后眷江甚厚。辛亥后，袁尤待之不薄。惟徐世昌欲用江，江终不为其所用。徐在总统任内，曾遣吴笈孙告江，以乘舆礼代表大总统往慰前任冯大总统。江勉从之。翌日，送一千五百金，聘江为高等顾问。江坚却之，盖江薄其待清室甚薄，岂有为大清臣子而思于请领皇室经费时分扣其余润乎。江尝告余曰："如此贪污之人，虽身为元首，吾不能伺其左右矣。"

是年二月二十三日大雪，同乡门人集钓鱼台，公祭陈文忠师。林葆恒（子有）自来与祭，出示一律云：

> 苍松白雪望中开，恍惚当年应召来。照眼画图犹在抱，伤心白首渐成灰。酒浆寂寞将吾敬，亭馆维持费众才。清德收场已如此，忍寒横涕集千哀。

余步其韵云：

赐庄特为老臣开，此地曾随几杖来。松竹有情仍似画，亭台历劫未成灰。何缘多士皆零涕，却感吾师最爱才。回忆去年今日事，弥天风雪助衔哀。

灰韵。盖谓钓鱼台为农学院占用，后由刘骧业（午原）收回，始复旧观也。

是年冬，余在商科职业学校执教鞭。日德协定亦订于十二月间。

鲁南一个典型的抗日游击区

王毓铨 著 徐 贞 译

说明：王毓铨（1910—2002），山东莱芜人。明史、秦汉史及古钱币学专家，原中国社会科学院历史研究所研究员。1929年考入北京大学预科，1936年北大毕业后在南开大学经济研究所工作。抗日战争爆发后，回到家乡配合"抗日救亡运动委员会"、八路军山东抗日游击队第四支队做抗日救亡工作，为政治训练班讲授社会发展史。1938年底前往美国参加太平洋国际学会主持的"中国历史编撰计划"，承担秦汉史部分。在美期间，根据其亲身经历，撰写了《鲁南一个典型的抗日游击区》一文，系统回顾了抗战初期山东南部抗日游击战争的情况，内容涉及鲁南的地理和社会环境、各阶层对日本侵略的反应，尤其是各抗日武装的建立、动员、训练活动及其相互关系，以及新型抗日政权组织的建立及各阶层的变化，视角独特，记载详细，为当时的其他记载所未有。该文翻译为英文以附录的形式，收入1940年由太平洋国际学会出版的美国军事观察员埃文思·福代斯·卡尔逊（Evans Fordyce Carlson, 1896—1947）所著的《中国的军队》（*The Chinese Army*）一书，作为学会对远东战争所做调查的课题成果之一，在海外扩大了中国的抗战影响力，对争取西方人民的援助起到了积极的作用。

译者：徐贞，上海市龙华烈士陵园（龙华烈士纪念馆）馆员。

简介

以下内容是中国青年历史学家王毓铨提交给太平洋国际学会的一份报告。他曾生活于华北，并在鲁南一支游击部队中工作了数月，故而能够对游击队控制区的社会和军事组织进行直接研究。秘书处非常熟悉作者，虽然这份研究带有明显的倾向性，但详述和揭示了其他"中国沦陷区"的一些类似情况，在此出版，可作为抗战背景下中国社会和政治转型的有价值补充。本文对原稿作了适当删减，但尽量保留了原作风貌。——编者[①]语

一、鲁南的地理和社会环境

1. 鲁南的地理环境与战略意义

这里所言的区域并非中国传统地理所谓的鲁南。它由津浦铁路以东和胶济铁路以南的二十余县构成，事实上，部分县域地处鲁东。

从地图上看，该区域呈三角形，由西部、北部的铁路及东南部的海岸线构成，多为丘陵地貌，泰山、徂徕山、蒙山、沂山等名山分布其中。鲁南多数地区被山脉环绕，即使日寇占领了整片高地（可能性不大），中国的游击队依然可以退守至山脉的边缘地带，骚扰平原上的敌人，而不会有被"扫荡"的危险。同时，在物资不可能被外界切断的情况下，这片广袤的山区可为武装力量提供充足的粮食供应。从最近日本"和平运动"之失败，以及当局经年累月未能消灭猖獗的"土匪"，可以看出鲁南作为游击区的地理优势。

日军侵入之前，鲁南已有一定数量的公路，最主要的是泰石公路（始于泰安，途径新泰、蒙阴、沂水及莒县，最后到达日

[①] 指太平洋国际学会编者。——译注

照县的石臼所），以及一条从益都①出发穿过泰石公路前往临沂和江苏的南北公路。② 除了这两条主干公路，县与县之间也有公路网。日军第一次进犯鲁南时，试图控制这两条南北向和东西向的战略公路，但终告失败。他们只能据守海岸线及少数关键城市，鲁南其他地区现已归中国政府控制，日军完全被赶了出去，甚至被迫从石臼所沿岸撤走了军队和航空母舰。这些公路早已荡然无存，它们遭受战火的摧毁而沦为农田。此种情况将保持至日本战败。

鲁南丘陵的津浦铁路大汶口站东至新泰市一段是个战略门户，敌寇一旦突破，便可与防御者展开对决。中国游击队若能在此据守抗敌，鲁南便能免遭严重攻击。日军深知其意义，不甘从新泰的军事据点撤退，为保住该战略要冲，曾数度负隅顽抗，但均损失惨重。

鲁南之经济状况亦对军事形势产生重大影响。该区域为极度落后的农业区，有着全国最勤劳质朴、却最饱受压迫的农民。因是农业产区，部队的粮食供给相对充足；亦因农业落后，农产品无法完全商品化和工业化，基本保持在自给自足状态，即便切断外围市场的交通线，也不会造成粮食严重短缺。该区域出口的主要农产品为丝绸、亚麻和花生。丝绸可在当地生产，供居民使用，亚麻可送至鲁北游击区换取棉花，花生作物可饲养牲畜。花生油和豆油可制成灯油取代煤油，烟草地可改种其他农作物。因此，虽然日军几乎占领了整条海岸线和多数重要城镇，但却没能摧毁以农村为基础的中国经济的基本结构。

虽然地理和经济因素至关重要，但并不能对军事形势起决定

---

① 今山东省青州市。——译注
② 即益新公路，北起山东益都，南至江苏新沂，是鲁中南的重要交通命脉。——译注

作用。民众运动之力量和政治结构之稳固亦同样重要,在游击区更是如此。

2. 社会环境①

战前,如果不考虑农民的生活状况及社会结构中的对立因素,鲁南犹如风景优美的花园。在青翠迷人的田间地头和景色如画的河流丘陵中,鲁南保持着传统社会的宁静祥和。

农业为主要产业。土地是人们赖以为生的唯一资源,傍山和沿河的平整地块均被改造为耕地,加以精耕细作。② 但是,并非所有青葱茂盛的田地都属于耕作者,成群的家畜也未必属于饲养者。多数的耕地仅属于少数的地主和富农,他们占有全部生产资料。同中国广大农村地区一样,耕地多数归于非耕种人所有。③

由于各县的自然环境略有差异,鲁南北部的大地主极少,富农和中农比例较高,因此土地集中在富农和中农之间分配,没有形成垄断。富农通常采用雇佣并监督劳工的方式耕种,由于他们极少离开土地到城镇生活,因此佃农较少。同样,市镇生活也不繁荣。

但在鲁南南部,拥有500亩④以上土地的地主司空见惯。他们通常将土地租给他人,自己当地主。通过占有主要生产资料,也就是土地,地主将剥削来的果实投资商贸,尤以钱庄为盛。大商铺的经营者几乎无一例外同时坐拥钱庄和借贷机构。此外,通过经济权利的垄断,他们积极谋求控制税收和地方财政的权利。

---

① 需要注意的是,此处描述的是战争之前鲁南的景象。战争还没有使生产方式及剥削和被剥削者之间的基本关系产生剧烈变化。但在后文可以看到,政治结构的民主化不仅终结了士绅的专权和肆无忌惮的腐败,而且为农民的经济解放奠定了基础。——原注

② 参见 K. A. 魏特夫《中国的经济和社会》,莱比锡,1931年。——原注

③ 参见陈翰笙《中国的地主与农民》,纽约,1936年。——原注

④ 在中国的大多数地区,1亩约等于1/6英亩,但地区间还存在相当大的差别,鲁东部地区的1亩为0.5英亩。——原注

这些人自然而然成了地方政治的控制者。在经济领域，他们是地主、商人、钱业主和放债人。在政治领域，他们是士绅，无人不与县长和诸多衙署机构保持着密切联系。另一方面，为了保全地位和能继续鱼肉百姓，县长也与士绅勾结，士绅常常通过行贿向县长施压。政府虽可颁布政令，但若无士绅支持，县长便无法施政。是士绅而非县长控制着地方政权。当然，须知有时县长本身就是士绅。

至于县长管理下的行政机构，如地区和村组织，全部由士绅的亲信、亲属、雇工或幕僚控制着。

这就是战前中国农村社会的统治阶层，被统治者的命运也就可想而知。鲁南的贫苦农民多为佃农或雇农，绝大多数人拥有的土地不超过10亩。在没有负担时只够勉强糊口，但是随着负担的加重，贫农便不能依靠贫瘠的土地养活家庭了，只能被迫为他人劳作，或高价从地主或富农那里租赁一块土地。农民总是挣扎在饥饿边缘。

在租金和税收的重压之下，贫农首先尝试减少必需品的开销，当缩减开支依旧入不敷出时，他不得不去借钱或求助于当铺。这必然导致奴役情况的发生，因为贷款利息奇高，而且只有短期贷款，利率最低30%，有时高达100%，周期很少以月计息。一个农民一旦陷入债务泥潭，将永无翻身之日。

除了地主和贫农，鲁南还存在着一定数量的中农。中农的命运起伏不定，少数人有幸晋升至富农，但大多数沦为贫农。

城镇是个榨取农民血汗的地方。那里设有政府机构，驻扎军队，开办学校，虽然农民不需要冗余的机构来管理他们，却要为官僚机构的运转缴纳高额赋税；农民不需要军队来保护他们，却要给县和乡的武装部队服兵役；教育对他们来说遥不可及，却要为学校的运行缴税。事实上，农民不但遭受地主、商人和高利贷者的盘剥，还要担负地方政府的全部运行经费。

在"韩青天"①（韩复榘）统治的10年间，地方政治中的贪腐现象和民众的苦难加速升级。任命县长不依据德才，而是要属于韩的派系，因为这些人能够筹集到足够的税收，来满足韩的需要，并且知道如何镇压革命运动。

显然，在这种制度体系下不可能改革政治和改善民生。山东许多被大肆宣扬的"进步"运动只是一个表象，特别是梁漱溟发起的乡村建设运动及梁仲华主导的县治改革运动，其背后是猖獗的剥削和贪腐。只要未清除造成地主偷税漏税和士绅腐败的政治机器，所有谈论改革和重建的话题都是妄言。确实，"改革者"建立了农村学校，训练了农民武装，但这些武装是为地主和富农服务的，并被上层阶级用来保护自己的财产和政治特权。而且，他们训练武装不是以抗日为宗旨，甚至不去保护农民的利益。因此，当日寇侵入山东省府时，"重建和改革"的倡导者们逃之夭夭，他们建立的农村学校和武装犹如风中糠秕，在这场战争最令人羞耻的溃败中烟消云散了。

韩复榘的腐败政府将山东的大门向敌人敞开。因侵略造成混乱的头几个月，各阶层扮演着不同的角色，士绅阶层背信弃义，农民的民族意识开始觉醒。下面将就这些情况做下介绍，以为所有争取民族独立的落后国家提供重要借鉴。

二、各阶层对日本侵略的反应

1. 韩复榘弃守山东

1937年底，日寇越过黄河侵入鲁南，韩复榘将军的部队在未开一枪一炮的情况下向南撤退。这支上万人的部队非常迅速地

---

① 韩复榘在治鲁期间，自订法律，喜欢升堂断案，自诩为"韩青天"。——译注

后撤，总能与日军先遣部队保持100里①的安全距离。韩臭名昭著的行径被县长、地方官吏以及各地武装力量争相效仿。分散的民众武装试图抵抗，却被韩复榘解除了武装，致使日寇轻而易举地抵达济宁和台儿庄。若韩复榘未能完全阻滞敌人，无人感到惊讶，但他却连抵抗的动作都没有，就同大肆掠夺的军政领导人逃跑了，这让对统治者几乎不抱幻想的农民也深感意外。

津浦铁路沿线重要城市德州沦陷之前，韩复榘曾希望与日军妥协。为此，他违抗中央政府下达的抵抗命令，竭力阻挠抗日备战。直到德州受到严重威胁，局势极为严峻，韩复榘才准许成立救亡组织。这种妥协是在中央政府的命令和民众的愤怒双重压力下而摆出的应付姿态，事实上他仍在尽一切可能阻挠和破坏民众运动。

为了达到这一目的，韩复榘决定由自己的心腹控制山东省动员委员会。根据这一计划成立了由来自"各党派团体"的5人组成的统一战线动员委员会，但该委员会却在消极并扰乱抗战，并施展各种伎俩误导民众的动员工作。

山东省动员委员会成立后，山东省政府和第三路军（韩的部队）指挥部继续阻挠民众的救亡工作。他们逮捕救亡组织的成员，干涉抗日团体的活动，禁止张贴"打倒日本帝国主义"的宣传报，解除了所有的民众武装。

但日本人并未接受韩复榘的"好意"，在占领德州后继续向南推进。韩看到事与愿违，犹豫中任命了26名县长指挥游击战。所幸，这26名心腹没能成功地组织起游击队；如果他们成功了，将会变本加厉地掠夺山东人民。我是基于刘某所指挥下的游击队的行径得出这一结论的，他们是韩复榘最精锐的士兵，每到一处，无情地鱼肉百姓，烧杀抢劫，而且会像日本人那样收缴农民

---

① 1里≈1/3英里。——原注

的武器。当韩复榘被送上军事法庭时，据说刘某率部投靠了日本人，他的部队被编入了傀儡政权的伪军。

韩复榘不战而逃的结果，自然是山东不但无法抵御侵略，而且无法维持社会秩序。在日占区，军政组织破坏殆尽，社会秩序乱作一团。动荡局势下，鲁南人民根据自身的阶层利益做出了不同的反应。

2. 贫农的反应

贫农和赤农的第一反应是释怀。他们痛恨韩复榘的统治，饥饿、殴打、鞭笞、勒索、囚禁司空见惯。韩复榘政权被日本人推翻时，虽然普遍忧心侵略者的残暴行径，但鲁南人民还是觉得卸掉了肩上的一块大石。当他们意识到韩的垮台意味着不再缴纳税赋、也不用服劳役时，大感宽慰。

日军侵华初期，贫农采取消极态度的主要原因有：

（1）古往今来，中国农民从未被允许参与国家政治事务，他们生来缺乏民族意识。

（2）多数农民从未拥有过土地，因此不认为国家属于他们。在农民看来，侵略者对其造不成伤害，因为除了丢掉性命，他们想象不出更糟的情形。用农民自己的话来表达这种麻木的宿命观，就是"不管谁来，我们都得缴税纳赋"。

（3）鲁南从未发展过抗日运动，农民也全不通晓军政问题，即使想抗日，也不知如何行动。

（4）农民没有最先反抗，主要是因为日寇入侵直接威胁着地主的安全，农民暗自高兴，"危难面前，钱不是万能的"。因此当贫农目睹地主一夜之间沦为难民、四散逃命的时候，他们对压迫者遭遇如此变故一点也不同情。

然而，这并非是全部农民的态度。生活在城镇附近及公路沿线、目睹日军暴行的贫农对侵略者持有完全不同的看法。他们眼睁睁看着日军掠夺他们的财产，强奸他们的姐妹，屠杀他们的兄弟，烧毁他们的村庄，大难不死的人还要为日军服役。对这些农民来说，日寇是一种威胁，要全力反抗。日军的侵略使他们无以为生，成千上万的人被迫流浪。与富人不同，他们在外地没有富裕的亲戚可以投奔，即使有，也缺少盘缠。对贫农来说，侵略意味着饥饿和死亡，他们是首当其冲的受害者。

随着侵略的加剧，这种观点在贫农中越来越盛行。此外，他们开始意识到这场战争同中国历史上改朝换代的内战不同，抗日战争是中国人民的生死斗争。基于这种认知，他们自然联想到在"满洲"受苦受难的兄弟们（山东人迁居"满洲"的数量极多），心中充满恐惧，决意通过抵抗日本侵略来避免重蹈覆辙。

一旦了解实际情况，消息就会传播开来。住在城镇和交通线附近的农民逐渐说服思想落后的弟兄，直到大多数人都扭转思想，决意抗日。农民的思想发生了转变，下一步就要把他们组织起来，鲁南游击队随后迅速地发展起来。

正如我们所看到的，农民对旧政治制度极度仇视，并伺机报复士绅的蛮横压迫。因此，日本侵华战争开始不久，出于复仇和实际需求的因素，鲁南农民开展了借粮运动。

在借粮之前，贫农会选出一名首领收集信息，经初步讨论后召开民众动员大会。他们讨论的问题，首先是向哪类家庭借粮；其次是谁有资格参与借粮；第三是每个参与者应分到多少。意见达成一致，那些有借粮份额的人会到对应的富农或地主家庭，向他们借一部分余粮。虽然事实上这给富农和地主带来一些不快，但这样的要求却很少遭到拒绝。通常，精明的地主意识到借粮无法避免，他们会在贫农开会之前召集富农会议，声明"接济穷人"，在地主居住的大城镇及乡村，借粮运动通常以这种方式开展。这个策略对地主有以下几个方面的好处：首先，能够安抚贫民；其次，可以减少借粮人数；第三，可以影响"合理"的分配，这当然意味着最小限度地去分配；最后，能够削弱农民的政治活动意愿。但是，无论哪里施行该项政策，地主的这些意图都得到了农民的充分理解。

3. 中农的反应

虽然中农不如富农和地主富有，但却更加眷恋他们贫瘠的土地，因为这些土地是将其与悲惨的贫农区分开来的标志。日寇侵略不仅威胁到了中农的正常生活追求，而且因此造成的混乱状况也危及到了他们的财产安全。因此，虽然中农更愿意维持社会安定而不是反抗日寇，但他们是最先自发组织起来抗击侵略的农民团体，其组织通常根植于各种半宗教的会道门中，如红枪会、黑旗会、黄沙会、无极道、罡风道等。这些成员因共同的迷信信仰牢固地聚合在一起，很容易组织起来。他们主要使用长矛和大刀，因而不难筹集武器。但遗憾的是，由于一部分人仍有小资产阶级思想，中农的组织常常无意中沦为士绅的工具。

4. 士绅的反应

在日军侵略的动荡中，士绅从城镇逃往了乡村。他们一方面担心日本人烧杀、抢劫和奸淫，另一方面又顾虑贫农的借粮运动和土匪当道。如果不用向农民分享财产，他们会坚决抵抗日寇以保卫家产。面对两难困境，他们最终认为向日本妥协，集中精力恢复社会秩序，并进行自我保护才能利益最大化。

一些士绅公开成了维持会的汉奸，帮助日本人恢复地方秩序。地位较高的人鼓励他人（非地主和富商）成为彻头彻尾的叛徒，自己充当幕后主使。多数士绅普遍推测日军的目的只是维持社会秩序和得到粮食供应，他们的做法有助于保护自己的财产，这些人甚至妄想日本人能报以优待。

士绅阶层在与日寇合作的同时，也努力武装自己，以防一旦日本人不能或不愿维持"秩序"（如保护他们的财产等）时，可以把局势掌控在自己手中。通常大地主会继续保留武装和营地，紧急情况下可以加强这两种武装，这样他们便可统治自己地盘。此外，除了武装随从，他们还能调动社团的武装力量，如自卫队和联庄会，这种情况依然存在于临沂、滕县、沂水、邹县、蒙阴及费县等地。在日占区，为了防止误解，地主武装是被秘密地组织起来的。在没有大地主的地区，富农替代了地主的作用。以上便是博山、莱芜等县所在的鲁南北部的情况。

通常，日占区士绅的行径极为卑劣，他们本可顽强抵抗，但却寄希望于日本人保护他们的财产。士绅未必想成为国家的叛徒，但却担心抵抗会危及自己的财产和性命，为了规避风险，他们选择成为敌人的傀儡。

这里必须说一下R会①，这是个具有一定慈善性质的半国际化迷信团体。中国是其发源地，主要成员包括地主、富商、富农、卸任官员和归乡军官。它对地方政治产生着一定影响，在动乱时期更是如此。日军进犯后，其他团体都逃跑了，唯有R会留了下来，且没有受到滋扰，甚至在许多情况下活动更加频繁了，其原因主要由于它是一个慈善组织，不太关心当地的军政事务，且在照顾中日两国伤员和难民方面具有国际化精神。虽然R会宣称具有非政治属性，但这种声明本身就说明了某种意义的政治倾向。此外，虽然R会的领导人不敢公开参与傀儡政权，但却经常参加一些亲日活动。R会在沦陷区悬挂会旗，被日本人视为朋友，因此它的成员不仅没有受迫害，而且可以自由地通过哨岗而不被搜查。即使它的分支机构拒绝以任何方式服务敌人，却仍然享受特殊待遇。

5. 青年知识分子的反应

"青年知识分子"包括大学、中学、师范院校、小学校的学生和中小学的教师，有一定文化知识的青年农民和在村外从事各

---

① 根据上下文，应指红卍字会。——译注

种活动的青年人也属于这个范畴。

青年知识分子来自社会各阶层，多出身于地主、富农、中农、富商和职员（professional people）家庭，也有出身于贫农家庭的。尽管他们中的大多数人来自上层社会，但思想行为却与父母有着天壤之别。他们积极上进，对社会具有较深刻的认知，充分认识到帝国主义侵略中国的历史影响，知道中国人只有两条出路：屈服而亡，或抗争而生。他们的利益从属于国家的利益，只有拯救中国免于被瓜分的境地，个人的前途才有希望。因此，战争伊始，他们便把自己的命运与祖国联系在一起，"为中国解放而牺牲"的口号显示了他们的信仰。

早在日寇入侵之前，这群青年人就在从事救亡活动。在早期的活动中，他们遭遇了当局的各种镇压，只部分地实现了目标。但在山东遭遇侵略，民族危机加深后，他们找寻到了公开活动的途径和机会。

日军侵略之初，六七名年轻人装备着三支来复枪和一组弹药，深入山里，着手组织农民开展游击战。随着战事扩大，他们成功地把农民发展成了游击队，后来再发展成为拥有2万壮士的训练有素的八路军山东人民游击队第四支队。

三、各抗日武装的发展及其相互关系

当山东人民发现被韩复榘及其部队抛弃后，各阶层本能地根据自身利益做出了反应，组织了自己的阶级阵线，建立了自己的武装。以下是这些各式武装的组织、作用、发展和相互关系的详细情况。

1. 统治阶层的地方武装

在讨论统治阶层的地方武装时，有几个复杂的因素。首先，已沦陷的县和未沦陷的县情况不同。其次，统治阶层的构成成分千差万别。第三，日军入侵后进行改组的县政权组织明显不同于以前统治阶层管理的县,也有别于派驻了新领导人但尚未进行改组的县组织。

统治阶层中拥有武装的主要成员是士绅、卸任官员及地方长官。士绅武装的性质和组织已经讨论过了,主要是为了维护地方秩序和保护士绅的私产,而不是抗日。

日寇入侵之前,由于鲁南土匪横行,各大村庄和城镇均设有军事营地,地主采取各种措施保卫家园,中农也会持有一两把步枪,因此鲁南已经拥有相当数量的武器。在韩复榘向南撤退期间,大量枪支弹药被丢弃,有的被逃兵卖掉,有的被民众拾到,最终落到了地主和农民手中。台儿庄战役后,中日双方都遗弃了大量的器械,进一步增加了地方武装的武器储备。在这场大战后,有人甚至还在战场上捡到了机枪。

正如我们所看到的,在动乱早期,鲁南地主趁机巩固自己的武装,逐渐控制了联庄会,接着恢复了政治影响力,试图再次控制当地政局。世代依赖别人保护的懦弱中农只会欢欣地拥护地主的行动;贫农加入士绅武装,是因为当时境况下那是他们谋生的唯一出路。至于年轻的游击队战士,他们迫切希望看到民众充分武装起来,于是在许多情况下帮助地主武装,他们认为,虽然士绅武装表现得自私自利,但他们也是中国军队,总有反抗侵略的可能。正是在这种利好下,地主武装被迅速地组织起来。一旦得逞,地主就能够巩固自己的地盘而称霸一方。鲁南的形势和1500多年前的三国很相似,贵族、士绅和地主三方联合控制了政府。

日寇入侵鲁南的头几个月,游击队及其首领的数量激增。原因是目光短浅的地主迫切希望在民众面前一展"实力",每当召集5至10人时就自封为游击队首领。尽管有相当数量的首领,但他们的等级根据财产划分明确,财富最多的人被授予总司令头衔,余下的人也根据财富多寡担任职务。这些游击队的纪律松弛，经常与民众发生冲突。有的县中，游击队首领投靠了日本人，加入了治安维持会。当然，他们总是自我开脱，辩解说是以空间换时间，等待中央政府军的到达。鲁南多数地主武装力量属于这个范畴。

鲁南北部的地主很少，小地主和富农经常联合起来组织武装并选出领袖。这种组织取得的成果比大地主武装更令人满意。

正如我们所注意到的，抗击日寇的地主武装没有组织起来，所以严格来说，不应该视他们为抗日力量。本章中之所以提及，是因为无论他们真实目的为何，至少口头上是抗日的。事实上，"抗日"是地主开展汉奸活动的掩护，他们从未袭击过日本人，却滋扰了沉重打击敌军的八路军第四支队等游击队伍。

除了上述武装外，地方小官僚也组织起了相当数量的武装力量，他们也声称抗日，但实际上只不过是为了扩大自身影响力。这种武装力量可分为两类：在日本人破坏了当地军政组织后出现的；真正的游击队克复失地和恢复秩序后出现的。这两类武装均无意认真抗日。

除了上述鲁南已有武装，当地统治阶层还有两类武装：（1）保安大队；（2）山东省第三行政区特别专员指挥下的武装。

由于首领逃跑，各区武装力量在日军到来之前就被解散了。当中国人收回失地后，专区的大多数武装又恢复了活动，不同的是，这次他们隶属于第五纵队。

根据中央和省政府的命令，县武装力量重新编入保安大队，县长也就自动兼任司令，其作用随各县政局的变化而变化。

山东第三行政区是由韩复榘建立起来的，包括沂水、诸城、临沂、日照、郯城、费县和蒙阴等县，保安司令为曾与国军一起抗日的张里元，国军南撤后他留驻鲁南。起初张的部队势力不大，只有两三千人，当第六十九军抵达鲁南时，张表示希望与指挥官石将军①合作。同时，在八路军游击队第四支队的帮助下，他成立了政治军政干部学校。也有报道说，他请求第四支队派干部到他的部队训练士兵，第四支队是否接受了这一邀请，尚不清楚，但鲁南民众都知道张从第四支队那里得到了很多帮助。1938年10月，第四支队派出300名有经验的战士组成临沂人民志愿军加入张里元的部队，自此张的部队战斗力得到了极大的提高。但他与八路军的密切合作遭到了鲁南游击队指挥官秦将军②的嫉妒和猜疑，他向蒋委员长打报告，称张里元和八路军在山东联手成立了一个"红军大学"，他们的行为违背了国家利益。故蒋介石委员长命令第六十九军彻查此事。但石友三将军深知此乃无端指控，所以没有进行调查，也未向蒋委员长汇报。而蒋委员长也表示信任石友三，未再深究。

综之，鲁南统治阶层的武装可以归为四类：

（1）地主和士绅的专属武装，口号是"自卫"——保护他们的私产而非保卫国家，他们在抵抗侵略中没有任何贡献，甚至是一种障碍。

（2）进步阶层的武装，既想保护自己的私产又想抗日，这种武装比较少，且战斗力差。

（3）卸任官员的武装，目的是恢复优越的政治地位。这些人对抗日不感兴趣，只对重获权力、继续贪腐情有独钟。

（4）当地行政长官指挥下的武装，包括保安大队和第三区专员指挥的武装，后者是属于鲁南统治阶层的真正抗日力量。

所幸的是，真正的抗日力量在不断壮大，民众运动也得以发

---

① 即石友三。——译注

② 原文为Sun，结合上下文，应指秦启荣。秦启荣（1903—1943），山东省邹城市北关人，七七事变后任冀鲁边区游击司令，后任国民政府军事委员会别动队第五纵队司令。——译注

展。随着地方政府的改进,不以抵抗侵略为目的的武装正在逐渐被淘汰。

2. 第五纵队

第五纵队原称"冀鲁边区游击队",指挥官为秦将军,他毕业于黄埔军校,曾任国民党在山东省府济南"反共"活动的负责人。山东沦陷后,秦随即在邹县被任命为游击队的指挥官,受到了泰安、莱芜及新泰的青年游击队战士的公开欢迎。虽然囿于地理上的不便,青年游击队没有派代表去领受秦的指示,但他们高兴地得知游击战士获得了官方的认可,认为秦必定指挥着一支强大的武装力量进行抗日斗争。然而,秦的队伍并没有像他们所期待的那样。

与其他游击队相比,秦和他管辖下的队伍有两大优势:直接隶属于中央政府,拥有其他游击队所没有的威信;同时还得到了中央政府的物资支援。秦充分认识到自己的优势,并且懂得如何利用它。他原本可以在山东成功地开展游击战,因为除了第四支队外,没有山东民众组成的反日游击力量,而秦是当时山东唯一的正规武装部队。不幸的是,他失败了。

1938年2、3月份至5月份间,秦的部队持续壮大,据他自己统计,总人数已经超过了2万人(包括名义上受他指挥,但却不受他控制的部队在内)。但自5月份之后,秦怠于政事,队伍人数逐渐减少,有的人加入了第六十九军[①]和八路军。尽管第五纵队人数变得越来越少,战斗力越来越差,但秦被山东省政府主席沈鸿烈任命为第十二区专员,这才保住了他的个人声望。

秦的第五纵队未能赢得民众支持的原因主要有四点:

---

① 1938年3月,国民革命军一八一师与新编第六十九师等部合编为第六十九军,石友三任军长,抗战初期,曾先后参与徐州及豫鲁皖边区的作战。1940年夏,军长石友三阴谋投敌叛国时被杀。抗日战争胜利后,该军番号被裁撤。——译注

第一，秦草率地收编土匪而不加整训。这并非说不应征召土匪，是因他们中的许多人都渴望与日寇作战。秦的错误不在于收编土匪，而在于抱有扩大个人势力的野心，以至收编土匪时不加甄别，又不加整训，结果部队纪律松弛，经常与泰安和莱芜的民众武装（红枪会）发生冲突。

其次，秦把地方武装纳入麾下，不仅招致了民众的反对，而且没有得到地主和士绅的支持。在当前战争环境下，培养和帮助民众组织，以及建立民众武装的政策才是至关重要的。山东省政府规定"枪不离人，人不离村"，目的是加强地区的抵抗力量。但秦将军无视这一政策，将地方武装编入第五纵队，将行政区的长官任命为营、连的指挥官。渴望新头衔的地方官吏嫉妒第四支队的快速发展，愿意接受新职位，进而操控政局。在这种情况下，民众自然失去了对秦及其追随者的尊重。

第三，秦滥用职权干涉县务。在已克复的县里，中央和省政府机构行使管辖权，游击队的职责是辅助当地政权，他们没有理由肆意干涉县里的政治事务。然而，秦在鲁南恰恰犯下了这种不可原谅的错误，他无视省政府的命令，经常越权插手县务。在泰安、莱芜、博山等县，即使省政府已经任命了官员，他也会重新任命，结果这些地区经常陷入暴力冲突的混乱境地。

第四，秦反对国家的统一战线政策。在争取民族独立斗争的阶段，当前政策的核心无疑是建立抗日民族统一战线，然而，发生的很多事情却是在不断破坏统一战线，秦将军与下属们的行径就是这种颠覆阴谋的缩影。

有一段时期，秦特地通过他的新闻机构审查中央政府电台报道的有关汉口国民参政会和民众运动情况的广播，并叫停了辖区内民众总动员委员会的工作，扬言要逮捕任何不服从他的地方领导人。他如此担心民众觉醒，甚至制造谣言谴责红枪会、反政府团体以及八路军的秘密情报机构等民众武装组织。

秦对待八路军游击队第四支队的态度更加狭隘，他向省委会控诉县里的政治事务受到第四支队操控，俨然成了一个苏维埃政权。第四支队"有钱出钱，有力出力""改善人民生活""加强民众武装力量"等经中央政府批准的口号，都被视为共产主义的宣传。他甚至叫嚣八路军只能在陕北发展，而不应到鲁南开展工作。秦抱有这种态度的政治原因有：第一，由于行动正确，第四支队受到民众的公开欢迎；第二，第四支队的发展和壮大极为迅速；第三，相较其他武装力量，第四支队打赢的战斗最多；第四，第四支队帮助民众改善生活；第五，第四支队着力发展民众运动。所有这些成绩不可避免地招致秦的嫉妒和敌意。

第六十九军到达鲁南时，召开了第四游击区会议，会上决定对日军发起总攻势。由于当时第四支队驻扎在费县，于是它被派往西边进攻津浦铁路上的日军。当秦得知这一消息后，旋即把部队开拔到西部山区，挡住第四支队的道路，结果造成了重大损失。再如，当坐拥1000人武装的滕县反动士绅头目被第四支队击败时，秦前去援助，并对第四支队展开了新一轮的攻击，第四支队迅速撤退才避免了一场灾难。

当石友三将军被派往鲁南时，第六十九军被授予整顿当地军政事务的权力。他们抵达后，蒋介石委员长亲自致电石将军，命他全权处理地方事务，但石将军非常谨慎，他坚持统一战线政策，并推动民众运动的发展。然而，秦既不赞成，也不执行石将军的指示，所幸中央政府没有介入此事。8月，石将军升任为第十军团总司令，后来还当上了山东省政府委员，现在是察哈尔省政府主席。

当秦将军在中央政府面前指控石友三"行径可疑"，却没能给石将军造成任何损害时，他开始挑拨石将军和山东省政府的关系。山东省主席沈鸿烈上将便中了诡计，任命秦为第十二专区专员，管理南至滕县、北至博山的矩形区域，恰好分割了第四游击区。可以看出，这一任命的目的是为了提升秦起伏不定的声望，结果直接对高效的政治管理和平稳的统一战线构成了障碍。

3. 民众武装

这里的"民众"指的是非统治阶层的群众，青年武装将在下一节中讨论。民众武装一般由中农担任首领，贫农参加队伍。其组织形式相当落后，带有原始的烙印。会道门有许多名称，各自独立，迷信是维系成员关系的纽带。这些组织根据不同的信仰区分开来，训练成员的方法也各不相同。民间迷信团体的特征是禁食荤腥和淫乱胡为。

举行操练和祭祀的宫是民间会道门的基本单位。通常每个村子只设一个宫，当吸收到10名会众时，就可以建立一个，不足10人的成员会被划归到临近的宫去。在宫被正式认可之前，会众被一名训练有素且有资历的师傅带到母宫参加入会仪式。会众选出两名宫长，一名正宫长，一名副宫长，其余成员之间没有等级差异，彼此之间称呼为兄弟。每县设一个总宫，管辖所有的地方上的宫，年代最久的总宫被视为最高总宫，协调县级宫之间的事务。

宫成立之后，会众每天晚上集会，接受师傅的训练，凌晨解散，一直持续到训练完成。会众主要训练敬神和打拳，每个派系都有自己的准则、方法和特点。例如，红枪会专门训练打拳和练枪，经过一个月的训练后，会众将被允许参加战斗；罡风道还要练习步枪射击，成员自加入组织起就可以参加战斗。训练期间，红枪会和罡风道严禁接触女性，而中央道是吸收女会众的。

红枪会和罡风道的教义强调抗日，中央道则强调复辟帝制和由"天子"拯救中国，实际上它是一个非常保守的教门，通过在势力范围征税来维持武装力量，进而对抗当局。

以上提到的农民组织在鲁南发挥着重要作用，最具影响力的是红枪会和中央道，这两个教门与秦将军对立，却对八路军第四支队和第六十九军非常友好。当然，第四支队在竭力帮助他们，但是在培养红枪会的政治和军事觉悟方面，第六十九军取得的成果较大。事实证明，红枪会的成员不仅渴望参加石将军为其组建的训练班，而且在接受了一定的培训后，已经学会了如何发表声明，并制订政治计划。在其中的一份声明中，红枪会谴责秦的部队目无法纪，提倡清除顽固派和投机家，这显示了他们政治上的成熟。它还宣称自己是人民的武装，愿意尽最大努力帮助中国军队抵抗日寇。在另一份声明中，红枪会呼吁各教门放弃门派成见，建立联席会议。在红枪会持续不断的努力下，教门联合组织最终得以成立，这在鲁南反日运动的发展中迈出了十分重要的一步。

农民武装力量的迅速发展是鲁南农民觉醒的标志。这些民众武装力量为国家军队和游击队伍提供了宝贵的帮助，也在一定程度上有助于建立新型人民政权和发动民众。然而，农民总体上还是落后的，仍需进行政治和军事训练，直到成为真正抗日中坚。

4. 抗日青年和八路军武装

韩复榘南撤后，鲁南青年立即在八路军的指挥下组织了游击队，这些武装原来称为"山东人民抗日游击队"，后来随着数量和规模的扩大，被正式编入八路军，改名为"山东八路军第四支队"（第一支队在鲁北，第二支队在鲁西，第三支队在鲁东）。

1937年底日军入侵鲁南时，当地青年组织的武装力量活跃在新甫山、莱芜、徂徕山和泰安一带。徂徕山的武装团体由六七名核心成员发起，除了领导人洪涛[①]来自陕北外，其余均来自泰安；新甫山的武装团体由30名莱芜的学生、教师、青年农民创建。1938年1月，新甫山的武装团体合并到徂徕山武装团体，自称"山东人民抗日游击队"，战士人数逾100人。随着队伍的

---

① 洪涛（1912—1938），又名洪裕良、洪钧良，江西横峰县人。——译注

发展壮大,他们开始打击敌人。几场小胜仗打下来,人数迅速增加到700余人。台儿庄战役后其声誉和知名度迅速远扬,在短时间内,他们在陕西派来的八路军干部的帮助下,建立了一支万人的队伍。

台儿庄战役时,临沂成立的左翼团体领导的青年战士组织"青年救国团",后来也被编入了第四支队。第四支队的军事组织与八路军游击队的组织形式相似,它与正规军的主要区别在于拥有一个强大的政治部。政治部负责士兵的政治训练,下设宣传科、妇女科和青年科。通常八路军的政治训练比军事训练更为严格,旅、营和连都设有政委。基于这个规划良好的组织体系,八路军秉承良好的纪律,士气和军队的政治意识也堪称模范。经常遭到匪兵恐吓的民众此刻变得非常友好,与游击队通力合作。

除了纪律良好,八路军开明和建设性的政策也深受民众欢迎。这项政策有三项基本原则:有钱捐钱,有力出力;改善民生;发动民众。第一项原则中,拥有10亩土地以下的农民免缴战争税,地主则要为战争出钱。为了改善民生,废除了各种苛税,通过解除一切压迫手段和持续帮助群众,民众运动得以推进,农民发现第四支队在为人民利益而战,为争取解放而奋斗,他们确信这是一支人民的军队。

除了第四支队之外,鲁南的八路军游击队在各县成立了500人的独立团,其特征是:第一,这是一支由当地农民组成的专门队伍;第二,民众不脱离生产工作;第三,不会派往他处;第四,协助维持县里的抗日民主政治组织,并推动民众运动的发展;第五,除了建立指挥部期间外,所有的团员居住在自己家里,并积极从事生产。

许多县都成立了独立团,最强的一个团驻扎在津浦铁路沿线的某县,它曾在县城成功袭击了一支日军,并捉住了8名傀儡政府成员。当各县成立独立团的计划完成后，鲁南将成为一个坚固的武装堡垒。然而必须谨记，不是所有的人都是真心实意地追随八路军游击队的。不仅秦将军，鲁南地主和士绅也不支持他们，主要是因为第四支队不但助力青年从事政治活动，还减轻了贫苦农民的沉重税负。然而，尽管士绅倾向于秦，但他们不敢公开支持秦而去反对游击队，一方面因为秦的部队军纪败坏，甚至连地主都不信任它，另一方面，游击队的品格优秀，以诚待人，使得士绅们三思而行。一些小摩擦是抗日统一战线和建设新中国过程中不可避免的，但会削弱民众运动的发展。

5. 鲁南的中央政府部队

1938年4月台儿庄战役之后，中央政府的部队全部返回了南方，鲁南仅留下了八路军游击队和秦将军率领的游击队。一个月后，第六十九军奉命到鲁南开展运动战。

当第六十九军军长石友三将军还在担任冀北保安司令的时候，他就已在七七事变中积极抗日了。平津沦陷后，他率领部队向南经河北辗转来到鲁西北，在那里被编入国民党的一八一师。日军攻占山东后，一八一师经山西转入河南，在与日军的遭遇战中取得了几场胜利，于是军事委员会将该师扩编为第六十九军，晋升石将军为军长。当第六十九军抵达鲁南时，麾下已有3个师、1个特种旅和2个先锋部队。

石将军到达鲁南后，立刻组织了鲁南抗战工作团，并召开了全体游击队员大会。他在重组地方军政事务中迈出了关键的第一步：（1）确立了民族统一战线政策；（2）加强县治，发展了抗日民主政治体系；（3）强化鲁南游击区，制订了打击敌寇的系统计划；（4）统一游击队的形式和指挥；（5）建立规范的战争税制；（6）推动民众运动，强化地方武装。

第六十九军取得的成绩在于石将军忠实地执行了统一战线的政策，军队的政治部也为有效执行这一政策做出了贡献。政治部主任由原北平国立大学的张友渔①教授担任，下属 300 人左右，由欧美留学归国的学生，北京大学、陕北的抗日军政大学和陕北公学的学生，以及当地的一些知识分子组成。

1938 年 8 月，石将军再次得到晋升，担任第十军团总司令，管辖第四游击区的所有武装（鲁南），蒋委员长命令他全权管理地方政治事务，不久还成为山东省政府的成员。

1938 年 10 月 5 日，石将军接到一份电令，命他率部前往汉口，最迟于 15 日抵达。遵照指令，石将军匆匆率领一八一师及军事学校的师生南下，于 10 月 20 日抵达安徽。据说召回他是出于政治原因，因为无论是山东省政府主席沈鸿烈将军还是秦将军，均不希望六十九军留驻鲁南。

四、新型抗日政治组织的建立及游击区的行动

日军入侵鲁南摧毁了旧的军政体系，导致中国社会旧有的上层建筑陷入混乱，但山东人民在很短的时间内就组建起了新政府、新武装和新的社会结构来摆脱这种混乱局面。看来日寇的破坏是鲁南重建的先决条件。

1. 抗日政治组织

第六十九军到达后，当地的政治局势得以恢复，重组工作也得以开展。在这之前，虽然第四支队确实在建立民众抗日组织方面做了些工作，但由于秦将军的破坏，时间紧，加之力量有限，其目标没能全部实现。在这种情况下，各县的政治局面极为混乱，有的县里，前任县长尚且在职就有新县长被任命。此外，秦将军频繁任命县长，经常发生一个县同时出现两名县长的情况，有时甚至有三四名，最糟糕的是泰安出现了 6 名县长。对于这一

---

① 张友渔（1898—1992），山西灵石人，原名张象鼎，字友彝。时任中共豫鲁联络局书记。——译注

情况，沈鸿烈上将曾表示，"不管怎样，有总比没有好。"各种武装力量和民间团体间出现的对抗使形势进一步复杂化了。

在日军占领的铁路线贯穿的淄川、泰安、潍县等地，越过日军防线去管辖另一侧地区是不现实的。另外，由于地区政治和社会形势逐步复杂化，其他地区的县长也无法管辖全县。各县不统一，以及县与县之间缺乏合作，导致鲁南实际上成为了分裂成数个独立邦国的古代封建国家，每个邦国的境况完全取决于执政者。在这种情况下，省政府空有号令，却不能进行有效的治理。

第六十九军进驻鲁南后，立即着手建立抗日游击根据地，但它意识到只有建设一个新型的民主抗日政治组织，并重组县政权，才能实现抗日目标。

为了实现这些目标，第六十九军成立了鲁南抗战工作团（后改称"第四游击区抗战工作团"），邀请县长、第三区专员、第十二区专员、抗日青年及鲁南进步领导人讨论推动这一方案的方法和措施。1938年6月在新泰召开了首届会议，有50余人参加，抗战工作团正式成立，选举5人组成常务委员会，并通过了重组县政权的方案。以下是这项方案的要点：

① 县政府组织

（a）县政府组织应基于简单和高效之原则。

（b）县政府下设四个部门：民众事务部、财政部、建设和军需供给部、教育及民运部。

（c）司法独立，各区设立仲裁委员会。民事案件优先提请仲裁。

② 财政

（a）减轻人民负担，废除一切过高税收。

（b）按照"有钱捐钱"之原则征税，使税收负担可以均等分配，改善民生。

（c）土地税应多以农作物、少以现金的形式征收。

③ 教育

（a）立即恢复小学和免费学校的运作。

（b）开办抗日干部培训学校。

（c）委托工作团修订教科书。

（d）成立鲁南联合中学，出版日报。

④ 人民参政

（a）各县成立政治委员会，审批重大事项。

（b）县政治委员会必须由人民代表和群众社团组成，县长有权指定一定数量的代表，但不能超过全体委员人数的30%。

（c）区领导不能成为县政治委员会委员。

（d）各区成立政治委员会，协助和监督区领导。

（e）区议会由群众社团代表和人民代表组成，人民代表由人民选举产生。

（f）村长不能参加区政治委员会。

⑤ 当地的行政组织

废除区长官制，代之以区领导人制。

通过施行上述方案，抗战工作团常务委员会每六周召开会议，讨论可能面临的问题。其他工作如组织鲁南民众总动员委员会、统一民众运动、组建农民团体、加强农民武装力量、建立地方经济合作社以及改善当地经济状况等，也将由委员会审议，并拟定详细计划。

上述决策均由第六十九军批准并付诸实施，在上报中央政府后得到了蒋介石的支持，他下令第六十九军和抗战工作团立即着手开展工作。

当第六十九军着手改组工作的时候，省政府也发表了一份关于改组县政府和组织民众总动员委员会的声明。然而除了规定县政府应设3个部门而非第六十九军建议的4个部门外，省政府似乎没有什么行之有效的改组方案。此外，它并未考虑设置一个民众可以参与的政府组织。根据省政府的方案,只有县长、地主和士绅才可以组织动员委员会,同第六十九军所遵循的原则截然不同。基于这些差异,后来省政府驳回第六十九军关于改善地方政府诸多弊病的建议也就不足为奇了。

由于地区间的差异,第六十九军的改组工作在不同的县域取得了不同的效果。有的县里,工作计划迅速扎实地推进,有的县则进展得异常缓慢。但可以归纳出鲁南新型政治组织的一般性结论:

第一,新型政治组织是绝对抗日的。新地方政府采取了以消除旧官僚体系、促进抗日、建设新中国为唯一目的的新举措。包括减税(在莱芜他们甚至采用累进税制)与大幅削减地方政府官员工资(县长每月40块钱,部长每月25块钱)等在内的众多举措,表明新政权下定决心执行抗战计划。虽然没有书面材料说明县长是如何当选的,但显然是从那些提倡县政府要由抗日青年控制的人物中选拔的。

第二,新型政治组织是民主的。县和区的民众都可参与治理(由于民众在区政治委员会中拥有较大的权力,因此它被称为"区政治事务委员会"),与美国的立法机构不同,无论是县还是区的政治委员都可以参与政府的行政工作。此外,为进一步保障民主,它明确规定区领导人不能成为县政治委员会委员,村长也不可以成为区政治委员会成员。

第三,新型政治组织将消除士绅控制县政治事务的颓废局面。士绅们也意识到了这一点,因此竭力破坏改组。起初他们不敢公开反对,但却尽一切可能在各委员会中培植自己的势力,只要控制了地方政府,他们不在乎谁当县长。为了达到目的,他们佯装热烈拥护改组,但是一旦发现新政府的政策有违其利益,就会设法进行破坏。若他们未能进入新政府,就会采取终极手段——斗争,但即便如此,他们也尽可能秘密地进行。当然，士绅阶层这种反民主行为所产生的影响取决于新近觉醒的民众的警惕性。

第四，新型政治组织的政策实施，提高了农民阶层的政治水平，增强了他们抵抗日军的意愿，并为民主的进一步发展铺平了道路。自日寇入侵鲁南以来，人们逐渐认识到是旧官僚的腐朽使侵略者有机可乘，挽救局面的唯一希望是自己组织武装去反抗。在认识到这一点后，鲁南民众开始自己管理事务，并组织了自己的防御力量。在选举中，区领导人和县及地方政治委员间的利益分歧较大，之间的争夺非常激烈。通常在选举中有两类竞争派别：群众为一派，包括农民、抗日青年和八路军游击队员及各民众组织成员；旧统治阶级为另一派，包括旧官僚、士绅、地主和那些与秦将军保持联络的人。统治阶层那一派拥有操控选举的优势，并且有足够的资金，必要的时候可以在竞选活动中投入大量的金钱进行贿选。士绅通常会筹划一场行之有效的竞选活动，并为重要人物举办别开生面的宴会。由于选举机器掌握在他们手中，于是向自己阵营的人派发选举通知的数量远多于向竞争对手派发的数量，而且通知寄到竞选对手那里时已非常晚了，通常在会议召开前一天发出，希望他们来不及参加。鉴于此，进步人士会事先打探会议日期，然后悄悄通知他的同志们，这样便能参加上选举大会了。此外，为了防止统治阶级其他方面的操控，县政府下令所有的村主任、当地著名领袖和抗日青年均有投票资格。因此，民众那一派的选民数量往往是竞争对手的两到三倍。于是，鲁南"落后"的农民不仅能对政治感兴趣，而且实际上开始了自治。

第五，地方政府效率大大提高。目前在县政府担任要职的青年知识分子还不熟悉政府事务流程，但他们热情，对民众真诚，有迎难而上的精神，完全没有官僚习气，这使得他们成为群众的最佳公仆。

2. 武装力量的组织和训练

（1）军队的组织

鲁南的正规军（第六十九军）保持着原有序列，在组织上有别于正规军的唯一军事力量是游击队，根据八路军第四支队的建制，支队下设团，团下设营，营下设连，连下设班。除了班只设班长（无副班长）外，其他部门都设有正副指挥。支队的指挥官称为司令，另外还设有副司令。游击队的装备与正规军没有特别大的区别。正规军和游击队的最新特征就是设立了政治部。

八路军游击队的指挥部设有政委，政委和第四支队司令由八路军总部任命。

正规军的政治部部长由中央政府任命，负责军队的政治训练、民众运动、政治事务、军队补给及宣传工作。政治部下设3个科：政训科、民运科和宣教科。团里设1名主任，连里设1名指导员，他们都由政治部任命。八路军游击队更加注重政治工作，除了政委和各部门的主任和指导员之外，还有一些"政治工作者"被派到连里面，和士兵朝夕相处，帮助他们进步。

在各政治部门工作的几乎都是青年教授、大学生、归国留学生、教师、中学生以及从陕北和晋北的抗日军政学校毕业的学生，他们大多数来自北平、天津、上海、南京、陕北，年轻女性出现在军队是一道奇观。政治工作者在军队中的地位很高，但工资很低。第六十九军政治部部长张友渔教授拥有上校军衔（以前的工资至少每月1000元），现在他每天要工作18小时，每月只拿15元的薪水。政治工作者的低薪为战士们树立了一个良好榜样。

（2）部队的训练

除了正规的军事训练外，目前军队还组织了以下形式的政治训练：

（a）常规政治训练。这种训练通常采取讲座或研讨会的形式，第六十九军以连为训练单位，八路军游击队以班为训练单位。讲座和研讨会的主题有：抗日民族统一战线、政治问题、日本侵华史、民众运动、中国的社会结构和革命问题、救亡歌曲等，也开办了读写扫盲班。简化汉字在军队里很受欢迎。

（b）民族救亡集会。在军队召开救亡大会的制度是由八路军发起的，现被鲁南各部队效仿。兼具军队学校及图书室的民族救亡厅与俱乐部的聚会室相似，里面有游艺活动、战争画、作战图、作战计划、战争口号、名人照片（孙中山、蒋介石、马克思、列宁）、军队出版物、有关抗战及游击战战术的书籍、蒋介石全集及毛泽东全集等。最有趣的当属战士们的工作日记、随笔、诗歌。第六十九军的各连都设有民族救亡厅，八路军的数量更多。年轻的士兵们非常愿意接受教育，最近他们的文化水平得到了很大的提高。

（3）军事学校和军政干部培训学校

这两个机构都是第六十九军和八路军的游击队开办的训练学校，招收大学生、中学生、优秀的小学生和那些愿意为中国的解放奉献生命的年轻人。培训的目的是为抗日和建设新中国的工作培养一批可靠的干部。

除了常规的军事训练，第六十九军和八路军的军事学校要学习以下课程：抗日民族统一战线、哲学（强调辩证法）、历史唯物主义、政治学、政治经济学、国际政治经济、社会发展史、中国社会结构与革命、政治问题（当前国内和国际政治问题）、游击战术、民众运动、军队政治工作、地图制作、简化汉字、战争艺术等。课外活动包括民族救亡厅的研讨活动。教官们均受过特定领域的良好训练，许多人在政治斗争中都有实践经验。培训为期3个月。

第六十九军的军事学校每季度招收500人，其中一半以上为初级军官。石将军决心通过对下属进行再教育来建立一支卓越的现代化军队，他从下士、中尉、上尉开始培养，后来延伸到培训更高级别的军官。这些军官并不以和刚从学校毕业的年轻学员一同学习为耻，相反很欣慰能有机会学习，他们渴望加入到军校中来。

抗日军政干部培训学校由第四支队组建，起初跟随游击队转移，后来由第四支队和山东第三行政区保安司令张里元共同管理。校长是游击队的政治部主任孙陶林，他毕业于北京大学，极具演讲口才，绰号"孙大炮"。学校每季度招收两三百名学员，有许多女学员。教官均来自八路军。虽然这两所学校教授的课程差不多，但干部培训学校的学生总体上比第六十九军的学生政治觉悟高。

（4）运输和供给组织

第六十九军被派驻鲁南之前，除了八路军第四支队外，几乎没有正规的运输和供给组织，因此征收中存在很多乱象和非法没收的情况。部队驻扎之处，要求民众提供一切所需，除了馒头，还包括油、盐、蔬菜、肉禽、炊具及餐具等可以带走的所有东西。民众负担的士兵数量从未被准确告知，因此，民众上缴的物资往往大大超过了军队所需，士兵们或浪费掉，或送到自己家，或出售，或丢弃。村长经常不得不去指挥部控诉士兵们的不良行径，并要求他们离开村庄。

相反，第四支队表现异常出色。它规定了向民众征集物资的三项原则。首先，不计较征集食物的种类。其次，不向贫农征集。一般来说，在士兵被派往村庄征集供给物资之前，政治工作者会对村民进行摸底调查，再根据供给能力来开展征集。第三，第四支队从不超额征收急需品。当游击队出发时，若有剩余物资，就会分给穷人。

基于这些原因，第四支队赢得了穷人的好感，但也招来了地主和士绅的嫉恨。

当第六十九军抵达鲁南时，除了成立鲁南抗战工作团和组织游击队，还试图为部队搭建一个正规的运输和供给系统。在一次游击队全员大会上，第六十九军司令部发布了一份针对运输和供应部门的命令，包括以下要点：

（a）全军和各县游击队的食品、物资及其他生活必需品由一个总机构负责。

（b）若民众支援部队，必须开具一式三份的收据，政府将在税收方面给予优惠。

（c）贫农免予征税。

（d）军队尽量不直接征集物资，可让民政部、县政府或任何其他受拥戴的机构负责。

此外，条例还提供了详细的征集措施，列明每月的征集数量。可以猜到，在局势混乱的鲁南，执行这些规则是非常困难的。但在1938年7至10月的头三个月中，这些条例普遍得到了遵守。

在制定和实施运输和供给条例后，便有可能实现合理的、平等的责任分配。不仅农民清楚地知道要提供什么，而且军队也容易遵照预算检查物资，发现贪腐所在。这个制度于军于民均有益。

（5）交通和弹药供应

弹药供应是鲁南部队面临的最严峻问题。中国军队有步枪、机枪、迫击炮和小型野战炮，但弹药非常短缺，虽然第四支队和第三专区有小规模的军械库，但只能制造步枪、弹壳，不能制造子弹。

然而，他们通过三种办法克服了困难：第一，从敌人处缴获弹药；第二，从有武器弹药的人手中征集；第三，从中央政府接收物资。恐怕每个人都在质疑中央政府运输供给的可能性，接下来的例子便能消除这种疑虑。1938年9月，第六十九军储（音）

将军奉命率团将大量弹药和200万元从河南洛阳经鲁北运往鲁南。他带领1000余人和数百匹马在10月初成功抵达鲁西，接着从鲁西向北到达泰安，再向东转到莱芜，穿越日本控制的津浦铁路，最后南下到达第六十九军总部，弹药和物资均完好无损。在1000多里的行军途中，该团没有遭遇到一个日本兵。大家都知道八路军游击队能在日本控制的铁路线上往返穿梭。如果中国军队能在戒备森严的地区做到这一点，可以想象他们在远离通信线路的村庄里的作为。因为在所谓的沦陷区，日本只控制了主要交通线和几处战略区域，没有足够的兵力驻守铁路沿线的每一个站点，更不用说广阔的腹地了。因此，中国军队是可能越过铁路并随意穿过日军防线的。在这种情况下，中国军队接收中央政府的补给并不困难。

通讯设施也可使用。目前连接各县的电话和电报线路恢复了正常运转。第六十九军、第四支队和秦的部队均有无线电发射机，无线电接收装置更是随处可见（顺便一提，无线电设备及零部件几乎无一例外地从日本控制的城市运来，且是日本制造）。通过这样的设备，军事委员会使用无线电指导中国军队和鲁南民众的行动，中央政府的广播站将新闻公告和领袖演说传达给他们。此外，由民众运行维护的通信站负责收集重要的军事情报。八路军游击队运作的站点是最杰出的情报网。

（6）军民关系

日寇侵华不仅引起了中国军队组织结构的剧烈变化，而且使其性质发生了变化。它从一支雇佣军、军阀的工具转变为人民的国民革命军。伴随着这一根本性的变化，军民关系也发生了重大改变。可惜的是，还有一小部分鲁南军队尚未完全摆脱旧式军队的传统，但形式却在日臻完善。这种良好趋势受以下几方面因素的影响：

（a）当前战争是反抗帝国主义侵略、实现民族独立而进行的生死搏斗，而非中国军阀间的内战。

（b）军队进行的政治训练大大提升了政治觉悟、士气和纪律。

（c）军民利益完全一致。

（d）只要战争存在，军民互助，不能分开。

（e）军队为民众的利益而战，赢得了民众的支持。

（f）受上述因素的影响，民众对军队的态度已发生根本改观，他们满腔热情地支持军队。

在人们的印象中，鲁南通常存在三股武装力量：第六十九军、第四支队和第五纵队。人们对前两支部队完全有信心，但明显不同情第三支队伍。

当人民信赖的军队驻扎下来的时候，他们会被允许居住于寺庙、区军事指挥部、警察局、税务局和慈善机构等公共场所。如果这些还不够，他们便向商人请求借用空置的仓库，或使用农民的闲置房间。部队一旦安顿下来，就会严守纪律和秩序，民众从来不会遭遇什么麻烦。空闲的时候，他们帮忙打扫街道或帮助农民种地，保证了军民间融洽的情谊。还值得注意的是，曾经惧怕士兵的农妇们在这些部队面前表现得自由自在。当中国的农村妇女不再害怕士兵，这一定是部队已经完全赢得了群众信任的表现。在部队开拔去下一个目的地之前，他们会彻底打扫住处，把一切重新归好，归还任何所借的东西，赔偿损坏的物品。

（7）军队和地方政府的关系

从表面上看，军队和政府的关系似乎没有变化，因为军队仍然是政治中的主导因素。然而，当前军队的本质发生了变化。当说到旧时的军事统治时，通常指军阀的自私，而今天在维护国家利益的持久战中，军队掌权是必要的。在过去，军队掌权意味着干扰行政事务，今天为了战争的顺利进行，它是至关重要的。此外，从行政管理体制上看，省政府是鲁南的最高管理机构，但从军事形势上看，省政府不能完全控制该地区，因此委员长授权军队协调20或20个以上的相等规模的县。然而，石将军总是在行动前谨慎地向省政府请示，有可能的话，还要得到省政府的批准。

3. 民众运动

民众运动在抗日中作用重大。毫不夸张地说，最终的胜利及新中国的重建将很大程度上取决于民众运动的成功。因此自战争爆发以来，不仅八路军坚持认为民众运动应该予以鼓励，国民党的进步人士也承认以往的失败主要是由于缺乏民众的支持。热衷民族解放运动的青年人、政治家和军事家大力抨击抑制民众运动的现象。武汉沦陷之前，意识不到民族统一战线重要性的原因，在于国共两党对民众运动缺乏统一的认识。

在敌后游击区开展民众运动尤为重要。游击队根据地得以成功建设有两个主要因素：一是地理，二是政治。广义上讲，政治因素意味着建立一个民主的、抗日的政治组织；狭义上讲，它意味着民众运动的成功。如果没有这样的组织，就没有真正的民众运动。如果民众运动不健全，便没有希望组建民主组织。第五纵队的秦将军经常遭到民众抵制，便是因为他经常镇压民众运动。另一方面，八路军和第六十九军受到人民群众的欢迎，是因为他们发展了民众运动。第四游击区的建立者不仅注重政治改革和军事发展，而且意识到赢得最终胜利的最强大动力，在于全面发挥人民的能量。

韩复榘的军队南撤后，第五战区司令长官李宗仁将军立即着手开展民众运动，他在徐州组织了第五战区总动员委员会，并在每个县任命了指导员去发动民众运动。

第六十九军到达鲁南后，立即与八路军游击队展开合作，积极开展民众运动，命令未组织动员委员会的县立即开展运动，如果已经设有动员委员会，就加快进程。另外，第六十九军的政治部派出 2 至 3 名指导员到各县指导民众运动。鲁南八路军也派出专员返乡到各自县里开展民众运动，组建独立营，在农民自卫组织中设立政治训练班，从而扩大动员委员会的工作。此后，第四游击区抗战工作团建议，为保卫民众运动的成果，应该在第六十九军指挥部设立民众总动员委员会。1938 年 10 月，民众总动员委员会在第六十九军政治部的领导下成立了，成为鲁南民众运动的中心机构。

第四游击区的民众总动员委员会的领导成员由一名主任和一名秘书组成。所有民众运动均在其领导下进行，规章与第五战区指挥部的基本相同，仅有一两处细微区别。山东省政府也出台了一系列有关民众运动的组织条例，但由于非常不民主，不被第四游击区所接受。

每个县的民众总动员委员会的组织架构与第四游击区委员会的组织架构相同。委员会下设 5 个部门，区和镇也都设有分支机构。

当前县级总动员委员会的主要工作是开展宣传和组织工作。除了区和镇的分支机构，他们几乎在每个县都组织和训练了自卫队。每一个有劳动能力的农民都有义务加入自卫队，并在农闲的时候接受为期两周的军政知识培训。

然而，县级总动员委员会在组织工作方面的成就很小。宣传工作主要依靠第四支队和第六十九军宣传部门的帮助。这些宣传部门分为戏曲、歌唱、演讲和漫画部，参加这项工作的学生来自北平、天津和上海等地，其中不乏知名漫画家和作家。城市、集镇是宣传活动的中心。年轻宣传员所到之处总能唤起巨大的热情。

女学生家访是一种最成功的宣传方式。她们拜访农村妇女，尝试说服她们参加抗日活动，并鼓励放脚，去参加妇女会组织的阅读课，让她们鼓励丈夫参军，并为女性的解放去斗争。现在即使在最偏僻的鲁南村庄也召开了妇女大会，妇女亲自登台演讲。农村女性同高级军官、县长等官员同台演说，她们都觉得这是一件值得骄傲的事情。这是一个真正的变革，就在几个月之前，鲁南妇女仍然相信传统观念中的女人应该"大门不出，二门不迈""女子无才便是德"。但今天她们登台演讲，还去学习班识字。日本的侵略使山东妇女走出了厨房，加入到了争取女性解放和国家自由的斗争中去。

除了组织妇女团和妇女读书班外，女学生们还组织儿童救国团，教孩子们唱民族救亡歌曲及培训他们从事宣传工作。这些举措颇有成效，两三个月后，儿童团的成员们都成了很好的宣传员，他们的歌曲也经常赢得父母的心。

除了妇女和儿童，农民也从这种政治教育中受益。他们现在有机会参加宣传大会、军民联合会、庆祝会、欢迎会、告别会以及漫画展。鲁南的妇女和农民收获了宝贵的知识，并抓住了之前大学生们也不曾拥有的极好机会。正如之前所讲，最终打败日本只有靠总动员委员会才能完成，这要农民全心全意、自愿地支持总动员委员会才行。由于民众运动的成功发展，农民们自发组织起来去搜集情报、转移伤员及提供力所能及的其他服务。农民的这种行动在中国是史无前例的。

农民不仅意识到了抗日的责任，而且感受到最新获得的政治力量和社会地位。在过去，没人敢走进县政府的大门，现在他们不仅跨入了县长的办公楼，而且还可以要求县长镇压反动势力。在过去，他们不敢接近官员，但现在却可以同石友三将军握手并坐下来交谈，且不会觉得县长或石将军地位比他们高多少。在过去，他们不敢反抗韩复榘的压迫，但现在却敢于反抗游击队的指挥官秦将军。当然，政治领域的改革是引起这一变化的主要原因，但最重要的因素在于农民的自我觉醒。民众运动使得农民有了新的自立意识。

4. 新式教育

同政治领域一样,鲁南的教育摆脱了旧体系而形成了一个全新的体系。虽没有政治制度策划得精心,但也有经验基础,满足了社会的日常需要。

(1) 学制

战争爆发之前,除泰安中学和曲阜第二师范学校之外,鲁南的学校均不受省政府管辖,其他的中学、专科学校、师范学校都由县政府管理。除了这些学校外,还有一些县办、村办或自办的小学。日本入侵鲁南没有对小学构成危害,多数在战争期间继续开办,被关停的学校也在短时间内恢复了课业。小学的管理也几乎没有变化,唯一重要的变化是课程和课本内容。但中学有3个明显的变化:组织的变化、学生待遇的提升和课程的重设。

战争爆发后,几乎所有的中学、师范学校和专科学校都关停了,军政干部培训学校取而代之。这些训练学校是为了满足培训新型战时干部的迫切需要而建立的,由3个部门组成:教育部——培训新型小学教师,民运部——培训民众运动领袖,政治部——培养行政人员。

过去,省办、县办中学均要收取学费、纸笔费和住宿费,所以穷人被排斥在外,但现在不仅不收取任何费用,而且还为报名参加培训学校的学生免费提供食宿。换言之,虽然教育是昔日富裕阶层的特权,但现在对所有人敞开了大门。此外,在新型国家民主意识觉醒的当下,自我教育被认为是每一个爱国公民都必须履行的义务。

除了各县的培训学校,第四游击区抗战工作团提出在鲁南成立联合学校的计划,该校隶属于军政干部培训学校。然而截至目前,省政府尚未批准这项计划。

上文提及的第六十九军的军事学校和第四支队的军政干部培训学校受军队而非地方当局控制。当讨论鲁南的教育时,应当知道这些机构所开展的教育工作是极为重要的。

(2) 课程

新课程可以说明鲁南的新教育精神。不必要的课程被删去，增加了与解放战争有关的科目。中国历史被日本侵华史所取代，世界历史被世界政治经济史所取代，艺术与音乐也被战争艺术与民族救亡歌曲所取代。新增加的科目有：抗日民族统一战线、哲学、政治学、政治经济学、社会发展史、时政、中国的社会结构和中国革命、民众运动、农村经济合作社和游击战术，自然科学的课程保持不变。现在整个教育的重点放在为战争培养干部上。有些学校使用第四支队学校编写的课本，有些使用由第六十九军军事学校编写的课本，有些学校自己编写。小学由省、县提供印刷课本。冯玉祥将军写的三字押韵的《抗战》也广泛应用于小学低年级的教学中。还有针对妇女课程和儿童救亡团编写的图文本。除了这些，许多县委员会颁布了其他种类的小学教科书。

(3) 书刊

这里应提一下鲁南的各种出版物，它们都有一定的教育价值。

尽管环境非常不利，山东的领导人和知识青年从未忽视战时文学的重要性。鲁南没有大型印刷机。第三区专员公署与第四支队各有一台铅字印刷机。除此之外，只有老式石板印刷机和油墨印刷机。油墨印刷机和辅助部件绝大多数是日本的，只有小部分由中国制造。现在鲁南有2台铅字印刷机，30台石板印刷机及300余台的油墨印刷机，这些机器每天24小时运转。

以下是主要的出版物：

报纸

《青年报》，沂水青年知识分子创办。

《胜利新闻》，在莱芜发行，一份受欢迎的独立报纸。

《动员消息》，泰安民众总动员委员会发行。

《战讯》，第六十九军政治部发行。

《抗战情报》，八路军第四支队政治部发行。

《战地新闻》，新泰泰光新闻社发行。

《通报》，第六十九军参谋部发行。

期刊

《战地周报》，第六十九军政治部发行，内容包括理论文章、专题报道、深入报道、短评、文学、政治工作报道、各地民运，免费。

《游击》，第四支队政治部发行，内容与《战地周报》类似，免费。

《抗战青年》，莱芜青年救国团发行，免费。

书籍

《抗日民族统一战线》，第四支队军政干部训练学校编辑，300 页。

《蒋介石抗战言论集》，莱芜青年训练班编辑，105 页。

《论持久战》，毛泽东著，莱芜青年训练班重印，130 页。

《毛泽东抗战言论集》，300 页。

《政治常识》《政治经济学》《社会发展史》《政治学》《哲学》，第六十九军军事学校编辑。

《民族救亡》，一套 7 本，第六十九军政治部民族救亡委员会出版。

战前鲁南没有出版过任何报纸、书籍和杂志。

五、结论

韩复榘主政时期，腐败在鲁南平静安宁的表象下潜滋暗长，以致日军侵略初期，社会完全陷入混乱，但从旧体制脱胎了一支决心将敌人驱逐出去的新型人民军队。目前，农民自卫队的总人数超过了 3 万人，他们装备的武器虽然老旧，但在袭扰日军后方时发挥了极为重要的作用。他们的勇气和智谋给日本兵留下了深刻的印象，称其为"铁人"。除了游击队和农民武装，鲁南（第六十九军）有约4万正规军，他们装备精良，政治觉悟高，得到了民众的全力支持。

在政治领域，鲁南的成绩更是突出。此前，人民受到腐败的官僚和士绅组成的寡头政治的压迫，现在他们正走上真正的民主道路，一批有能力、有进取心的年轻人在政府中担任要职。虽然青年知识分子积极参与政治并不能保证会带来民主，但这是鲁南政治史上一个革命性的发展。

鉴于以前的政府由士绅垄断，农民既无机会也无能力参与进来，现在他们成立各种政治委员会直接代表政府，不仅有权对行政人员提出批评和建议，而且还可以对其活动进行监督。

旧制度下，政府只是军阀、官僚和士绅剥削人民的工具，现在已成了人民争取自由和建设新中国的武器，所有的旧社会毒瘤和不公现象均会被消灭。鲁南农民取得的成就是对那些妄称中国农民不能自治的民主之敌的最好回应。

民主得以成功建设的必要条件是民众运动的发展。民众的觉醒不仅使民主制度的发展成为可能，而且有力地增强了武装部队的效能。事实上，只有民众真切地感受到他们为之战斗的土地是他们的土地，他们为之战斗的政府是他们的政府，武装部队只有得到了这群政治觉醒并获得自由的民众的支持，中国才能够在军事上取得胜利。

只有在真正的民主制度之下，军队、人民和领导者才会在利益和理想上保持一致。鲁南的今天便是如此，人民坚信中国终将取得胜利！

孙瑞芹自传（二）

张坚一 张未名 译 关 康 校

第四章 我在《华北正报》的八年

我在《华北正报》社的八年非常平静，除了一两件事情之外；但这八年是中国历史上的重要时期，政坛发生了许多重大事件，人们见证了许多政治派别的兴替，以及1928年夏天整个国家在国民党旗帜下最终实现统一。我将在叙述中提及这些事件。

我最初于1922年1月开始洽谈作为兼职翻译加入《正报》一事，当时古野伊之助先生（Mr. Inosuke Furuno）把我介绍给该报社的创办者鹫泽先生（Mr. Washizawa）。他分别向《正报》的编辑和执行编辑富施先生（Mr. Fuse）和赫尔·纽威尔先生介绍了我。因为我几乎每天都要来《正报》报社，负责监督《北京快报》的编辑工作，由《正报》而非《导报》完成打印，所以我与他们二位已经熟识了。我等了差不多两个月，当我准备放弃到《正报》工作的希望时，鹫泽先生在2月底通知我，我被录取了，并且可以在3月1日开始工作。

虽然很高兴与现在属于F. T. 宋的"中美"断绝了关系，但由于《正报》是日本人办的，我并不十分乐于加入。自日本政

译校者：张坚一、张未名，孙瑞芹之外孙，现居美国；关康，中国社会科学院近代史研究所编辑。

府于1915年提出"二十一条"以来，经常爆发的危机一直影响两国关系。尽管日本刚刚在华盛顿与中国签署条约，同意将青岛还给北京政府，但双方仍有很多猜忌和恶意。有一点可以说明两国之间的情感：被日本公司雇佣的中国人通常会被他的同伴视作叛徒，而为英美公司工作的中国人就不会有任何屈辱感。但是根据我日后的经验，我可以毫不犹豫地讲，尽管存在相反的印象，但整体上看，日本人比英美人更好，而且更体贴员工。

那时我已经25岁了，还要为事业而奋斗，所以我犹豫是否要加入《正报》这样的日资英文报社。然而，让我申请并最终接受这份工作的原因，是我希望更好地了解著名的学者辜鸿铭先生，他那时担任该报的特约编辑。我第一次听说辜先生时，他正担任南洋公学的院长①，而我是该校附属小学的学生。那时他50多岁，已经成为英语学家。我记得1911年武昌革命爆发后不久的一个下午，我们年轻人聚集在狭窄的小溪岸边——该小溪将学校大院与虹桥路隔开，向辜先生起哄。他正沿着马路慢慢地走着，旁边有一辆马车跟着，因为他前一天写了一封信给《字林西报》的编辑，站在清王朝的立场上反对革命者。他被学生驱逐，不得不逃命。有幸跟辜学习的徐谟先生对他的英语评价极高，并敦促我阅读他的《尊王篇》（Papers from the Viceroy's Yamen），这是一篇针对90年代传教士的言辞激烈的演说。我从来没有得到一位优秀的英语老师的指导，故满心希望结识辜先生，盼望从他身上学点东西。

我第一次遇到辜鸿铭时还在《北京快报》上班。我曾写过一篇社论，谴责本地媒体煽动反对世界基督教学生联合会的行为，后者将在清华大学召开大会。我提出在本市即将接待来自不同基督教国家的数百名代表的情况下，攻击联合会是愚蠢的行

---

① 应为监督。——译注

为。我用以下的话结束了社论:"就连以对基督教的敌对态度而闻名的辜鸿铭,现在也心态平和。"显然,《正报》办公室的某个人把这篇文章送给了辜鸿铭,并引起了他的兴趣,因为他立即抓住了最后一句,为反对基督教作了两纵列版面的长篇大论。① 当我被介绍给他时,他感谢我为他提供了一篇文章的灵感。在我加入《正报》之后,经常在该报看到他的文章,也成了他椿树胡同家中的常客,虽然我必须承认没从他身上学到什么。

他对《正报》的贡献仅限于每月撰写两篇文章,主题通常与时事有关,往往是长篇大论。很难说这些文章在多大程度上有助于提高报纸的发行量,但我怀疑人们的兴趣不在文章本身,而是作者的声誉和怪癖。他的文章总能引起读者的争议和热情,所以掳获了各国读者。例如,在1922年法国入侵鲁尔的高峰时期,当世界无疑同情德国人时,辜鸿铭在该报上发表了两篇文章为法国辩护。这让他的许多德国朋友感到震惊,他们仍然记得他在世界大战期间强烈的亲德情绪。然而,对于那些认识他的人来说,这一突然的变化并没有什么令人惊讶的,因为他就喜欢与多数人的意见作对,并且喜欢引用艾默生的警句:"一致性是狭隘的怪物"。

《正报》的编辑和职能部门从来都不欢迎辜鸿铭的贡献。他年过六旬,不能打字,而他的手书很难辨认。更糟糕的是,他坚持对任何一篇自己写的文章做两次校对。因此,他晚上8点来到办公室,坐在那里一遍又一遍地修改,直到编辑不得不打断他,以免耽误第二天出版。他似乎并没有意识到每个报社都为早报设置了截稿时间,而且无论他的文章多么重要或有价值,编辑的第一职责都是确保第二天早报要尽早送达订户。他认为他刊发前的每一篇文章都是仍在子宫中的胎儿,把校对阶段作为出生的阵

---

① 似指辜鸿铭的《无的放矢(Random Shots)》。——译注

痛，而他自己是助产士，还深情地说："孩子的出生我做主。"

许多学英语的中国学生，包括我自己，都很容易被辜鸿铭的博学迷惑，他似乎能像引用中国经典一样引用英、德、法、拉丁文古典作家的作品。他最喜欢的作家是托马斯·卡莱尔、马修·阿诺德、歌德、艾默生、孔子和孟子。他的英语写作能力无可置疑，但他的法、德、拉丁语是否同样优秀，我对此深表怀疑。他的文风有些严重的问题：文章冗长，尽管他本人对此引以为荣。此外，他总是说自己相当崇拜卡莱尔。如果非要给他个头衔的话，应该说辜鸿铭是一位散文家和道德家。

一次，他请很多朋友共进晚餐，其中有他的隔壁邻居、英国大使馆的一名成员和我。辜鸿铭坦率地说，他原来受教于爱丁堡大学的托马斯·卡莱尔，如果当时在剑桥或牛津受教育，他的生活就会全然不同。他想当中国的卡莱尔，和后者一样对自由主义、经济学、哲学等等不屑一顾。不过，辜鸿铭对他这一代人的影响力小于他的榜样，结果，他去世仅仅十一年，就被世人遗忘了。

辜鸿铭对自己的身世讳莫如深，只是说自己是出生在槟城的闽南人，在苏格兰西部接受教育，与一位来自日本东部的女士结婚并住在北平，他想借以说明他为何具有国际视野。据说，他在很小的时候就被一位女传教士带到苏格兰，并在那里长大，接受教育。似乎即使在这么小的时候，他也有强烈的君主主义信念，这种信念贯穿他的一生。他拒绝剪辫子，当他的同学嘲笑他时，他坚决捍卫自己，反对任何人管他的闲事。后来他把辫子称为"中华民族的象征"。

回国后，他作为职员加入了北京的英国公使馆。正是在此期间，他开始研究中国经典，后者为他开启了一个完全不同的世界。后来，他辞去了使馆的职务，成为总督张之洞的英文秘书。他在这个位子上干了15年，期间既未增加工资，也没有晋升。

后来他经常抱怨此事。在南洋经历过不幸和在外务部当了很短时间侍郎之后，他来到北京，成为北大英语系的教员。由于他不断攻击当时的英语系主任胡适博士，结果丢了教职。

1926年①辜鸿铭去世。在生命的最后十年，他生活潦倒。他是一个勤勉诚实的人，为张之洞工作时也没挣到钱。当我认识他时，他住在一个中国朋友免费提供给他的房子里，客厅几乎没有家具，但他似乎很开心。辜鸿铭有放荡的一面，尽管他已经60多岁了，仍会毫不犹豫地一夜之间为前门花街柳巷的歌女扔掉一个月的工资。他是中国纳妾制度的顽固支持者，当被问及为什么男人可以多妻而女人不能多夫时，他会说一个茶壶可以有一个以上的茶杯，反过来就不行了。

东城的居民对这个留着小辫和长胡子的辜鸿铭见怪不怪。他很受椿树胡同的乞丐欢迎，月底领完工资，他不会拒绝给他们一两个铜子，尽管他的妻子反对。在报社重组后，他于1926年秋天离开了《正报》，并与家人一起去了日本。他在那里仅仅住了两年，回北京之后就去世了。

谈了辜鸿铭这么多，现在回到《正报》。我加入《正报》后，还保留了与《北京快报》的关系。6月份我结婚了，两周后，我成为《正报》的全职新闻编辑。宋采亮是《北京快报》的老板，完全赞赏我的立场，并允许我辞职，因为他无力支付《正报》所提供的薪水。《正报》的德国总编辑赫尔·纽威尔先生对我的工作满意，并坚持让我全职工作。我别无选择，只能接受，因为不再是单身，有了自己的家。他提出的条款非常具有吸引力——每月250元，一年有两个月的奖金，在圣诞节和中国的三节期间发放，并承诺六个月后加薪50元。

纽威尔先生是一个身材高大的德国人，留着前凯撒（the ex-

---

① 原文误，应为1928年。——译注

Kaiser's)的时尚胡须。他曾在汉口拥有一家英文报社,该报在1917年中国加入协约国之后不得不停刊。他与一名中国女子结婚,生下了一个非常可爱的儿子。作为一名德国人,他说、写英文的能力很好。他似乎在纳粹出现之前就对犹太人抱有极大偏见,他在犹太人身上看不到任何好事,他觉得整个世界都被犹太人统治了。他甚至暗示当时的中国总统徐世昌先生是犹太人,因为他来自河南,一千多年前那里曾有犹太人居住地。洛克希夫勋爵是犹太人,辛博森(Lennox Simpson)[①]也是。在他看来,每一个重要的人都是犹太人或与犹太人有关。他接受了臭名昭著的纳粹理论:德国是被犹太人在背后捅了刀子才战败的。

我的日常工作是早上翻译,下午晚些时候编辑新闻。我有一天晚上不上班,并负责完成报纸的其余工作。这通常是在午夜之后不久完成的,尽管印刷机经常断电,不得不坐到早上二三点后等待审核发送下来的最后一份"副本"排版,因此需要在第二天早上延迟发行。由于星期一没有报纸,所以星期天一般不用上班。

总的来说,那些年报社工作并不繁重。实际上,80%的新闻都是由新闻机构提供的。我们几乎用不着报道社会活动或本地新闻。中文媒体成为外文报纸的主要新闻来源。

极偶尔会出现中文媒体没有任何消息值得翻译的情况,这样我会亲自编写一篇以中国为主题的专栏文章。如果我的观点恰好与报社的观点吻合,那么纽威尔将以社论的形式刊发文章,否则就以中国撰稿人的名义发表在编辑专栏中。我的大多数文章都具有强烈的批判性,从成熟经验的角度讲,某些文章写得并不明智,但是像所有年轻人一样,我自以为是,并且渴望改造世界。

这个时代确实如此,任何人都不能免于不断变化的政治和社

---

① 英文人名疑应为 Bertram Lenox Simpson。——译注

会环境的影响。当我还是《华北明星报》的年轻记者时，虽然国会让安福系学者、总统徐世昌赢得选举，并住在总统府，但亲日的安福系已经被推翻。他的政府是直奉军阀的联盟，虽然直系的吴佩孚在当年夏天击败安福系的行动中功劳最大，但奉系军阀的领导人张作霖元帅握有实权。1922年春天华盛顿会议召开期间，这个不稳定的联盟火并，引发了另一场内战，战场就在北京附近。最终直系击败了奉系，随后恢复了所谓的旧国会，徐总统随后辞职，黎元洪将军重新上台。后者在总统位子上没有超过一年，就被直系集团的阴谋和议员们赶下台，以便为1923年10月曹锟当总统让路。

北京的教育界是最混乱的领域之一。学生罢课已经让位于教师罢课，教师们抗议他们的工资被拖欠了好几月。超自由派教育家（the ultra liberal educator）蔡元培于1920年回到北大校长的职位上，但是据说由于他的亲苏立场，张作霖元帅将要逮捕他，他被迫于次年逃离北京。

苏俄尚未得到中国政府承认，但其代理人在北京非常活跃。作为第一个布尔什维克代理人的优林（Yourin）被越飞（Joffe）取代，后来加拉罕（Farakhan）接替越飞。毫无疑问，布尔什维克花了巨额资金资助中国媒体，并招揽中国教育工作者，其中大多数人例如蔡元培公开支持布尔什维克。加拉罕是一位精明的外交官，他没有将自己的活动对象局限于政府领导人，而是直接面向知识分子。

大约在这个时候，我遇到了中国北方的共产党领导人李大钊，他于1927年被张作霖绞死。我第一次听说他是在1920年，当时我无意中得到了一本他写的关于中国治外法权的书。他刚刚从日本回来，并担任北大的图书管理员。① 不知怎的，我以为他

---

① 原文如此，应为北大图书馆主任。——译注

是一个沉默寡言的学者，过着隐士的生活，但当我在朋友的午餐会上见到他探讨组建政党的可能性时，我感到非常惊讶。他中等身材，微胖，说话温和。虽然在场的大多数人都支持我朋友的提议，但李表示，由于他有另一党的成员资格，无法加入提案。总的来说，他安静的风度给我留下了深刻的印象。后来我听说他成为了北方共产党人公认的领导人，同时也是吴佩孚议会中的高级官员。

我与朋友张曾让（张太雷）也经常见面。前面几章提到过他。他在《国闻》的时间不长，因为他得服从党的命令，不能自由行动。我们关系非常好，但我发现他不再像过去那样坦率。有时我问他访问莫斯科的情况，我知道他在那里被誉为中共领导人之一，但他尽量守口如瓶。显然他知道我的保守主义倾向，但从未尝试改变我。我再次听说他是在1927年春，当时他在武汉很活跃，担任国民党的苏联顾问鲍罗庭先生的秘书。在蒋介石将军推翻武汉左派政府之后，鲍罗廷及其团队不得不通过陆路返回苏联，但张没有陪伴他。张在12月的广州起义中起了重要作用，并担任红色政府主席约一个星期。张发奎领导的政府军重新夺回广州，张太雷逃出广州时后背中枪牺牲。一个聪明的年轻人的短暂职业生涯就此结束。张享年30岁。我常常想，如果吴南如在1920年秋天没有听从张的建议辞去天津的布尔什维克代理人工作，那他是否会变成张？如果是的话，吴会不会走上莫斯科之路，并随后比张的命运好？如果那样，张可能仍然活着，在公立大学教法律或在国民党的政府中活动。但我确信，吴不会被莫斯科的宣传影响、投入共产主义事业，因为他头脑清醒。

1923年6月，在我加入《正报》16个月后，发生一事，我无缘无故地被一个美国海军陆战队队员暴打。我大约晚上8点30分回报社工作，当时我看到一名美国海军陆战队队员在船板胡同无精打采地行走，而我雇的人力车夫即将在《正报》报社入口处转弯，士兵突然抓住了人力车车杠。车夫和我都很自然吃了一惊。我本能地问："你怎么了！"这显然激起了他的愤怒，在酒精的作用下，他把我从人力车上拉下来，并左右开弓地打我。我的鼻子立刻流血了，左眼也挨了几下。我试图脱身向《正报》的中国员工求救。但奇怪的是，一群人聚集在大门口前，竟没人敢抓住仍然在愤怒的罪犯。一名刚从附近德国肉店出来的陆战队宪兵本应立即逮捕罪犯，却催促他逃走。但幸运的是，比平时早来办公室的纽威尔出来了，看到我满脸流血，立即命令那个宪兵逮捕罪犯。

与此同时，我被带到《正报》的起居室等待治疗。很快，日本资深医生川田博士（Dr. Kawada）到了。简单检查过后，他建议我去医院接受手术。等待医生来的时候，半小时前袭击我的海军陆战队队员被另一名海军陆战队队员带到了房间供我指认。我说："是，就是他打的我。"那个男人咆哮道："你先打我！"事件发生后不久抵达办公室的著名美国传教士李佳白博士（Dr. Gilbert Reid）打断他说："废话！闭嘴！"他不是目击者，而是从纽威尔那里得知的细节。

到了川田医院，我立即接受了手术，并在接下来的两周都在医院接受康复治疗。刚生孩子三个月的妻子得到消息后，立即赶来《正报》办公室，并陪我到川田医院，协助护士照顾我。

多亏《正报》于次日早上在头版报道了此事，美国使馆官员——我认为是驻中国的秘书裴克先生（Mr. Wills Peck）[1]，在美国海军陆战队的一名军官陪同下，来医院询问我的情况后承诺，只要我能上法庭指控，就审判肇事者；如果他被判有罪，就会被处罚。

尽管《正报》是唯一报道此事的外文报纸，但得到了中文

---

[1] 英文人名疑应为 Willys Ruggles Peck。——译注

报纸的广泛转载。我要感谢朋友吴南如，他是《国闻》的编辑，他在《国闻》写了篇报道。华北地区的外国媒体在四个星期里一直忙于报道临城事件：孙美瑶匪帮在临城附近破坏铁路、劫持了北方的蓝色快车，绑架了三十多名外国乘客，其中还有妇女。像我这种中国人的案子显然不能引起他们的注意，即使是以亲中闻名的《北京导报》，也完全无视这一事件。

康复后不久，我访问了外交部的部门主管，并提交了我的索赔要求，金额1000元，包括医药费和其他损失，并要求他与美国使馆交涉。我的一位在美多年的朋友熟悉美国的外交，建议我也要为这起事件造成的"精神损失"索赔，但中国官员驳回了此项要求。外交部向美国公使馆提出索赔时，金额已减至800元。

应美国使馆卫队指挥官的要求，一天早上我去了海军陆战队营房，陆战队队员列队，我和车夫指认、确定袭击者。我轻易地从约十个同样穿着的男人中指认出了他，但是车夫不太幸，没有认出来。

事件发生两个多月后，罪犯在军事法庭受审。我现在知道他的名字是蔡斯（Chase），据纽威尔说这又是个犹太人。除此之外，纽威尔和李佳白博士也被召到证人席上。我是第一个被传唤到法庭的人，见到了囚犯和他的律师，以及受其助手协助的主审法官。除了脸色看起来非常苍白和悲惨的囚犯外，法庭上所有人都穿着制服。在拿着《圣经》举手宣誓之后，我接受了辩护人的讯问，后者就事发当晚胡同灯光问题对我进行了相当长时间的询问。因为辩方没有提出其他问题，所以显然他们提出的抗辩理由是光线不好，导致我对罪犯身份确认错误。我毫不怀疑，在辩护律师的心目中囚犯是有罪的，但为了辩护，他试图证明被告席上的那个人不是肇事者。当时对我来说，这种辩护似乎很荒谬，因为警卫室可以毫不费力地查出那天晚上谁离开了军营。

接下来传唤纽威尔,接着是李佳白博士。我不知道他们说了什么,但他们都是见证人。几个月后,外交部告诉我,军事法庭认定士兵蔡斯侵犯人身,并判处他在菲律宾监禁两年,之后除役。至于我主张的赔偿,美国政府将向我支付500墨西哥($500 Mex)银元合250美元($ 250 Gold)。

一些知道赔偿情形的人告诉我,如果能在十年内获得赔偿就算走运了。他们说天津有一个案例,一名美国士兵杀害了一名中国人,家属等了很久才得到赔偿。于是我写信给当时的美国驻华大使舒尔曼(Jacob Gould Schurman)博士[1],然后写信给他的继任者马慕瑞(J. Van MacMurray)先生,请他们支付赔款。除此之外,我写信给《北京导报》和《京津泰晤士报》的编辑,利用一切可能的机会让媒体知道我的案子。

1927年,宾厄姆(Bingham)参议员访问北京。一天晚上,他在中华政治学会(the Chinese Political and Social Science Association)做了一次演讲。在讲座之后的交流时间里,国际新闻社的北京记者克益德(John Goette)先生和《芝加哥论坛报》的记者戴莱(Charles Dailey)先生把我介绍给了他,他们都提到了我的案子。宾厄姆参议员对此很感兴趣,并建议我向他提供案件的事实陈述,以便在他返回华盛顿后能调查并确保授权向我支付250美元的法案在下届国会通过。我按照他的建议做了。

宾厄姆参议员言出必行。他回到华盛顿后不久写信给我说,提案已多次提交参议院,但每次都在最后一刻被搁置。他承诺下次会利用他最大的影响力来支持这项提案。1928年,我接到提案通过的消息,但是要想从南京的外交部拿到这笔钱还得多等一年。这差不多是袭击者被判有罪之后的第六年。由于比价的增加,我收到了约700墨西哥银元。为了庆祝结案,我在一

---

[1] 应为公使。——译注

家本地餐馆请朋友吃晚餐，花掉了45元。这是我吃过的最贵的一顿晚餐。

1923年最大的新闻是9月1日震惊世界的东京和横滨地震，造成超过十万人死亡。Fimby Sheba先生是在夏威夷出生的日本人，也是《日本时报》的日本业务经理之一，去年冬天以记者的身份加入《正报》，他的表现非常出色。由于他多年来一直居住东京，并且熟悉东京以及横滨，他负责所有地震新闻的编辑和排版达数月之久。不到20岁的时候，他已广泛阅读英语新闻，并决心以编辑英语新闻为职业。尽管他在美国成长、受美国教育，还具有美国公民身份，他的内心还是一个日本人。在发出有关大地震的第一条消息之后的几天里，他照常工作，没提到任何他父亲和家人的安全问题，但与往常稍有不同的是，他略显焦虑。我和他相处得非常好，经常一起喝茶或共进晚餐，讨论时事或我们最喜欢的作家。在北京呆了将近两年后，他于1924年春回到东京。1930年之后，他一直是《芝加哥论坛报》驻东京记者，是日本首都唯一代表美国主流报纸的日本人。

在1923年的地震中，中日关系非常亲密。由于两国在华盛顿签署了协议，在北京展开了归还青岛的谈判。虽然地震发生时，实际的归还工作尚未完成，但可以肯定地说，这个近十年来毒害中日关系的主要问题圆满解决。因此，当灾难的消息传到北京，各阶层的中国人都表达了对受灾的日本人的同情。政府率先为地震受害者设置了一个赈灾基金，而私人组织则派遣一个由江庸先生（Mr. Kiang Jung）领导的代表团前往东京，表达慰问，并分发救济物资。为了给伤员筹集资金，北京举行了几场由政府赞助的娱乐筹款活动。

1923年秋，我离开《正报》一段时间，和父母在崇明度过了一个月。我自1920年以来就没有回过家。虽然我们已经结婚一年多了，还有一个六个月大的孩子，但自从我们结婚以来，还没有探望过双方的家长。由于路费很贵，我犹豫是否要请假回家。但当妻子收到她祖母去世的消息时，我决定利用这次机会回去一趟。我们的旅行有双重目的：参加妻子奶奶的葬礼，并探望我们两个家庭的父母。我们在崇明度过了大约三个星期。

回京后，曹锟元帅已被国会选为总统，该国会自称是中国唯一的合法国会，但毫不犹豫地接受了支持曹锟的北方军阀的资金。曹是一个无特色的老北洋军阀，纯粹靠运气才担任直鲁豫巡阅使，他名义上的下属吴佩孚担任副巡阅使。他年过六旬，现在渴望当总统。早在1923年春天，包括众议院议长吴景濂在内的支持者就已经推荐他担任总统职务，迈出的第一步就是在六月剥夺黎元洪的总统职务，后者是一年前因为徐世昌倒台才上任的。1923年的夏秋，发生了一场激烈的斗争，曹被提为总统。此时必须起草并通过新宪法。议会在10月10日国庆节当天选举曹为总统。

曹锟的当选显然得到了吴佩孚元帅的支持。随后又出现了新的政治联盟。国民党领导人孙中山先生在广州建立了南方政府，迅速与1920年下野、亲日的安福系段祺瑞元帅和解，并毫不犹豫地争取与1922年被吴佩孚元帅打败的奉系首领张作霖元帅合作。所谓的三角联盟因此形成了，这导致一年后曹、吴政府的垮台。

尽管北京新政府的领导人不受欢迎，但它在法律上得到了国民大会的认可以及全国几位杰出人士的支持，包括颜惠庆博士、顾维钧博士，以及王正廷、吴佩孚、冯玉祥元帅。到1924年春，国家很明显处于另一场内战的前夕，这一次的交战双方，一边是已建立的政府，一边是孙、段、张，即国民党、安福系、奉系。8月份，在上海附近，直系的江苏督军兼苏皖赣巡阅使齐燮元将军，与皖系的浙江省长卢永祥将军及接替他的上海淞沪护军使何丰林将军发生冲突。北京政府完全在直系即北洋军阀的掌控之下，自然支持齐将军，在当时的闽粤督办孙传芳将军的帮助下，卢及何将军被赶出了上海地区。后者被迫在日本寻求庇护，住了一小段时间。

然而，华中地区最后一位安福系省长的失败并不意味着1923年内战的结束，事实上，它加剧了北方的政治危机，并导致吴佩孚与张作霖之间的大战。对于奉系军阀而言，这是复仇之战；对吴而言，这是维护中央政府的权威、完成统一的战争。像往常一样，在发生实际冲突之前是电报大战，双方都以不着边际的语言谴责对方。北京政府因有获得外国承认这一优势，因此开始谴责张，称他为反叛者等等。

与此同时，吴佩孚本人已经将他在洛阳的总部迁至北京，以便亲自指挥对张的战争。他自封总司令，冯玉祥元帅和其他几人为副指挥官。根据最初的计划，吴将在山海关对抗奉军，冯从古北口地区支援吴的左翼。如果我没记错的话，在外国人圈子里有一种共识，那就是吴可以不费吹灰之力击溃敌军。但令人惊讶的是，冯玉祥于10月23日突然从热河回到北京，夺取了这座城市，在总统府监禁了曹锟，并宣布反对吴佩孚。

那个重要日子发生的事件仍然留在我的记忆中。在我起床之前，厨师说他无法从胡同去市场，街上的士兵们不让人通过。草草吃了早餐之后，我雇了一辆人力车冒险出去，打算照常去《正报》上早班，但发现自己被胡同口的士兵挡住了去路。在东单北大街，我看到士兵们手持步枪，站在夜间用沙包堆起的路障旁边。我和许多其他人一样困惑，不知道发生了什么。直到我看到墙上张贴的冯玉祥和孙岳签署的宣言，我才意识到过去24小时内发生的事情。

我很难描述冯玉祥的行为在中外人士中激起了怎样强烈的反应，他被谴责为中国的犹大。英国媒体似乎对他尤为痛恨，因为多年来他们一直支持吴佩孚，认为他尽管明显缺乏行政能力和政治经验，但还算是中国的强人。在背后捅刀子的冯是有罪的：当吴与张作霖进行生死斗争时，他没打招呼就把军队开到北京。但说他完全是自私的也不公平。我必须承认，当时我和许多人一样严厉地批评冯，但现在我对当时的情况有了更多了解之后，反而觉得他不应该受到如此严厉的谴责，另一方面，他是出于为了国家的真诚愿望才这样做的。

政变之后发生的一系列事件使公众进一步反对冯。曹锟内阁被黄郛将军的一个临时内阁取代，后者一直存在到天津的段祺瑞元帅到来、建立临时政府为止。曹锟的副官李彦青是一个贪婪的人，现在他被逮捕枪决，财产被没收。曾在巴黎、华盛顿为中国雄辩的顾维钧博士及其他一些人都被赶走，因为他曾在直系政府中担任外交总长，并与曹锟当政时一些权势人物保持亲密关系。但是，外国人认为冯最过分的行为发生在11月下旬，他从紫禁城驱逐了小皇帝，并占领了他的宫殿。这导致所有中国保守派、清朝遗老以及自以为是的英国新闻界的愤怒，他们指责冯违反了1911年民国政府与清朝皇室签署的退位条约。为了诋毁冯的公众形象，外国媒体相信冯掠夺皇宫的传言，并大肆传播。那些编造故事的人一定会被一年后故宫向公众开放时展出的珍宝震惊。既然后来这件事所产生的震荡已经平息，那么必须承认，无论冯用什么方法驱逐溥仪，他的终极意图都值得称道：为民国消除潜在的危险，并开放了有几百年历史的皇宫。

直系军阀曹锟和吴佩孚失败的一个直接结果，是段祺瑞元帅建立了一个安福政府，但首都的驻军掌握在冯的手中。段元帅试图通过召集善后会议来恢复国家秩序，但会议没有任何结果。孙中山先生受邀北上，与段就国家事务进行会谈，但当他于1925年初来到这里时，已病入膏肓。

当孙中山的火车到京时，我在前门车站。他从广州前往天津，途中去了日本。他拒绝乘坐英国轮船，并在日本发表声明谴责英国，呼吁中日合作。早在他到达之前，当地的国民党成员和共产党人就已经非常积极地准备欢迎他。我去车站，主要出于好奇而非其他，但孙博士在知识阶层中的声望让我印象深刻，数千学生在车站前排队准备热烈欢迎，共产党人在人群中忙碌地散发小册子和海报，这些东西以苏维埃式的鼓动语言写成。然而，我们没能看到孙博士，一辆密封的车将他直接从车站送到顾维钧博士的私人住宅。

孙博士于1925年3月12日死于癌症。这位中国历史上声望空前的领导人的去世引发社会的极大悲哀。回想起来，他在一个最好的时间点去世了。这个国家名义上在段祺瑞将军的领导下团结起来，这也是他辞去临时总统职务以来的第一次。1911年因为支持袁世凯，孙博士放弃了领导反对北京政府的运动。此外，他是应临时政府首脑的邀请来商讨国是的。他在遗嘱中呼吁实现国家统一、建立反抗帝国主义列强的统一战线，这尤其引起了中国年轻人的共鸣。在他去世后的几天里，几千人参观了这座富丽堂皇的建筑，并瞻仰了孙博士的遗容。为了纪念这位伟大的领导人，他的遗体被移奉至中央公园。我清楚地记得孙博士的遗体从铁狮子胡同移出那天聚集在天安门的人潮。正如所预料的那样，共产党的鼓动者根据一年前的《孙文越飞宣言》成为国民党的盟友，并充分利用这一机会传播共产主义。我试图进入公园的凭吊大厅，但人墙太厚了，只得作罢。直到多年后棺椁被移奉至南京的美丽陵墓，我才得以瞻仰他。

孙博士是另一个在死后成为伟人的经典例子。在他的一生中，他遇到了许多反对者，国外的中国事务评论员极力侮辱和嘲笑他，说他是一个空想家和骗子。即使在他去世后，也不能说外国媒体就对他做出了公正的评价：由于他与布尔什维克的联盟，通商口岸的英文报社仍然对他存有偏见。自从他去世以来，他的追随者违背他的意愿，采用对公众来说已经习以为常的仪式给了他过多奉承和崇拜。如果他还活着，肯定是第一个站出来否认自己完美的人；事实上，光是个人品质就很了不起。因此，那些蔑视他的人对他造成了极大的伤害。在我看来，孙对中国最大的贡献首先是推翻清王朝，然后是唤醒人民，让他们意识到这个国家在世界上岌岌可危的地位。作为在中国复兴中发挥重要作用的人，他将青史留名。

两个月后发生了五卅惨案，上海公共租界工部局一名英国捕头向一群示威学生开火，打死数人，打伤多人。这一事件引起了全国范围的反响。毫无疑问，受到国民党和共产党宣传的鼓动，全国各地的学生站了出来，组织起针对英国的示威和罢课。将这一切归因于布尔什维克大错特错，可英国评论家总是这么做。英国捕头可能有理由向南京路上的人群开枪，但现在回顾14年前的事件，我不禁感慨，不论事件本身的性质如何，随之而来的运动是对条约体系的自发抗议。外国人试图把用刺刀获得的特权永久化，而这种秩序与新国际秩序取代"以战争结束战争"的时代不相协调。奇怪的是，在整个事件发生后的烦恼日子里，我的感受是对英国人的同情。英国人在中文报刊上和街头演说家口中，被指责成为应对中国所有困境负责的小人。

《正报》的立场反映了日本政府对这一事件的谨慎态度。值得注意的是，最初的示威是由学生组织的，目的是抗议一名在日本工厂上班的中国工人被杀，日本可能会被认为与事件日后的发展存在利益关系。但运动后来完全针对英国，日本很快意识到与英国过于密切的关系会妨碍其在华利益，因此，东京采取了非常谨慎的态度，小心翼翼地避免与中国对抗。事实上，为期一年多的反英运动让日本贸易获益匪浅。《正报》的社论不偏袒任何一方。在反英运动期间，有一两位中国知识分子头脑冷静，并试图提醒中外媒体，即英国并不像大家说的那么糟糕，公平竞争是英国的传统。中国留英学生、著名地质学家丁文江博士在《晨报》

发表了一篇长文,敦促大家冷静。我全文翻译后在《正报》上发表。

可能除了一两个例外,在华的英国媒体都要求本国政府采取有力的行动,他们只是表达了在华英国商人和居民的情绪。他们说,这场运动不是自发的,而是由莫斯科资助的中国共产党煽动起来的。但显然他们离事件太近,难以获得正确的观点。英国政府没有接受他们的意见,悄悄地改变了政策,支持中国的合法要求和愿望。

1925年的夏天令人难忘,民众在天安门举行了多次集会,目的都是抗议英国在华的各种暴行。演讲者有国民党政客,大学教授,印度、苏联及别国的共产党代表。起初这些会议参加人数众多,但后来人们的兴趣减弱,早间的报纸总是夸大出席人数,实际人数平均不过几百。

在反英运动高峰期,《民报》① 首次亮相。在出版前大约一个月,我在北京饭店拜访了陈友仁先生,并与他进行了半小时的谈话。这次采访是根据《京报英文之部》(the Peking Gazette)时曾为陈工作的 T. D. 宋建议做出的。陈觉得我可以在新的报纸申请新闻编辑工作。他面色黝黑,有一点黑人血统,身材矮小,说话柔和。我感觉他有些自卑,而且自己也意识到了这个问题。他在广州时曾担任孙中山博士的英文秘书,自然对孙表达了十足的敬佩。但是不知他是否发现我没有他那样的热情。尽管他答应告诉我报纸何时开始发行,但后来就没有他的消息了。他喜欢政治上的争议,并写信给北京不同英文报纸的编辑。当他拥有自己的报纸后,自然就不这么做了。当时人们普遍认为《民报》是由国民党资助的,但后来才知道这笔钱来自冯玉祥。

到1925年夏,安福系、国民党和奉系的三方联盟已经瓦解,

---

① 指冯玉祥创办的《民报》。——译注

中国正处于另一场内战的前夕。前一个通过政变扳倒吴佩孚的国民军旗手冯玉祥已经强大了，现在坚定地站在国民党一边。段祺瑞政府被安福系控制，而奉系控制着山东和河北，河北当时被称为直隶。然而，冯的人控制了北京，从而握有控制安福政府的鞭子。10月25日，关税特别会议在北京开幕，但不到十天，在杨宇霆将军和中国东南部的浙江省督办、吴佩孚残部孙传芳将军①之间爆发了冲突。最终导致奉系领导人的惨败。

北方的局势同样瞬息万变。冯与张闹翻，两军之间的战斗正在进行中，他的主要助手之一郭松龄背叛了奉系。郭显然与冯秘密结盟，宣布他打算前往沈阳，推翻他昔日的长官，从暴政中拯救东北人民。郭指挥从奉军中分裂出来的一支部队迅速推进，一路没有遇到任何强力的对抗；他似乎一度可以毫不费力地施行自己的宣言，但在最后一刻，日本决定出手干预。这最终被证明是决定因素，郭在奉天城门外被打败，他和妻子于12月24日被抓获，并就地枪毙。

1926年初，纽威尔离开《正报》，回德国六个月，但他再未回来。在他缺席、新编辑还未任命之前，我统管报社，塞西尔·泰勒（Cecil Taylor）先生担任助理。泰勒是一位澳大利亚年轻人，1922年纽威尔去日本度假时，他曾在《正报》工作过很短一段时间。他非常尽职尽责，想法比同龄人保守得多。当时他不超过25岁。泰勒能报道社会新闻和戏剧表演，但对中国政治和国际事务缺乏兴趣。当他这次加入《正报》时，已经分别在《华北明星报》、《汉口先驱报》（the Hankow Herald）和《北京导报》工作了一年半载。他在《正报》工作，直到1930年该报停刊。

3月份发生了一起与五卅事件一样震惊全国的事情，最终导

---

① 孙传芳时任闽浙联军总司令。——译注

致安福政府垮台。在国民党领导人的煽动下，3月18日上午，李石曾、徐季龙、朱家骅组织学生聚集在天安门进行另一场示威活动，这次的议题是反对列强在海上封锁大沽，以及他们对段祺瑞政府发出最后通牒、勒令冯玉祥的军队撤出该地区。在通过了一系列谴责列强干涉中国内政的决议之后——这是国民党和国民军对封锁和最后通牒的理解——示威者行进到铁狮子胡同的执政府。他们到达那里时大约是中午。这个地方被装备步枪和左轮手枪的士兵严密守卫，士兵们并接到了不能让示威者通过的命令。起初，示威领导人要求派一个代表团去见段元帅，并提交请愿书，但被拒绝了。之后发生的事情并不清楚。有些人说，因示威的领导人怂恿，人们涌向大门试图冲入执政府，卫兵开枪射击，造成四十多人死亡，其中大部分是学生，包括一些女生；而另一些人则说警卫在没有发出任何警告的情况下开枪。我没有在现场，因此无法肯定，但如果我没记错的话，所有中国人都被不必要的恐怖吓坏了，同时对示威领导人的冷酷无情表示愤慨：他们居然一看形势不妙就跑了，结果毫发未损。当陈辰甫从大屠杀现场回来时我正在《国闻》，他激动得话都说不连贯。他说，他确信执政府的日子到头了。

然而，政府对一些国民党领导人十分愤怒，下令逮捕负责组织示威活动的李石曾、易培基和朱家骅。但因警察是冯玉祥的手下，没有人逮捕他们，他们得以顺利离开。

一个月后，冯的部队自行撤离。有人担心这些部队可能会在奉军接管控制权之前捣乱，但事实证明他们多虑了。在冯的军队撤离前夕，我将家人和大约六个亲戚搬到《正报》办公室，这是自1920年来京以来的第一次，他们认为我供职的外国报社是他们避难的天堂。第二天早上当他们醒来，发现冯的军队在夜间和平地撤出了城市。

冯的军队撤出北京，随后是奉军入城、安福系政府垮台，但这并不意味着冯和张作霖之间的敌对行动已经结束。事实上，局势很快将进入一个更重要的阶段，并在两年后导致国民党统一国家。与此同时，张和吴佩孚休兵，并同意在反共的旗帜下联手反对国民党和国民军。由直奉军阀代表组成的新政府应运而生。12月，这个政府被张作霖元帅的安国军政府取代，直系的影响力由于吴在华中被蒋介石打败而灰飞烟灭。

9月，渡边先生（Mr. Watanabe）作为报社的老板对《正报》进行了重组，高孟奇（G. W. Gorman）先生成为编辑。我听说过很多关于渡边先生优良品格和卓越领导才能的说法，多年来他一直担任在北京发行的著名日本报纸《顺天时报》的负责人。泰勒和我容易接受他，但我们对高孟奇先生了解不多。那时，他不会超过40岁；他的举止让我们感到有些粗鲁。我们只知道他是爱尔兰人，但在加拿大生活多年，有丰富的办报经验。他在东京时被渡边先生聘用。

虽然他起初相当谨慎，但我们都害怕他会采取激进措施来扰乱我们的日常生活。我正在认真地考虑辞职；事实上，我正通过吴来海先生的运作加入《远东时报》（the Far Eastern Times），他刚刚被那家报社任命为执行编辑，但我在最后一刻改变了主意。泰勒先生也提过辞职，但像我一样，由于难以在其他地方找到合适的工作，最终不得不继续留任。

高孟奇先生所做的第一件事就是制定一项规则，要求包括他自己在内的所有编辑都得做一些报道。泰勒先生对此表示愤怒，抱怨说，当他在去年春天加入报社时，明确表示他只会作为兼职人员在新闻室工作。但由于高孟奇先生态度坚决，泰勒别无选择，只能服从。

由于德国编辑离职，报纸无人撰写社论。高孟奇先生现在负责编辑社论版面，每天写一两篇社论，时间通常是在早上。他还坚持要求我们每人每天写一封信，轮流发到通讯栏，以引起大众对一些城市话题的兴趣。我们反对并提醒他一些知名报纸规定他们的工作人员不得写信到通信栏时,他冷笑着反驳说,打破规则比循规蹈矩更光荣。

泰勒和我起初都对高孟奇抱有怀疑和不信任的态度。他来《正报》的头六个多月,一直在编辑办公室隔壁楼的一间房间居住,情绪好的时候会在早上7点钟开工,这个时间远比我上班时间早。此时他会写一两篇简洁的社论,并发送内页的剪报,然后去吃早餐;其他时候,他在整个上午和白天都不会出现。当我们看到一个女人偷偷地从他的房间出来穿过编辑部时,我们感到非常耻辱。泰勒出于他的传统道德观念表示非常气愤。但我们将此事及时告诉渡边先生时,他更加宽容。毕竟,如果不影响工作,这又有什么关系呢?

在最初的几个月里,高孟奇不知疲倦地工作。他不仅负责编辑页面,还完全重新设计了《正报》的头版版面。他非常相信耸人听闻的消息,他放弃了《正报》读者早已习惯的版面,喜欢用粗体字(heavy type)印刷头条新闻。最重要的是,他决定纸张每天应有两条七列线,一条在柱头下方,一条在报纸名称之上。简而言之,他以美国黄色杂志为模板设计版面。有一段时间,《正报》因耸人听闻的头条及其对社会犯罪新闻的报道成为市民的话题。

与其他编辑不同,高孟奇并不觉得报道中国警方的新闻有何不妥。多年来,北京当地的英文报纸忽略了这一点,变成沉闷乏味的政治报纸,有关警察和犯罪的新闻通常来自本地中文报纸,且时间上晚24小时。因为不了解本地情况而迸发激情的高孟奇投身报道本地新闻的工作。有一天,警察局长碰巧为当地报社举办招待会,高孟奇建议办公室里的某个人出席。当我告诉他招待会只面向中国人时,他不理会我的建议,并提议他自己去。他是唯一一位在场的外国报人,还带回来了一个趣闻。

《正报》的日本背景以及日本政府在北京不受欢迎的现实，都没有影响高孟奇的热情。他认为，报纸的成功与报社所有者的声望无关，想卖报纸就得好好编新闻。后来的经验证明他说得没错。在他经验丰富的眼里，没有哪份英语报纸符合高标准，所有报纸与路透社的电报、《亚洲新闻》（Asiatic News）和《国闻报》雷同。《北京导报》是一份被认为居领先地位的报纸，偶尔会刊载一些外地新闻或一个好的本地故事，但与高孟奇的理想相去甚远。《远东泰晤士报》（the Far Eastern Times）受到前一年反英运动的沉重打击，很多英国编辑辞职，已经濒临末日。《民报》迁移到汉口，而几天前《北京日报》（the Peking Daily News）停刊。只有《正报》和《导报》承诺永久存在，并在接下来的三年里展开了激烈竞争。

必须要说的是，相比《导报》，《正报》更有优势：在东京的外务省支持下，它不必担心经费，而《导报》是柯乐文（Grover Clark）先生的私营企业，尽管毫无疑问他必须从中国获取资金。但另一方面，《导报》得到了中国知识分子和美国传教士的支持，并且没有人怀疑它是日本对中国采取侵略性外交政策的一部分。

高孟奇先生很快证明自己比柯乐文先生更称职。他引进了很多内容，如芝加哥著名的漫画和纽约的照片。他意识到社会专栏对报纸的价值，因此聘请了一位女记者报道当地新闻界从未报道过的外国人社交活动。当北京俱乐部举行半年一次的比赛时，他可以自己去跑马场，并报道各种活动。此外，他还会派女记者去跑马场；写文章描述外国社区名流所穿的礼服，并让摄影师拍照。他能够报道本地票友的戏剧表演。在这项任务中，他得到了妻子——一位有天赋的报业女士的精心协助，她可以为那些表演写专栏。

《正报》与《导报》之间的竞争不仅仅局限于新闻，还延伸到广告。迄今为止,《正报》极少刊登非日本公司的广告。高孟奇现在决心让《正报》吸引其它国家的广告商。他吸收了《导报》的广告经理,加拿大人弗莱尔先生(Mr. Fryer),给他提供了和《导报》一样的职位。这对《导报》来说是一个沉重的打击,因为弗莱尔知道《导报》的广告费,并开始以略低的价格出售《正报》的广告版面。当然,这是不道德、不公平的,但对于高孟奇而言,只要能够把对手挤出市场,这算什么呢?

《正报》的发行量也有所增加,特别是外国商人和使馆人员订户多了,他们自然很高兴看到他们的名字经常出现在《正报》的社会栏目中,他们的孩子和妻子的照片装饰星期日的增刊。甚至外交部的一些中国官员也开始订阅。但是,有理由相信《正报》的发行量从未超过受传教士和学生支持的《导报》。

高孟奇多才多艺、聪明、有能力,这是无可怀疑的,如果写一部北京的英语新闻史,他必然能够占据一个重要的位置。因为他的到来标志着一条分界线:一边是20世纪20年代初期的沉闷和保守,一边是20世纪20年代后期持续到目前的进步和活跃。但高孟奇又是一个不安分的人。为了熟悉中文表达,他喜欢喝一杯,并且通常会在北京俱乐部或当地酒吧喝醉,以便进入工作高潮。然后他会完全从办公室消失一两天,第三天回来,好像什么事也没发生过,他满心后悔,并愿意全力做好工作。这种状态将持续大约两三天,然后又故伎重演。事实上,若不是日本管理层的极度宽容,他早就被"解雇"了。

我在下一章将要谈我为何在1929年底离开《正报》,在1929年底前,我与高孟奇的关系非常好,我从他身上学到了很多东西。事实上,我并不讳言他对我编报纸的经历产生了相当大的影响。

1926年夏天,在广州的蒋介石将军开始北伐。起初他的行为遭到相当多的怀疑和挖苦,但这次北伐进展神速,震惊了世界。与张作霖元帅达成和解的吴佩孚元帅被派往汉口阻击蒋介石军队,但他被迫无地自容地撤退到河南,广州军队迅速进入湖南和湖北,在南军面前北军似乎不堪一击。不久,北伐军占领汉口和武昌,国民党立即在那里建立了政府。在英国政府宣布改变张伯伦爵士圣诞宣言中的对华政策后不到两周,国民党在汉口夺取了英租界,并签订《收回汉口英租界之协定》,英方将租界还给中国。该协议被誉为中华民国的伟大胜利,陈友仁名闻天下。

1927年春,国民党继续在长江流域扩大战果,迅速攻占一座又一座城市。他们严明的纪律令人钦佩,直到他们到达南京,程潜属下的共产党军队截掠了外国财产,并杀死了几名外国居民。这导致英国和美国军舰炮击南京。这件事自然被中华民国的敌人用来抹黑它,但蒋介石将军很快批评了程潜的行动,从而安抚了外国舆论。大约一个月后,蒋介石和共产党人之间彻底决裂,数百名共产党员和工人在上海被残忍地杀害。

蒋介石"清党"的同时,正好发生了张作霖突袭苏联驻北京大使馆事件,包括李大钊先生在内的20多名中国共产党人被捕,他们还从使馆起获了大量可用于起诉的文件。苏联大使加拉罕上缴护照回国了。后来所有被逮捕的中国共产党人都被绞死在本地监狱。

此时恰逢华北反共运动的高峰,有消息称张宗昌将军的士兵逮捕了苏联顾问鲍罗庭的夫人,用轮船把她从汉口押到上海。这个消息具有重大新闻价值,当然被当地媒体广泛报道。在被带到北京之前,鲍罗廷夫人在山东省会济南被关押了几天,山东的统治者张宗昌是张作霖的忠实支持者。我参加了由一位中国外交官为西方留学生俱乐部举行的午餐会,大家讨论了鲍罗庭夫人的命运。主办方和中国外交部的另一名成员随口说,外交部收到了来自济南的电报,说鲍罗庭夫人被处决了。我对他们提供的信息的真实性毫不怀疑,午餐后赶回了《国闻》,并在英语新闻中做了报道。下午晚些时候，有关鲍罗庭夫人被杀的谣言满天飞，直到晚上外交部才代表官方辟谣。

不久之后，鲍罗庭夫人被带到北京，拘押在北京地方法院的监狱里数周才被释放。《纽约时报》莫斯科记者站的著名记者沃尔特·杜兰蒂先生（Mr. Walter Duranty）在此期间从苏联抵达北京，按照报社的要求采访鲍罗庭夫人。高孟奇先生向他介绍了我，并要求我帮助杜兰蒂获得法院当局的采访许可。我碰巧认识一位地方法院检察官，我们就给他打电话，并尽力说服他让杜兰蒂先生会见鲍罗庭夫人。大约60岁的检察官尽可能礼貌地解释说，根据中国法律，等待审判的囚犯不能接受报社的采访。然而，他补充说，如果杜兰蒂先生能获得司法部长的特别许可的话就能破例。最后，司法总长罗文干博士安排让杜兰蒂在法院的一名可靠官员在场的情况下对鲍罗庭夫人进行特别采访。采访时，高孟奇先生和我都不在场，但杜兰蒂将他给《纽约时报》发的一份电报稿给了我们，允许《正报》刊登。

1927年夏天的热点，是由鲍罗庭领导下的共产党人控制的武汉国民政府与蒋介石的南京国民政府之间的激烈斗争，后者得到国民党右派的支持。这场斗争最终以武汉政府被推翻、鲍罗庭等人返回苏联告终。在北方，张作霖任命了一些北方指挥官，包括前闽苏浙赣皖五省联军司令孙传芳将军，以此夺取了安国政府领导人的地位。孙忘记了与奉系军阀的不和，力图向把他打败的蒋介石复仇。在由张宗昌领导的奉军帮助下，孙成功抵达浦口，力挫沿津浦铁路行进的北伐军，但在最后，国民党指挥官团结起来将孙打退。吴佩孚元帅仍然盘踞河南，这是直系军阀手中最后一个省份了。但是他已经失去对局势的控制，很快就会从政坛上消失。

与此同时，冯玉祥从莫斯科返回中国，恢复了他在陕西和河南西部的军权，与湖北的国民党军队合作，反对盘踞河南的奉系军队。在政坛上长袖善舞的山西省模范省长阎锡山将军也把赌注押向了国民党，并派他的军队在京汉和京绥铁路沿线骚扰奉军的后方。

张作霖身边的人要么太守旧，无法接受国民党的原则，要么就像孙传芳和张宗昌一样，在失败的耻辱之下苦苦挣扎，渴望利用自己的军事力量向国民党报仇，并尽力阻止政府摇摆。许多高级官员的叛逃无异于雪上加霜。这种情况在1926年春天变得更加严重，让该政府濒临瓦解。当时令我印象深刻的一次背叛尤其可耻，中国著名法学家王宠惠博士在接受张作霖任命担任俄华银行的清算人后不到两个月就去了上海，然后立即加入南京政府。在那些没有放弃沉船，并且仍然与张作霖政府一起坚持到最后的人中，有罗文干博士和顾维钧。

1927年12月，在广州发生的共产党起义给我们所有人留下了深刻的印象。尽管共产党人与我的朋友张太雷共同建立的红色政府存在了不到一个星期，但它让人们注意到莫斯科的对华政策。南京国民政府立即通过关闭其领土上的苏联领事馆进行报复，从而完成了北方政府七个月前袭击苏联驻北京大使馆后发起的行动。

4月，以保护侨民的生命和财产为借口，日本向青岛和济南派遣军队。这引起了南京和北京的抗议。但有理由相信北方政府的一些保守派成员在暗中弹冠相庆，他们认为这会阻止国民党沿津浦铁路继续推进。这个愿望在5月3日终于实现了。当时日本军队在济南与蒋介石将军的军队发生冲突。战斗持续了几天，结果中国军队被赶出了济南，北伐因此耽误了一个多月。作为一份日本报纸，《正报》在这件事上自然站在日本一方。高孟奇先生随时准备离开办公室一两个星期，从事一些特殊任务，利用这个机会前往济南报道"战争"。然而，当他到达现场时，战争已经结束了。但冲突引发了激烈的争论，他设法为他的日本雇主提供了一些"好故事",把所有冲突的责任归咎于中方。

1928年6月初,奉系撤离了北京。希望破灭的张作霖元帅在此前几天已经离开。他的火车神密地被炸,他本人在离沈阳不远处悲惨地死去。尽管高孟奇先生显然已从日本使馆得到消息,他表示相信老人已被杀害,不过张作霖身亡的消息还是被严密封锁了一周多。

阎锡山手下的晋军率先占领古都北京。这次事件具有重大的新闻和历史意义。高孟奇先生让我做了一个专题报道,强调这是自明朝以来南方第一次征服北方。严格地说,这是不正确的,山西军队是北方人,之所以被视为南方人,是因为他们是在南方领导人蒋介石的旗帜下作战的。我尽力把事件戏剧化,但由于我的英语程度不够,所以没有达到效果。

在当时环境下,我自己的感觉是一种解脱而不是热情。与很多同时代的人不同,我拒绝接受国民党的宣传,即国民军的迅速成功应归功于党的纲领对群众的吸引力。另一方面,我坚持认为,自民国成立以来,多年来北方军阀祸国殃民,人民已经准备好接受任何承诺让局势变好的政党。国民党长期以来一直在野,许多人认为应该给它一个组织政府的机会。但是,我不是那种相信国民党能够以三民主义的原则建立新秩序的人。事实上,党的领导人提出的一些主张,比如党高于一切,其它政党不被国民党容忍,都让我感到他们非常狭隘和荒谬,我想知道我那些为国民党付出很多的北洋大学朋友是否出自真心。

但令我感到宽慰的是,过去18年的漫长内战终于结束了,开始建设良好政府。在我驻京的这八年里,年年都有内战,现在国民党统一了这个国家,我只希望不再恶性循环。不幸的是,后来的事件证明,这种希望落了空。

1928年夏,许多国民党领导人和高级官员访问了北京。我记忆中的重要事件之一,是在碧云寺举行的纪念孙中山先生的仪式，他的遗体一直被保存在那里。出席仪式的有三巨头：蒋介石将军、阎锡山将军和冯玉祥元帅。仪式令人印象深刻，并吸引了全国公众的目光。

攻下北京后不久，国民党宣布迁都南京，此后这座北方城市将被称为北平。这导致了当地人的不安，他们希望政府重新考虑：北京的繁荣一直依赖其首都的地位，一旦迁都，这座城市就会衰亡。

这一意见曾得到了一些国民党领导人的支持，但最终却失败了，因为党的领导决定，已故孙中山先生的遗愿之一，就是让南京成为中华民国的首都。然而，北京从中国首都的宝座跌下，对当地居民而言却带来一个好处：北京居民在五年内不会在家门口看到敌对行动，直到1933年春天日本飞机从热河飞越城市，他们内心再次受到恐怖的冲击为止。

迁都同时，旧政府各部门将档案移交给南京，为此国民政府派来了很多代表。代表通常由部长级高官率领。例如，外交部派遣副部长唐有壬先生负责接管外交部的档案。唐先生带着庞大的随从队伍，其中大部分是年轻的留美学生。我记得在清华俱乐部参加周诒春博士的午餐会，欢迎唐先生及其团员。

秋天，广西领导人白崇禧将军带着他的军队来到北京，目的是赶走仍然盘踞滦州的奉军。我没有特权拜见白将军，但是，有一天我很惊讶地接到了先在南洋中学、后在北洋大学的同学 Pao Kwan-chung 先生的电话，现在他是白将军的中文秘书。我在之前的章节中已经提到过的 Pao①，他后来在九一八事变中扮演了一个复杂的角色。

张学良将军在6月份继承了他父亲的权力，12月宣布效忠南京国民政府，从而使东三省加入统一了的中国。这一重大事件

---

① 此处有误，此人未见于前面章节。——译注

发生之前，长期被视为奉系智囊的杨宇霆将军被处决，舆论怀疑少帅是幕后黑手，因为杨反对易帜。这个消息震惊了许多人，尤其是那些喜欢为合法性和正义性夸夸其谈的外国人。

1929年4月，我的妻子在三个孩子即亦椒、亦栋和亦斌的陪同下，前往上海探望她的父母。她的父母从乡下逃到上海的法租界，因为在崇明建立的新政权对于她父亲这样的典型旧乡绅地主做了一些过份的事。他在春天患了严重的疾病，并且奇迹般地恢复了。分别六年多，妻子很想见他们。我计划在一个月后，即父亲60岁生日后与她们会合。

我陪着妻子到塘沽，然后她坐轮船前往上海。在塘沽我出了事，差点被投入监狱。起因是妻子的堂兄和我们同行，到达塘沽站时，士兵要求检查我们的行李。我没有异议，并要求妻子让月台上的士兵随便检查。由于某种我当时无法理解的原因，堂兄犹豫不决且无动于衷，拒绝打开一个由毯子和被子包着的行李。他的态度让士兵起疑。令我大吃一惊的是，打开行李后，里面是一套鸦片烟具：一杆烟枪和一盏烟灯。我和妻子都愤怒得说不出话来。行李不属于我们，但是士兵不理会，因为我们是一起接受检查的。我抗议说我们不是瘾君子，这些是别人托堂兄带去上海的，之前没告诉他里面是什么。

但这并没有打动士兵，他们说，既然发现了违禁品，就必须向上司报告，让他们处理案件。我变得绝望，并恳请老天爷作证我不抽大烟，违禁物品不属于我。我还恳求他们让我护送妻子和孩子到附近上船，否则他们可能会错过渡船。最后，他们同意一名士兵陪我去轮船，以免我逃跑，因为我已经被捕了。

看到妻子和孩子们在船舱坐下来，并向他们招手告别之后，我跟士兵回到了车站的警卫室。我坐了将近4个小时，试图说服士兵我是一个受人尊敬的新闻记者，不是瘾君子，烟枪、烟灯都不属于我。最后，我不得不写一份保证书，直到晚上8点才被释放，允许上火车去天津。一个月后，我乘火车到上海，与我的家人和妻子的家人共度了一个月。

当我6月份和家人一起乘船返回时，政局再次发生动荡。冯玉祥将军被蒋介石将军打败。为了阻止冯的一名下属指挥官从日本人手中接管山东，南京政府要求日本人推迟撤离济南。这一举动遭到了在京外国人的广泛抨击。在华中，蒋将军与广西领导人李宗仁和白崇禧之间发生了短暂的冲突，最终后者失败，并放弃了对武汉地区的控制权。

在国际方面，南京的新政府被苏联严重挫败。由于认为苏联力量有限，易于对付，东北当局赶走了中东铁路的苏联经理，该铁路自1924年中俄协议签订以来一直处于中俄双方共管之下。中方还逮捕了其他高级雇员。苏联在哈尔滨的领事馆等其他官方机构也遭到搜查。缴获的文件显示，虽然苏联明知违反1924年的协定，但仍然参与了共产主义宣传。莫斯科下令军队向"满洲"——西伯利亚边境进兵（这是对中国首次不宣而战），双方激烈交火，张学良军队很快就被击败了。

如果没记错的话，当时即使是一贯亲中的国家，对中国也充满敌意。这完全是因为在过去的12个月里，当局对改订条约运动的密集宣传战，加之塘沽事件在全国很多地区的影响，让外国人对中国的观感大变。在列强眼中，苏联现在扮演的是他们共同在华特权捍卫者的奇怪角色。

可以说，在边境冲突的头几天，年轻的张学良将军和国民政府的行为令人惊讶。即使在边境爆发激烈冲突之后，张将军仍然在北戴河度假，好像没有发生任何大事。南京方面可能确实尽力与东北当局取得联系，但由于少帅在北方海滨度假胜地，无法得到全面的实情。后来，国民政府外交部长王博士自己去北戴河并说服张学良回沈阳。

高孟奇先生在中苏敌对行动爆发后不久前往奉天，但从未越过哈尔滨。他带回了一些关于这件事的丰富多彩的故事。不出所料，他在此事上同情苏联。

《伯力协定》的缔结结束了1929年的中苏战争，南京接受了莫斯科提出的所有条款，表明中华民国外交的惨败。事实上，这项协议是钉在南京政府棺材上的第一颗钉子，虽然其严重性被1931年9月18日爆发的九一八事件及其后来的发展掩盖。

与此同时，我对《正报》的工作越来越不满，并渴望改变，这部分我要留在下一章讲。可以说明的是，我在1929年12月底离开《正报》，正好是在我于1922年3月1日加入《正报》后的7年零10个月。

第五章　我为什么离开《华北正报》

1929年11月底的一天，我在《国闻》新闻社完成了日常工作后不久，去探望《导报》的美国年轻编辑洪德先生（Mr. E. W. Hunter）。洪德先生住在《国闻》新闻社的隔壁，尽管我每天从《正报》回到《国闻》的路上两次经过他家，但这是相识几个月来我首次单独拜访他。原因很简单，我在日资英文报社工作，由于高孟奇先生精明强干，在不到三年的时间里，成功地迫使《导报》从前的美国编辑和参股者于1929年夏把报纸卖给中国政府，他还要在发行量上超越它，而且他的社论在北京的外国使馆也有了一些影响。自从1926年加入《正报》以来，高孟奇先生每天都在我脑海里灌输将《导报》视为"敌人"的必要性。我现在承认，高孟奇先生这样做可能无意伤害我的爱国感情，但他让我的尊严严重受伤，尽管我尽力掩饰自己的感情。

在前一章中，我已经阐明是何种境况让我加入《正报》的。我参与这份日资报社的主要目的是想认识辜鸿铭，从而能够拜在一位伟大学者的脚下。在某种程度上，我已经成功实现了这个目标，因为我加入《正报》后的几年里，与辜非常亲近，但不幸的是，此时他的文字水平已经下降，并且在报社的最后一年中——1926年，渡边先生接管了管理权后——他辞职了。他未能做到每两周为《正报》写一篇文章。而且，他不是一个好老师，事实上，他太偏狭、保守。此外，他脾气不好。有时，他会因我或我的朋友不同意他的观点而发怒。我特别记得有一次，他无缘无故地批评我没有受过好的传统教育，他说他一直这样认为，以此结束了他的长篇大论。我对这次突然袭击感到不满，但控制住自己没有反唇相讥，因为现在我对他的脾气非常了解。还有，随着我英语水平的提高，我意识到他的风格和博学都被高估了。他的喋喋不休也很无聊，所以我对他的钦佩感渐渐消失了。

1922年6月，我成为纽威尔手下《正报》的正式编辑，我打算在这里工作不超过三年，但结果我待了将近八年。原因很多，首先，我在《正报》的前六年，也就是直到1928年6月北京被国民党接管时，恰逢中国政治因政府官员的丑闻而变得污浊不堪的时期。几个月来，政府无法支付其下属雇员的工资。公立大学的教师也是如此。我的工资开始是250元，以后是每个月25号可以拿到350元，年底有两个月的奖金。政府中许多人一定暗地羡慕我，但我承认直到我跳槽到《导报》，对此完全没有感激之情。

其次，必须要说的是，任何人都不能事先计划好自己的职业生涯并按部就班地前进，不被某些无法预料的因素影响是不可能的。1922年6月结婚时，我没想到我们每年都会生一个孩子。到了1928年底，我们已成为三女两男五个孩子的父母。这对我来说意味着沉重的负担，我的行动自由受到相当大的限制。当我是单身汉时，工作不合适就可以辞职。但现在我不敢轻举妄动，因为必须考虑不断增加的家累。

我对日本管理层没有什么可抱怨的。鹫泽先生是《正报》

的第一任老板，正是在他当老板时我加入了《正报》。他可能有缺点，但对我来说，他是最友好和体贴的。他毕业于庆应大学，在来《正报》之前曾担任《直隶新闻》（Jili Shibun）的北京记者多年。他获得了《正报》的独资经营权，这是对他为报社筹集了资金的奖励。他热衷运动，特别喜欢棒球，多年来他一直担任北京日本民间棒球队的主席。他相当有男人气质，确实认真履行职责，每周一次或两次过问报社的一些事情，而让我们自由地处理新闻。1926年辞职后，他回到东京并进入政界，成为日本国会众议院议员。他经常访问中国，并被视为对中国有很大影响之人，因他有吴佩孚元帅和其他北方将军等朋友。

我在其他章节已经介绍过接替鹭泽先生的渡边先生了。我听说，他原本已经有一份报纸即《顺天时报》要管理，所以不情愿地接管了《正报》。他曾当过和尚，后来在世界各地旅行，虽然已经年满60岁，但确实看不出来：他面容和蔼，脾气温和，仿佛一个45岁的人。在我与他合作的三年中，我从未见他发过脾气。他每天下午4点钟来，仔细阅读高孟奇先生的社论，看看是否有潜在的问题。他经常会淡化他认为可能冒犯中国人的言辞或表达。他非常坦率，经常提醒高孟奇和泰勒先生：《正报》是日本政府的一份报纸，因此不能像没有政府背景的英美报纸那样自由地表达意见。他代表了最优秀的日本人，并给所有与他接触的人留下了良好的印象。多年来，他一直是中国华洋义赈救灾总会（the China International Famine Relief Commission）执行委员会的日本成员。我有一位同在委员会服务的朋友，不只一次告诉我，他与渡边先生的关系最为亲密。

我与其他日本员工的关系也非常好。入社之初，参加过日俄战争的退伍老兵井上（Inouye）上尉正在做兼职记者，他给报社带来了个体日本人的色彩。业务经理尾崎先生（Mr. Ozaki）是鹭泽先生的门生。在渡边先生上任后，尾崎先生辞职，井上先生接替他担任业务经理。作为日本军官,井上先生的英语是非常好的。他当然缺乏办报经验,高孟奇和后来的弗莱尔先生经常报怨他的愚蠢行为,但他是一个尽职尽责的工作人员,并且小心翼翼地守护着渡边委托给他的事业。

在报社成立之后的几年里,《正报》有一位名义上的日本主编。我入社时,这个职位由富施先生担任,富施先生在鹫泽辞职、渡边上任之前两年辞职。他个子小,骨瘦如柴,戴着一副眼镜,总是双腿交叉地坐在椅子上。他是一个虔诚的基督徒,勤劳而沉默。他在日本和朝鲜当过多年英语教师,了解所有英语语法,但在写作时,他就像被丢在茫茫大海上一样无助,他的词汇充其量只是些惯用语。他竭尽全力撰写社论,但如没有经过德国编辑的彻底修改,根本无法发表。离开《正报》后,富施加入了日本民主党(Nippon Demp),但时间不长。他在《正报》工作多年,给中国人上日语课,但实际上很难两头兼顾。

我还记得排版部的一名日本人,他的名字是中山(Nakayama)。他作为学徒来《正报》时不超过 17 岁。他跛脚,但非常聪明。他的英语和汉语相当不错,并且观点激进。他的手非常快。不幸的是,两年后他死于结核。

虽然我的薪水比较丰厚,并得到了管理层的信任,与同胞也保持着良好的关系,但我在精神上并不愉快,常感到若有所失。在社交时,我总是感到自卑。不知怎的,当有人介绍我是《正报》的编辑人员时,我总是感到尴尬。事实上,我尽力隐瞒与《正报》的关系,尽管不知是否成功。很多次我想辞职加入另一家报社,不会因在那里工作让人怀疑我对自己的国家不忠诚,但是每次要么在最后一刻发生变故,要么我自己犹豫不决。1924年,我拜访了辛博森先生,试图申请在《远东时报》新闻编辑的职位,但面试后没有下文。1925 年,在《民报》发行之前,我拜访了陈友仁先生,结果也没成。1928 年,《北京导报》的中国编辑赵敏恒离职了,柯乐文先生直接联系我,敦促我去接班。这次我拒绝了,因为我认为《导报》是私营报社,给我的工资不会高于《正报》。另一原因是,尽管柯乐文先生同情中国,但《导报》也是外资的。在《导报》被卖给南京政府之后不久——我记得外交部是从柯乐文先生那里购买的——我被一位前外交官要求去见新任总经理刁敏谦博士。我没有看到刁,因为我不喜欢他通过第三方接近我的想法,我一直认为,如果他真的认识到我的价值,并相信我的加入对《导报》有帮助,至少应该亲自给我写信。此外,政治局势仍然不确定,以至于许多人怀疑《导报》作为一个政府企业能够维持多久。

然而到了11月,我发生了很大的变化。我对蒋介石将军突感钦佩,并相信这个政府已经站稳脚跟了。当然,我当时、现在也不是国民党党员,也不同意国民党极端主义者的一些主张:国民党是中国唯一有政治智慧和远见的组织,非国民党员都是反革命和反动分子。我有理由相信,时候到了,我应该牺牲一份每年收入5000元、有保障的工作,去命运不确定的政府报社工作,这样我就可以多为国家效力了。

另一个因素是我在《正报》没有进一步发展的空间。五年半以来,我一直担任新闻编辑。事实上,这是日本报社给予中国记者的最高位置,即使高孟奇先生辞职,就算渡边个人对我还不错,我也当不上主编。我是中国人,中日两国之间的关系经常发生危机,并不利于我的晋升。

最终促我辞职的是1929年的最后六个月,高孟奇经常因饮酒缺勤,编辑部的工作情况变得令人无法忍受。以前他只在一周或两周内"紧张"一次,现在是每周两次。这意味着他每周只有三天清醒,而其余时间不上班。这对员工士气的打击是可想而知的。泰勒先生和我都很反感,并想跳槽。我们承认高孟奇先生很聪明,有点天才,但我们觉得他不应该这样对待我们。我特别敏感，开始对一直在一个酒鬼手下工作感到恶心，所以决定尽早离开。

11月的一个下午，我去拜访洪德先生。当时我非常沮丧。我没有立刻说我想在《导报》找个岗位，但他显然感觉到了我来的目的，故表示他正在招聘一名新闻编辑，因为《曼彻斯特卫报》（the Manchester Guardian）的本地兼职记者田伯烈（H. J. Timperley）先生急于离开，而中文新闻编辑的工作并不令人满意。他还说他收到了一位驻东京的外国记者的申请信，如果他在本地找不到一名合适的人，就考虑让那人来《导报》工作。然后我问他准备给好的新闻编辑支付多少薪水。他回答说，工资每月400元。

我大喜过望，因为我一直认为《导报》不能像《正报》那样支付高薪。然后我问洪德，如果我申请这个职位，是否会有任何不同。他说没有。我说对他的提议很感兴趣，会在三天内给他回复。我像往常一样离开，回到《正报》工作。

回家吃晚饭时，我做的第一件事就是告诉妻子我已经决定辞职而加入《导报》。她这段时间已经知道我对《正报》不满意，但她知道我的性情，所以没有表态。我忘了她具体说了什么，但要点是，如果我相信在中资报社工作会更快乐，她就不会反对。她说："我可以在任何逆境中站起来，但我知道你在不利的情况下会不愉快。"我十分不同意这种观点，我说我真的厌倦了日本管理层。我再次说明：《导报》给我提供了比《正报》更好的前景，我在《正报》永远不能晋升。

我对在北京的三个叔叔没有任何信心，因为我知道他们中至少有两个人都是北京旧政权的官员，人情练达，他们不会赞同我加入《导报》。这并不是说他们不爱国，而是他们长期为政府服务，知道在目前的局势下，为中国政府工作怕是没有我想象得那么容易。

在做出最终决定之前,我咨询了两个朋友,他们都与当地著名的地毯出口公司有联系。他们与我同龄,从美国留学归来,并且知道我与《正报》的关系,是我交往时尴尬和不满的根源。他们表示支持我换工作,并补充说,我不应该为减少几块钱的薪水而烦恼,但应该意识到为真正的中国报社工作带来的满足感。

下了决心之后,我接下来要做的就是向报社的老板渡边先生写一封辞职信,他当时正在东京出差。这封信的副本我仍然保存在档案夹中,内容如下:

亲爱的渡边先生:

自本月初(11月)以来,我一直等待您回来,但今天早上,井上先生告诉我,您在东京时由于安排上的问题推迟了归期,您不打算在12月中旬之前回来,所以我决定马上给您写信。

我确实很遗憾地提出辞职,希望您能够欣然接受。为了避免误会,我必须说明这与高孟奇先生或任何其他工作人员无关。自从您三个月前离开报社休假以来,我与高孟奇先生的关系一直十分融洽,期间与其他工作人员的关系也是如此。事实上,在我为《正报》工作的八年中,我感受到了报社管理层和编辑人员的礼貌和善意。我特别珍惜您主政的三年时光。我无意冒犯其他日本朋友,我可以坦白地说,我遇到了理想的日本绅士。您的个性能激发与您接触的所有人的信心。

但这一切都不能阻止我袒露心声:毕竟《正报》是一份日本报纸,中国新闻人的作用有限。我说我已在日本报社获得了中国人的最高职位,想必您会同意。但是换句话说,我在这里没有前途或未来。我可能再工作八年,发现自己还在今天的职位上。

坦率地说，自从1922年3月加入《正报》以来，我的脑海一直想着应该继续为《正报》工作多久。当时导致我申请翻译职位的主要原因是想结识特约编辑辜鸿铭先生。一开始是兼职工作，但后来纽威尔先生坚持认为我应作全职，并大幅提高我的薪水。我接受了这个提议，但不知道我会工作长达近八年。我希望您不要把辞职理解为我不满足于这些年来所享有的稳定职位和丰厚的薪水。这些年来中国的特点就是政治混乱、社会瓦解，我见证了很多可能比我更有能力的年轻人不断失业。

然而，事实仍然是——而且我相信您会理解——对于一位雄心勃勃的中国记者来说，施展拳脚的恰当位置是中国人自己的报社。如果一名中国新闻工作者在外国或日本报社没有未来，同样，中国报社对雄心勃勃的日本记者来说也没有什么好的前景。

在过去的几个月里，《北京导报》管理层几次向我提供职位。到目前为止，我已经推迟了决定，因为我不想在您缺席期间离开。但因他们已经明确表示空岗仅有一个月时间，这段时间他们还可以为我保留这个职位，如果我想接受就得尽快。我已经决定写信给您，要求您解除我在《正报》的工作。我相信您会同情我的立场，并接受我的辞职，我将在1月1日辞职。我同样相信，在这几个月中，您将毫无困难地寻找到合适的替代人。

此致。

我正在给高孟奇先生写同样的信，以便他可以寻找另一个人接替我的位置。希望很快能见到您，并祝福您和渡边太太。

对于高孟奇先生，我在12月1日发出了以下信件。

亲爱的高孟奇：

我很遗憾地通知您，我决定于1月1日辞去《华北正报》的工作，并从这天开始加入《导报》。促使我走这一步的原因，请参阅我给渡边先生的信，我在此附上一份副本。我需要再次强调的一点是，此举完全取决于对我未来职业生涯的考虑。如果我说在《正报》无法进一步提升，相信您会同意的。事实上，我已经上升到日本报社为中国人提供的最高职位。另一方面，《导报》为我提供了更好的前景，因为它现在是归中国人所有和管理的。

对我而言，确实很难与工作了近八年的《正报》告别，很难离开您以及其他一起亲密工作的同事。我将永远珍惜过去三年您作为编辑留给我的记忆，在此期间，我从您的指导和建议中获益匪浅。但我仍然年轻，有进取心，像许多年轻而雄心勃勃的人一样，想为我的国家效力。我相信《导报》会给我一个更好的机会来实现我的抱负。

我咨询过的所有朋友都赞成我离开《正报》，相信您会同情我的境遇，并接受我的辞职，我将于1月1日辞职。我希望您能在一个月内顺利找到合适的替代者。

此致。

这两封信都是在周日早上发出的，但直到下一个星期二早上，高孟奇先生还未回复。我被迫直截了当地问他，是否知道我的辞职。他表示非常惊讶，并问我为什么要辞职。我重申了我在信中提出的理由，他似乎很满意，不过我能看出他对我离开有八年密切联系的《正报》反应强烈。

当我辞职的消息在编辑和业务办公室传开时，大家都感到遗憾。但我必须说所有同事都对我的动机表示理解。

渡边先生收到辞职信后，立即给日本经理打电话，命令他告诉我，在他回来之前不要离开。此举实在没有必要，因为在信中，我明确表示不会在1月1日之前加入《导报》。与此同时，我像往常一样做日常工作，因为我一直是一个尽职尽责的人，除了两个星期的三个法定假日，我在高孟奇先生任编辑的三年间，从未休息过一天。在逗留的最后一个月，我与所有工作人员的关系都亲密如常。我特别努力和高孟奇先生保持良好的关系，虽然他经常失误，但我总是高度看重他的能力，而且，尽管他有缺点和怪癖，但本质上还是一个热心人。

我的辞职得到了每个人的祝贺。似乎所有了解我的人都认为，我在《导报》更能获得家一般的感觉。在《正报》工作八年实在是太久了，改变是合宜且必要的。

渡边先生在12月的最后一周从日本回来，我立即到他的家里拜访了他。他亲切地向我致意，对我的离职表示遗憾。因为我的辞职信基本没留商量的余地，所以他也没有劝我重新考虑我的决定。在《正报》的最后一个下午，渡边先生让我上楼聊聊天。之前，日本业务经理告知我，除了12月份的工资和圣诞节奖金之外，我还会得到一些东西，但是当渡边先生递给我一张两个月工资的支票时，我几乎没有准备。这超出了我原来的期望，因为我知道日本的习惯，如果一名雇员自动辞职，他无权领取六个月的遣散费；这通常是在公司解雇他，而雇员没有过错时才有的。我感谢渡边先生的诚恳，他要我别向其他人透露我们的见面。

在即将离开工作了八年的地方之前，我与办公室、编辑部所有同仁及印刷工握手告别，除了下午早些时候离开办公室的高孟奇先生，他显然无法认同我转向被他经常称为"敌人"的地方。我觉得他有点不快，因为他拒绝了在1月1日的《正报》中插入我简短而礼貌性的辞职消息，我认为我有权这样做。

第六章　我在《北京导报》的日子

在两天的新年假期之后,我成了《导报》的新闻编辑。很少有人意识到这不是我第一次在该报工作。1920年冬,当时以"Upton Close"为笔名的侯雅信要求我担任夜间编辑。那时候,我确实是北京新闻界的新人。我在前一年11月加入了中美通信社,在第一个月做得很好,得到了该机构总裁罗杰·伯尔先生的称赞。自从1922年他离开北京后,我就没有听说过他的消息,他欠下了一堆债,商业记录糟糕得让很多同胞汗颜。后来霍尔先生兼任业务经理。我没有长期留在《北京导报》,因为月底我只收到了40元的支票,这对我的工作来说太少了。

我现在重新加入《导报》,成为编辑中的第二号人物,如果美国编辑辞职,我就有望成为主编。但这些希望很快就破灭了!虽然我出于爱国动机才退出《正报》,但后来发现南京或至少国民党中央宣传部的部分南京代表认为我是个反政府的新闻人。对我的主要指控似乎是我曾负责《国闻》的英语报导,南京宣传部的人员称其中有反政府内容。这项指控完全没有根据,因为我在《国闻》四年——英文报道始于1925年——一直努力做到公正独立。在过去的许多场合,我收到了在华北的外国编辑和通讯员的来信,充分体现了我在这一策略上的成功。事实上,我最满意的一点是,自从开始有英文报道,我两次提高了报纸的订阅量,并且从未接到过投诉。

当然,南京负责宣传的人眼光与我不同。在他们看来,《国闻》对政府并不友好,它敢于发表不利于政府的报道。他们希望《国闻》堕落为一个政府宣传机构,只说他们的好话。我不能这样干,于是就给南京留下了反政府记者的印象。

我在《导报》工作几天后,有了另一个发现,虽然是潜意识的：我的许多外国朋友都相信我会为报社带来有价值的东西，但中国管理层认为我是个自命不凡的人，似乎有人认为我不是主动跳槽，而是被《正报》开除了。此外，所有与管理层有关的人都觉得我毕竟是中国人，从未出国留学，怎么能比外国人更了解报社的工作？从他们的角度来看，一个中国人受过的教育再好，再有经验，也必然赶不上外国记者。这就解释了为什么 T 和 H 一度高度评价前美国公使馆的警卫。这个人和我同时加入《导报》。

我毫不怀疑虽然尽了最大努力改进报社的业务，但工作的第一周并没有给中国管理层留下好印象。这也是可以理解的。的确，我从未有过更糟糕的开始。在我加入《导报》的第二天，中国华洋义赈救灾总会的一位美国总工程师来到了编辑部，要求解释为什么《导报》在社会专栏中插入了关于该组织执行秘书章元善先生在本地餐馆为员工举办新年宴会的报道。O. J. 托德（Mr. O. J. Todd）先生说，该报道在美国援助中国饥荒救济工作的外国人圈子中造成了不良影响，有人指责为灾民募集的资金被花费在晚宴和娱乐活动上了。他还说，宴会是章先生的私事，与委员会无关，应该在下一期《导报》中做出更正。

我很尴尬，因为我对这件事负责，而且托德先生提到他知道是一位名叫孙瑞芹的新编辑发的消息。我见他怒形于色，就没有争辩。洪德先生尽力安抚他，说会按照要求纠正错误。托德先生离开后，我对洪德先生说，我为给他造成这个麻烦感到遗憾。他告诉我不要被这样一个小小的事件弄得心烦意乱，我的报导完全正确。从那件事情开始，在报道关于救济饥荒的消息时，我总是觉得有点不好意思。但我必须说明的是，托德先生对我没有任何不满，当我去年 8 月在北戴河看到他时，他没说别的，只是赞扬我在 7 月中旬写的社论。另外，在我离开《导报》大约前一周，我在中国华洋义赈救灾总会的两名中国成员为前往南京的约翰·

卡尔·贝克先生（Mr. John Karl Baker）举办的招待会上见到他，贝克去铁道部重新担任顾问。托德和我握手说："对于贵报在过去几周的优秀报道，我再次向您表示祝贺。"

加入《导报》不久发生的另一个事件将说明，一些中国官员一旦发现自己陷入困境时，是如何寻找"替罪羊"的。一天早上，T出现在编辑部，询问是谁在向政府提交的报告中说阎锡山将军对中央政府不够忠诚。我说是我发的，不过在前一天我已经把报告给洪德先生看过了。这里必须要说到，总编辑的做法一直是浏览不同机构所发送的当天的所有报告，并删除他认为应该被舍弃的那些报告，然后再转交给我，并指示哪条在上或在下。因为在有问题的时候，要考虑……①。当然，《正报》受到治外法权保护，可以发表任何内容，但中国报纸不可发布任何不利于当局的内容。外资报社不受此限，不用顾虑矛盾双方的感受如何，所以过去十九年的内战推动了外资报纸的发展。越来越多的迹象表明，即将爆发的战争将进一步刺激外资报纸的发行量，《正报》将从受限制的《导报》获益。如果洪德先生和我对《导报》的繁荣与成功不感兴趣，情况或许就不同了。我们意识到应为我们提供资金的政党负有某些义务，但是我们渴望与《正报》竞争，因此常常忽略这一问题，忍不住报道不利于南京政府的消息。严格来说，随着李炳瑞成为编辑委员会的总经理，我们的责任大大减轻了。确实，他过去每天晚上都会在编辑部里浏览第二天的《晨报》，但是当他已经感觉到暴风降至时，人们逐渐注意到他的来去不那么规律了。

然而，这并不意味着李先生已经不介意洪德先生在《导报》开办五周年前夕对他施加的羞辱，李先生显然决定不再续约。当然，洪德先生没有就此事问过我，但根据一天下午他对我说的

---

① 原文如此，疑有遗漏。——译注

话，我了解到管理层决定让他在合同到期后离开。他当时很简短地对我说："当你来《导报》之初，考虑到你和你供职的《国闻》报社是个反政府的新闻机构，但现在通过刁博士的努力，他们开始意识到你的立场，并希望让你从 4 月 1 日开始负责新闻编辑。我再写一个月左右社论，然后去'满洲'休假。"

我起初有点困惑，不知道该说些什么，特别是因为我对刁博士或李先生做出的调整毫无预感，他们从来没有正式向我提起他们的计划。但是在那个关键夜晚之前几天，山西当局注意到了这篇文章，李先生聘请了另一名中国人管理编辑部。此人出生在广东，是留美学生，去年 2 月从上海来到《正报》。在我离开之后，高孟奇先生想让本地一所大学新闻系的两位老师来当记者。尽管他们被寄予厚望，但都未达到预期，所以他们在月底辞职了。然后高孟奇先生从上海请来了这位中国记者，但他又令高先生失望了。值得一提的是，这位在《正报》报社被称为黄先生的魏先生主动辞职，因为他不喜欢在日本报社工作。

现在碰巧魏先生是《导报》新业务经理朱先生的朋友。他们住在同一个公寓里，虽然他们都不是国民党员，但都来自上海，并且曾经在同一家报社工作过，因此他们立即建立了一个小圈子。显然，朱先生向李先生介绍了魏先生，李先生决定给他一份工作，因为他要在编辑部培植自己的人，我在他的眼里是一个局外人。

我对魏先生的加入不是很热心，不是担心他会把我赶走。他在《正报》的工作主要是翻译，我能够以相同的效率在《导报》完成这份工作，所以报社不太需要额外的翻译。4 月 1 日我完全负责编辑部之后，如果他能够做点报道，可能对我有所帮助，但从我听到的情况来看，他没有这方面的经验。此外，编辑人员每月总工资已经超过 1300 元，而个人工资低于 250 元的话，魏先生是不会答应的，于是 1500 元的月工资上限将被突破。当然，这一切都不是我的事，我反对也无济于事，毕竟李先生是老板。

魏先生是一位非常好的人。他自觉，性情平和，对工作有天生的热情。更重要的是，他渴望学习，而且我针对撰写头条给他提建议，他也不会不满。这对于一个曾在美国留学的人来说很不容易，因为很多人拒绝在国内毕业生手下工作。在他来到《导报》的几天后，我们之间就建立了一种温暖的友谊。我有预感，他会受国民党管理层指示赶我走，最终，他这种报答我的方式，让我们的友情一刀两断。

如今，南京政府与阎锡山之间的关系已经超越了中日两国的分歧。

但是，我在《导报》工作的第一个月是我工作最努力的时期。我决心通过工作来证明，自从我加入以来，编辑部已经出现一些改进，我努力工作，以至于几乎没有任何闲暇阅读其它的东西。我每周三个上午和三个晚上不需要工作，但为了改进新闻专栏，我不遗余力地从本地媒体获取、翻译新闻。入职前夕，《国闻》的中文报道部与山西地方当局陷入纠纷，并被无限期停业。而英文报道部没有参与其中，但为了显示团结，我决定暂停英文报道。这意味着《导报》和《正报》每天都减少了至少三条本地及中国新闻，这是报社的日常。

这对《正报》影响有限，因为在我离开之后，高孟奇先生从本地一所新闻学院聘请了两人，一人是助理教授，在华南地区拥有超过十五年的新闻从业经验；一个是学院助理，是个非常聪明的22岁的年轻人。两人都能从中文报纸翻译新闻，也能报道本地人感兴趣的消息。而《导报》与此不同，它没有翻译人员，完全依赖路透社和《国闻》的本地报道。所以从新闻编辑的角度来看，《国闻》的停业是一个非常严重的问题。而我自愿承担翻译任务，以前每天下午一点到四点，我都为《国闻》翻译东西，现在，我受雇翻译本地报纸，能够从中国消息来源中得到至少两条新闻。当然，我没有被要求这样做，也没有义务在不值班的一周三晚工作。可能管理层没有注意到我对报社的贡献，但我已经习惯了工作。这是我的本性，我根本无法想象任何理性的人能拿着高薪什么都不干。

在我来《导报》大约一个星期之后，有来自南京的消息说，国民党中央宣传部和外交部正派遣联合小组到北平重组《导报》，并任命刁敏谦博士为领导。我在北平和南京的一些朋友非常关心我，其中的一个甚至给在南京宣传部门的一位朋友打电报，要求他代我求职。我后来得知，这封电报到达南京有点太晚了，有关人员已经离开首都。但我一直感谢《国闻》新闻社社长、《大公报》的组织天才胡霖先生，因为他一向关心我。

他们一行人按时到达北平，以快捷和高效的方式执行任务。几乎一抵达，马上就有人告知我，杨光洰博士的父亲——外交部宣传部助理主任杨文濂先生被解除了该报的业务经理一职，而杨博士本人也失去了南京记者站记者的工作，从此《导报》将由国民党宣传部门直接控制，作为缓冲的外交部被一脚踢开。我只见过杨文濂一两次，他曾在美国留学，多年来一直在政府部门工作，但给他一个月工资就解雇他的消息没有给我带来太大的遗憾。在夏初，柯乐文先生将《导报》卖给了政府之后，他就立即调入报社。他名义上担任业务经理一职，每个月挣300元，但没有做任何实质性的工作，反而把一切都丢给了燕京大学毕业生C. S. 刘先生（Mr. C. S. Liu），后者在梁启超先生拥有《导报》时就已经在这里工作了，所以对业务和报纸都非常了解。杨先生的离职对《导报》没有任何损失。

我后来发现杨博士是《导报》被迫重组的主要原因。表面上看，重组小组是来调查我们刊登唐生智谴责蒋介石将军电报的事件，但实际上，其主要目的是将他们父子赶下台，并将《导报》置于国民党的宣传部门之下。该部门似乎对杨博士非常不满。据称，他和他的父亲在政府拨的3000元补贴中，至少贪污了1000元。而且除了每周写一篇文章之外，年轻的杨博士没有为报社做任何事，文章还是由别人代笔。这种指控是否属实我不清楚，但毫无疑问，由于《导报》受到中国人的控制，有许多确凿证据表明我们的业务管理会"衙门化"。

我没有参加重组。刚从《正报》跳槽，而且一开始工作就不顺，所以我对于没有被邀请去见南京代表并不感到惊讶。我见过的一位成员就是刁博士，我们相知多年，原本是一个礼貌性的拜访，但显然他认为我是来寻求他的帮助，我注意到他和我打招呼的方式很僵硬，这与我之前在《正报》时的热情形成鲜明对比。

重组的另一个结果是与代表团一起到来的李炳瑞成为编辑委员会的主任，有充分的权力每天晚上审查头条，如果认为有问题，会要求编辑修改。李大约30岁，在加拿大接受大学教育，回国后在京奉铁路机械部门工作。他受到的培训是当个铁路工程师，但在1926年国民党占领北京时失业。但因有国民党员的身份，使他能够进入南京政府的宣传部。

他来北平之前，我读了他为周日版的《北华捷报》（the North China Daily News）撰写的两三篇文章，主要是宣传性质的。虽然我有理由相信《北华捷报》是因为作者在宣传部门的职位才刊发他的文章，但这些文章相当不错。我记得有一天他出现在编辑部，并对洪德先生说，以后他每周会为《导报》写一两篇社论，但他从未履行过这一承诺。确实，他没有留在这里多久，总共贡献了不超过三篇社论。

洪德先生和李先生之间的摩擦从一开始就很明显。有了一份让他完全控制编辑委员会的合同，洪德先生坚持认为没有他的认可，任何人都不能掺和编辑部的事。但李认为他地位更高，应该在报纸的编辑方面有一些发言权。第一次冲突发生在国民党创始人兼领导人孙中山先生去世五周年前一天。在没有知会洪德先生的情况下，李先生已经为孙博士的肖像预留了一块版面，但是他忘了指定"切割"的尺寸，印出来后才发现，它对于一列版面而言太大，对两列而言又太小。洪德当着李的面下令剪切。李回答说他做了。洪德立刻抓住了这一点，指责李需要从新闻专业的基础开始学习，并为此喋喋不休。李一直沉默，然后离开办公室回到自己的房间。我很欣赏李在这个场合的忍耐，但我知道从那时起他就全力以赴铲除洪德。我觉得洪德对保住饭碗不太在意，事实上，我的印象是他在为新政权制造麻烦。

当我的第一个月工作即将结束时，却面临着过春节却得不到薪水的困境。如果我还在《正报》的话，除了除夕前两天给的半月奖金之外，我还会在农历新年前一周得到1月份工资。当我加入《导报》时，虽然有点疑虑，但我确定工资不会被拖欠。现在1月即将结束——春节马上就到了—— 但是工资还没信。事实上，我已经为这种可能性做好了充分的准备。但鼓动我换工作的洪德先生知道我因为跳槽遭受了损失，所以很焦急，并出手干预。他告诉刁有关情况，在腊月的最后一天设法给了我一张400元的支票。此事非常意外，我后来发现我是编辑和业务人员中唯一一个在春节前领到工资的人。

为了规避南京政府对阴历年的禁令，人们将这个假期命名为春节。节后，从南京来了一位新业务经理，随同他的是一位约23岁的助理。这个35岁左右的人给我留下了深刻的印象，他比杨强得多，他曾在现已解散的《中国信使报》（Chinese Courier）社工作，对印刷业务有所了解。尽管我们见面不多，但是他和他的助手对我很有好感，后者是国民党党员、福田大学新毕业生。这位年轻的助手虽然每个月拿150元，但除了每天去办公室阅读每日新闻之外，什么都不做。

2月中旬发生的一些事情，让我预感到有些事会在我身上发生。事实上，我在岗位上并不顺心，曾经告诉朋友，我现在从事的是一项政治工作，并且不知道还能在报社干多久。这些想法是由于刘先生被免职引起的。我提到过他在《导报》已工作了八年及其管理能力。此外，他非常受业务人员的欢迎，并对印刷机和排版机很在行。但他不是国民党的人，这一点就足以让他被免职了。当然，这不是管理层给出的原因，他们得编点借口才能证明解聘是合法的。因此，传说刘先生是因为财务问题被解职的。

当我得知刘被解职、甚至没拿到一个月的工资时，感到非常愤慨，但是有一天，当我偶然提到这个问题时，刁的女秘书吐露，从南京新来的业务经理发现刘一直在为《导报》购买纸张时揩油，在最近几个月里，他挣了 3000 元。她进一步说，新政权的初衷是抓捕他，但由于他非常受工人欢迎，因此惩罚他的计划流产，以免导致工人罢工。我不知道这些指控真实性如何，但由于管理层从未能证实这一点，刘显然被认为是无辜的。

这件事让我想了很多。这是一个有能力、精力充沛，从职员上升到报社办公室最高职位的人。然而，仅仅因为报纸处于党的控制之下，并且必须有一名南京政府的人作为经理，他在没有任何过错的情况下被解雇了。该报社不仅拒绝向他支付一个月的工资，而且还扣了他实际工作的报酬。既然我不是国民党党员，那么这个党会不会也这样对我？的确，我从未如此沮丧。虽然我没有想回到《正报》，但我开始怀疑离开日本报社是否明智。我放弃了成为主编的所有希望。

在结束本章之前，我必须提到此时发生的另一起事件。C 代表本地一个致力于救济饥荒的国际组织旅行回来不久，我去他家拜访。他是北平最受欢迎和最著名的公民领袖之一，曾担任过七年知名学院院长，三年前我才认识他。尽管我们年龄不同，但相互间仍然形成了一种温暖的友谊。我总是向他寻求建议和启示，他从来没有让我失望过。

我走进 C 的书房，他说：“我认为你离开《正报》是不明智的。”我回答说，我从《正报》辞职是因为我相信在《导报》有更好的未来。我补充说：“我想为一家中国报社服务，而且你非常了解的 D 和 L 都同意我换工作。”

我的朋友回答说：“孙先生，你知道，我们生活在一个当不起爱国者的时代。至于 D 和 L 对你的辞职的看法，你必须记住，他们两个都与你同龄，想法也一致。如果我当时在北平，我就不会建议你加入《导报》。”

当时，这些话让我痛苦。事实上，我认为他的想法变得有点保守，不再理解年轻人的报负。我有点失望地回到了家，但我决心证明，从长远来看，从《正报》转到《导报》是一个明智的举动。

李春昱函稿

知 之 整理

说明：本篇资料收录李春昱担任国民政府经济部中央地质调查所所长时，于1944年2月至5月间所发信函的抄存稿，共95通。

李春昱（1904—1988），河南汲县人，1928年毕业于北京大学地质学系，后留学德国，获柏林大学博士学位。1928年入地质调查所任调查员，1938—1942年任四川省地质调查所所长，1942—1949年任经济部中央地质调查所所长，并曾两度担任中国地质学会理事长。他是我国著名地质构造学家，中国地质科学院一级研究员、中国科学院学部委员，主持编制的《亚洲大地构造图》，1982年获国家自然科学一等奖。

95通信函中，共涉及收函者66人，其中翁文灏、李四光、朱家骅、谢家荣、黄汲清等，均为民国时期重要学者。信函内容涉及抗战时期中国科学界众多史事，对抗战史、科学史研究均具有重要参考价值。

原件未加标点，装订成册，封面标有"所长发出函稿（3）中华民国卅三年二月九日"。今据影印件点校整理，以为研究者之参考。

整理者：知之，中国社会科学院近代史研究所编审。

致乐森璕函

（1944年2月9日）

季纯吾兄大鉴：

久未奉候，至以为念。前弟在中央训练团受训一月，前日方始归来。今年地质学会在贵阳举行，弟当一往，不惟老朋友可以藉以晤谈，而兄等数年来之苦心成绩，亦可藉使观光。惟诸多筹备有累吾【兄】矣。原推兄及谢季华负责筹【备】，今谢公在渝，不免吾兄当更多偏劳。本所可以参加此会者约有十人，川所当有数人，惜以开支浩大，恐不易更多矣。仲良兄是否时常进城，届时想其必来贵阳，亦可得以畅谈也。握晤非遥，先此奉达。敬祝研安！

致王鸿祯函

（1944年2月9日）

鸿祯吾兄大鉴：

近闻吾兄有来本所之意，并愿研究泥盆纪化石，弟当欢迎。本所为国家地质研究机关，凡有志作地质工作者均所欢迎。其有特殊研究兴趣者，自亦乐予协助。惟闻兄有研究计晓清先生遗留材料之说，但此材料现在尹先生拟着手整理，似兄来渝以另行采集为佳，且现以印刷困难，《古生物志》恐一时难以出版，兄之研究工作，最好以研究地层为佳，未悉尊意如何？专达。即祝研安！

致孙云铸函

（1944年2月9日）

铁仙吾师大鉴：

洁秋到渝，备悉尊况。乃昱以入中训团受训，久未奉候为歉。好在不久在贵阳举行地质年会，届时当可一晤也。据洁秋兄称，顾知微君愿来本所工作，并曾交来著作，经评阅合格，即拟请其来渝。兹由中国银行汇上二千元，请为转付，以备由昆明到贵阳之用。由筑到渝所需，俟生到筑晤面后再行另筹。又闻王鸿祯君有来本所之意，未悉尊意如何。兹附致王、顾二君各一份，请为转交是荷。专此。即请教安！

致顾知微函
（1944年2月9日）

知微吾兄大鉴：

据王洁秋先生面告，吾兄愿入本所工作，并以大作见示，至为欣盼。兹汇旅费二千元至孙铁仙先生处，请往洽取，以备由昆明至贵阳之用。今年地质学会，弟亦赴筑，届时当可面谈，如需路费，亦可面付也。专达。即祝研安！

致鲁巨川函
（1944年2月10日）

巨川吾兄大鉴：

承索服务证明书，兹已照办。惟未叙明技佐及薪级，因恐对送审较高等级或无好处。但兄如认为叙明较佳时，请为示知，本所当为填备也。专此。顺祝大安！

致徐盈函
（1944年2月10日）

徐盈兄：

久违甚念。弟以上期受训，以致大函久未奉复。承询"铀之用途"，经托人查书，约有下列数种：（1）炼制特殊钢，但价昂，现无用者；（2）制黄色之玻璃与瓷器；（3）治糖尿病；

（4）照相胶片配药；（5）飞机上各种表 meters 上，涂此可以夜飞看得见，而无其他反光。至用其放射性，惟开驶飞机之说，尚无所闻。专此奉复。顺祝大安！

致毕庆昌函
（1944年2月11日）

宙迁吾兄大鉴：

　　二月大函拜悉。兄告奋勇担任三岔镇幅地质图，至以为慰，即可如此办理。今年分所原计划地质图计有静宁、海原、定西、陇西、皋兰、永登各幅，如何进行，盼叙五兄与兄等商讨办理。惟部派出国人员，在分所者，弟曾保荐吾兄及兆洽兄，乃近闻一律须经考试院考试，但迄今而未决定。兄如愿参加考试，届时弟当专函通知也。廿万分之一底图，以绘图人员不敷分配，至今一幅未作，至以为歉。但上月已买了大批绘图纸矣。西北五万分一地图，明日当嘱测绘室分别检晒。近日兰州天气已解冻否？甚念。专复。即祝研安！

致王曰伦函
（1944年2月11日）

叙五兄大鉴：

　　七日大函奉悉。刘增乾试卷业经评阅，不为甚好，差可及格。据评阅人称，比杜恒俭君不相上下，故其薪级可与杜恒俭君同，正薪一百元，其他津贴按政府规定。此人曾从弟受课，野外工作尚可，测量地形亦颇熟习，兄可用其所长，惟说话很随便，应请兄予以注意。王恒兴君似不甚高明，就其致杨克强信件已可看出大概，在建厅自亦很得其所长。梁文郁君著作均已看过，请延用为本所分所正式职员。

　　分所账目盼早汇集寄来，以便结报。据查七月份、九月份均无账来，未知悉系遗失，抑未报？因三月底即结账，不便久延也。米代金及生活补助费现已拨到，请据所有分所员工按薪额及政府规定一律支领，其有出差或暂未在分所者代为保存，由本所垫付者设法汇还。支领不完之余额，留还国库。

受训事此期接到通知者，仅尹、黄、曾三公，吾兄可以改期，实在不能脱身，只好不受训。但所中有许多事务，确待与兄面洽，故仍盼最近来渝一行。因弟初受训返所，而三月底又须赴筑开地质年会，其间不能赴兰，而公务处理又非与兄面洽不可；且会计、人事两室亦均望兄来渝协商一切，故最近仍盼吾兄来渝一行。专此。即候大安！

致侯德封函
（1944年2月11日）

洛村吾兄大鉴：

手教拜悉。隆昌煤田去年川康兴业公司曾往测勘，未悉已否呈领，当容一询。白报纸尚无消息，俟弟进城，当再一往面洽。弟及受训诸公拟于十五日进城，已函请部长是否届时开一次理事会也。专复。敬祝大安！

致何维德函
（1944年2月11日）

维德吾弟大鉴：

兄以上月受训，大函久未致复为歉。隆昌煤田已呈请设权否，现有友人拟办此矿。如贵公司尚未呈请，烦即告知；如已请领，可否转让？专此奉询，函告是荷。祝近祺！

致孙越崎函

(1944 年 2 月 11 日)

越崎吾兄大鉴:

前奉大函,承允以去岁运送朱子元兄遗榇,所用七加伦汽油作为捐赠,至为感谢。已将原函转致朱品山兄,顷得其致兄谢函,兹转奉上,即祈察阅。顺祝勋绥!

致陈平之函

(1944 年 2 月 12 日)

平之吾兄大鉴:

弟以在中训团受训,以致大函多日未复为歉。吾兄来渝,恐为期尚有待也。如能加入本所工作,至所欢迎,若有困难,则今年暑假如愿赴野外调查,自仍愿尽力协助,固一举而两得者。承嘱借 Ouarts wedge 或 bereck comport,经与经管人商,本所亦不多,恐邮寄损坏。如兄有志鉴定,请将标本寄碚,当嘱人观察后奉上,未悉尊意如何?专复。敬祝研安!

致翁文灏函

(1944 年 2 月 13 日)

咏公夫子钧鉴:

钧示敬悉。兹拟订于十五日(星期二)下午六时在资委会晚饭后举行理事会,如钧座是日无其【他】约会,即作决定,则请嘱中添备客饭约十位。骝【先】先生处或可通知其到会略晚。如须改期,则请留信资委会秘书处。生拟于十四日下午前往,以便通知各理事。惟会后返沙坪坝小龙【坎】者约六七人,拟请钧座届时饬派【车】一送为恳。谨上。敬请钧安!

致刘志鹄函
（1944年2月13日）

志鹄兄大鉴：

灰电悉。承示江油侏罗纪煤洞石油，甚感。但此层断层强烈，恐无希望。采金局裁并资委会，兄可归来述职。张人鉴队裁撤矣。在贵阳举行地质年会，弟往参加，会后拟赴桂林参观广西地质图。新疆成立地质所，由王洁秋主持。祝大安！

致张文佑函
（1944年2月13日）

文佑吾兄：

经纬度表乃系一投影方法简命一件，明日寄上两张。《制图汇刊》想尊处已有，不需劳寄矣。永明县经纬度本所亦无。本年出国，研究院有十名，仲师曾向翁先生保荐侯洛村。经济部有二百名，地质占几名无把握。惟由考试院一律考试。□□究得确讯再告。此祝大安！

致吴磊伯函
（1944年2月13日）

磊伯兄：

大作呈注，即照改。以印刷困难，廿二卷三四【期】始印妥，廿三【卷】一二卷［期］才付印，兄此篇未列入，廿三卷三四期可排印也。地质年会兄赴筑否？弟会后赴桂一游。此请研安！

致岳希新信、致马溶之信[1]

致周晓和函

（1944年2月□日）

晓和兄：

江油煤矿产油事，刘志鹄有电示弟。揣江油构造复杂，断层甚多，恐无希望。川所详查过，已有出版者……兄有何观察，甚盼早日示知。此祝大安！

致李树勋函

（1944年2月□日）

迟庵吾兄大鉴：

前函谅达。分所布置日渐完备，欣慰无似。分所预算尚未确定，闻部中已核定为一百八十万元，尚等国防【最】高委员会之审核，但有公粮与生活费一律在内之说，现正在探询交涉中。分所车最好能由分所自行支配，一方不超出预算不抵犯审计规定；一方顾及同人福利。专想到福利，必至不能报销，无法赔偿；专为报销，或不免使同人生活不安，而两顾到，确为困难问题。本所福利煞费筹措，而同人所获甚微，弟实有力不从心之苦，而无可奈何也。叙五兄曾感到困难，固在弟意料之中，但决必有所消极。现在地质重任皆在吾人之肩，万一消极，即是自行放弃阵地，如何其可。弟每日从早八时至晚十一时，未尝有闲，固无时不在困难中挣扎也。兄担任事务，却亦是学术上之牺牲，不但兄个人吃亏，即吾国地质工作亦蒙不利，但为全局着想，亦不得不暂时如此。弟每思物色继任人选，但苦无其人，请与叙五

---

[1] 原件注："因字数多，恐误发信时间，未抄。"

兄商，请其留意。在未得继任人之前，兄自有继续负责也。三十三年度工作计划想早已收到，未悉叙五兄将如何分配实施？有许事务因寄信不便，不能完全表明彼意见。弟既不克赴兰，故甚盼叙五兄能于春间来渝一行也。四月初至五月初，弟将赴贵阳及桂林，能在此时之前最所欢迎。出国事将来总有机会，似可不必积［急］于，自费固可设法，但又何必如此着【急】呢？未审尊意如何？此复。大安！

致盛莘夫函

（1944年2月14日）

莘夫吾兄大鉴：

屡函均悉，适弟以在中训团受训，未能即复为歉。印刷事多承吾兄费多方注意，两本刊物不久完成，至堪欣慰。弟之序文业已读过，日期稍改，可以符合，自属甚善也。以后续印刊物，校阅乏人，尚未能编纂竣事，至以为歉。好在化白业已归来，弟已请其选编，分别交人修正，陆续付印。惟何时交稿，殊无把握。运书箱上书明交翁部长字样是最好办法。弟进城通知资委会秘书处，可更无须禀报部长矣。向国外交换时，予以注意，即当告知图馆办理。本所刊物均未在邮局挂号，弟现嘱人办此。此事手续惟时不及，只好按普通邮件付邮，以后再述。专此拜复。大安！

致杜衡龄函

（1944年2月14日）

廷生吾兄大鉴：

久耳宏誉，未亲雅教，每以为歉。去岁刘乃隆兄到碚，聆悉起居兴吉，无任欣慰。今春高化白先生返渝，称两广地质调查所以经费窘拮，野外工作颇感困难，而兄亦并未在学校担任功课，曾有劝兄赴闽之意，弟甚赞成。盖福建省地质调查所现正需人工作，而兄亦可藉此不致辍止实地研究，诚一举两得。闻孟使、德沛两先生亦均赞成。弟甚愿奉劝兄即赴闽，待两广经费宽裕，再行归来，亦未尝不可。国家现需待于吾兄辈学地质者甚殷，吾辈正应及时就本职努力者也。聊申寸衷，顺祝研安！

致张伯楫函
（1944年2月14日）

伯楫吾兄大鉴：

久耳【宏】誉，晤教乏缘，每以为憾。去岁刘乃隆兄到碚，道兄近况，无任欣慰。今春高化白先生返渝，称两广地质调查所以经费窘拮，野外工作颇困难，而福建地质调查所现正需人协助，今致函孟使、德沛两位先生同意劝兄赴闽。弟对此事极为赞成，时国家对吾辈需求甚殷，既不能执干戈以卫社稷，便应就本职努力，以尽匹夫有责之义。且闻吾兄【无】在学校职务与功课，似兄离粤对闽所有益，对两广无损，兄亦可有机作实地工作，诚一举而两得。欣闻之余，愿刍意奉劝，未悉尊见如【何】？顺祝研安！

致马雪峰函
（1944年2月14日）

雪峰吾兄大鉴：

许久未晤，渴念良殷。上月奉接大作两册，拜读之余，至为欣羡。此书材料丰富，印刷精美，极如《古生物志》。在此抗战时间，能有此出版品，实甚难得，足征能者无往而不可利用机会也。今年地质年会将于四月初在筑举行，吾兄能参加，当可届聆教。弟以事务繁累，久【未从事】研究工作，地质学会无论文可提，真惭为故人道也。专此奉达。敬候研安！

致郑竹虚函

（1944年2月14日）

竹虚吾兄大鉴：

握别逾旬，驰念良殷。兹有恳者，本所同事白家驹有子二人，现其夫人又将生产，家无童仆，无法照料，拟将次子白之琪（三岁六个月）送交贵部北碚所办之托儿所。惟非招收时期，特恳兄设法免费收容（据称有贵部信即可收容），实不胜感激之至。顺祝勋安！

致周昌芸函

（1944年2月14日）

芸夫吾兄大鉴：

久未通候，驰念良殷。化白业已到渝多日，乃弟以在中训团受训，上周始返，故闽所情形返日方获畅读也。关于派员赴闽所工作事，曾经征询数人意见，均不愿往，使弟无法为力。此层化白兄现能谅悉。幸闻化白云，现在坪石两广地质调查所有张伯楫、杜衡龄或可前往，且中央研究院王荫之、孙宏孺将赴闽短期工作，固亦一很好机会，望兄加急进行。弟亦将试为设法从傍〔旁〕敦劝。如此成果，乃真正闽所职员，较之本所派去为客卿者尚□挥也。五省茶区调查事，前奉一电，谅已送达，进行如何，盼为示复。陆发熹君随时可以听命前往也。专此。顺祝勋安！

致翁文灏函

（1944年2月19日）

咏公部长钧鉴：

生前日赴工矿展览会参观，得睹陈列物品丰富精美，可以增加不少常识。生拟使本所地质人员均往观光，并注意各种重要矿物标本，录其分析结果。在会场晤阮鸿仪君，伊允将云南铝土矿及其分析结果赠本所一全份。晤张莘夫君，见有许【多】结晶完美之朱砂，曾请其赠交本所。伊【言】如钧座批准，愿得可以永久保存之学术机关而赠送之。生以为本所自南京迁出时，在恐惧惊慌之下，尚能运出书籍、仪器、标本五百余箱，今后本所财产当不致有更大之危险，且本所已具有三十年之历史基础奠定，好标本到了本所，可谓物得其主矣。会场尚有甚佳之钨、锡标本，生拟使本所参观人员均加注意。俟至会后，凡原陈列机关不必携回者，盼能赠送本所，在标签上注明赠送机关。如钧座以为可行，则当于展览会将返结束之时，正式备函向资委会商请。钧意如何？敬候裁示。

又，杨克强已于昨晚返所，一并奉陈。敬请钧安！

致尹赞勋函

（1944 年 2 月 19 日）

建猷兄：

入团两日，想均已就绪。前日蒋炳如君送来一函，兹转奉一阅，附牙一枚，已交王存义修理。适克强兄昨晚返所，当可代鉴定也。闻程中石兄亦入团受训，晤面时请代为致候。钨管处有钨矿标本一大块，可否于展览会后赠交本所永久保存，请兄与中石兄一商。专此。敬祝大安！

致南延宗函

（1944 年 2 月 19 日）

怀楚吾兄大鉴：

二月四日大函奉悉。吾兄研究广西钨矿，认为下部钨矿尚有相当希望，闻讯之余，至为欣慰。承嘱留李铭德君暂缓来渝，此事弟无成见，如李君同意，自可仍令暂留桂林，无论何地，均系为国家服务，无甚彼此关系。兄将来愿重返本所时，固亦所欢迎也。专此拜复。顺祝大安！

致周晓和函
（1944年2月19日）

晓和吾兄大鉴：

二月九日手教奉悉。江油石油承示各种情形，至为感谢。现本所已派陈秉范君偕同四川油矿探勘处之沈乃菁君前往调查，现在重庆，三两日内即可出发。专此奉达。敬颂大安！

致陈秉范函
（1944年2月19日）

秉范吾兄大鉴：

顷接周晓和一函，对江油油苗略有所述，兹寄去以备参考，并已由弟径复周君。惟地方对此矿希望甚殷，如兄认为不佳时，当时不必多表意见，即认为佳时，亦可略缄默为佳。专此拜达。即祝大安！

致黄汲清函
（1944年2月□日）

汲清吾兄大鉴：

十八日函悉，各信已照收转。兹接梅岩信，转奉一阅。杨克强兄已于十八日返所。工矿展览会有钨矿标本一大块，钨之一侧为石英，一侧有白云母，请兄与中石兄一商，可否赠交本所永久保存，本所当书明【赠】送机关及人名，以为纪念。余再。祝大安！

致李尔康函

(1944年2月22日)

尔康吾兄大鉴：

久违雅教，驰念良殷。忽奉手书，至深欣慰。承嘱代约有经验地质人员，自应遵办，惟现时以人才缺乏，确十分困难。弟意公司方面似可不必请一人担任此项工作。现在湖南地质调查所（在黔阳北正街）田奇㻪（字季瑜）及王晓青均甚有经验，而以经费拮据，野外工作比较不多，但又不肯舍之而去。吾兄不妨建议公司与该所合作，除调查期间供给旅费外，另按期对该所略予补助，似较请人容易办到也。兄如赞同，可由公司去函商洽，弟当另函季瑜、晓青，预为说明，想无问题。汲清兄在中训团受训，尹、曾二公亦同去，弟则已于前期毕业矣。四月初在贵阳开地质年会，弟将往参加。兄届时返，或可在筑一晤也。专复。敬祝大安！

致田奇㻪函

(1944年2月22日)

季瑜吾兄大鉴：

久未通候，至深驰念。近况奚似，盼能抽【空】见示。地质年会在贵阳举行，建猷兄、汲清与弟均将参加，盼兄亦能前往，藉可晤谈。湘所本年经费如何，想工作推动不无困难也。顷接湖南实业公司李尔康兄来函，嘱代请一有经验之地质人员。弟以专门延聘比较困难，曾建议与湘所合作，在调查期间由公司供给旅费，平时按期对湘所略予补助，未悉兄意如何。如公司来函相商，请兄斟酌办法。李尔康为中央工业试验所北碚主任，现临时在公司帮忙，想兄亦曾会过。余俟在贵阳面谈。专此奉达。顺祝研安！

致张文佑函

（1944年2月22日）

文佑吾兄大鉴：

大函拜悉。关于出国事，尚未决定。吾兄精研多年，成绩斐然，弟固未能所助也。现闻将参用考试方法，何时何地举行考试，均未决定，但结果将以本机关推荐成绩作三分之二计算。吾兄著作可略为收集，以备万一之用。惟究竟举行与否，则当有待于委员长之核定。赵亚曾先生纪念金，吾兄荣膺其选，附此，复奉贺。仲揆师到渝后，弟拟迎其来碚小住，未悉能抽出空暇否。专此拜复。顺祝研安！

致黄海平函

（1944年2月25日）

海平吾兄大鉴：

前日聆教，至为快愉。顷接中央机器厂复电，缩放机不肯减价，只有以五万七千元照做。贵所如欲订购，请即拨付五万元以为定金。如何拨付，烦为示知。专此。顺祝研安！

致路兆洽函

（1944年2月26日）

兆洽吾兄大鉴：

弟以诸多牵挂，未能赴兰与诸兄一叙，甚歉。然详情已见建庵函，兹不赘述。政府事务逐日增加，其繁忙程度，兼及交通困难，弟亦颇疲于奔命也。兄拟稍留室内略久，以整理积压工作，自亦甚是，请与叙五兄商酌办理，弟当无不赞成。经济部派员出国事，闻现取考试方法，以原机关保荐作为三分之二，考试三分之一，何时何地举行，尚待委座之核定中。兄可将已有论著收集整理，以为保荐之预备，万一委座批驳留学办法，则与兄亦有益。将来如有机会，尚可另行保荐也。地质矿产调查主任既有此规定，自必须有【人】担任。分所几个主任由几个资格较老者担任，兄当不必推辞也。专复。顺祝研安！

致李树勋函

（1944年2月26日）

建庵吾兄大鉴：

十九日大函拜悉，兹复如次：（1）弟以受训及地质年会兼拟赴桂一行，故短期间无法赴兰，分所问题甚盼叙五兄来渝一行，以图解决也。（2）兄任事务，可以一分叙五兄之劳。本所事务向均靠共同努力，任劳还要任怨，决不致徒劳无功也。（3）刘鸿文君薪级、名义均可由分所拟定，呈请办理。既系得力人员，应勉其热心进行。（4）分所存总所之款七万余元，可暂存分所，备二三月份之用，俟经费核定后拨款时，当如数扣除。如将来经费直拨兰州（不经总所转），再行扣除。（5）冬季煤炭补助费确系一困难问题，如全按去冬分所计划所列，将来必遭审计之驳下，如由总所筹款弥补，弟实无此能力。并非弟在重庆不知兰之冷，且弟固亦北方人也。兹为体念实况，准予无眷者每人一次发付八百元，有眷者每人一次发付千元，将此款数额在事业费内列入煤款报销。惟闻分所上年总开支已超出核定预算，未悉确否，如然，则更增加困难矣。（6）刘增乾已电复录取。（7）分所同人徽章可与总所一律。现本所尚存有若干，即嘱照寄，或设法托人带兰，不必再做。（8）会计账目，部中催报甚急，有未结报之旅费、办公费，望均加急结报。（9）分所工作计划已大略拟定，并已寄一份至分所，兹更寄去一份，请自行斟酌，或会商，或决定工作步骤。（10）黄劭显于到职途中覆车受伤，可作为二月一日到职，以免薪津无处支领。（11）所仪器不甚多，显微镜已带去一架，尚拟要哪一样，请为示知。专复。即祝大安！

致王曰伦函
（1944年2月26日）

叙五兄大鉴：

屡函谅达。分所工作计划前曾寄分所一册，请策划进行。弟以许多牵挂，未克赴兰，许多因消息不灵通之隔膜，甚盼当面一谈，未悉吾兄将工作部署就绪后，能来渝一谈否？但地质年会四月一日在筑举行，弟将参加，会后并拟赴桂林一行，约四月底始可返渝。吾兄来渝以在此前或此后为佳。所中绘图人员虽添数名，而对甘肃需用之【图】依然未能着手进行。现订购缩放机一架，大约四月后可以交货，届时送交分所绘图，当可较便也。余详建庵兄函，兹不多叙。即祝大安！

致黄劭显函
（1944年2月26日）

劭显吾兄大鉴：

大函拜悉。创伤渐愈，为之甚慰。前寄晴隆一函或未收也。兹由银行汇上五千元，以备急需。兹为弥补吾兄损失计，已通知人事及会计室，作为二月一日到。吾兄预备请铨之件，即请检寄本所人事室，以便办理手续为荷。专复。顺祝痊安！

致刘多钦函
（1944年2月26日）

多钦吾弟台鉴：

大函祗悉。弟曾随济生先生至会理一行，惟该区地质研究尚乏基础，且构造相当复杂，或不无困难也。工矿展览会琳琅满目，兄已看过，拟再往一观。济生先生业已晤见矣。专此拜复。

即候研安！

致李悦言函

（1944年2月26日）

悦言吾兄大鉴：

　　来函拜悉。留学事迄未决定，闻兼用考试方法，一俟办法规定，当即奉达。顷接翁先生来函，对兄会志发表一文，甚加赞许，兹摘录奉上一阅。汇上五千元，为备赴荣县之川。如可发掘，可派王存义前往工作。又永利为川所修配钻机零件，原曾谈约二万元，后开账单六万元，似嫌太多，请吾兄与傅冰芝一商，望能减少。又闻周柱臣先生曾介绍一位工业化学人员，未悉永利或黄海能以延用否？盼函示为荷。专此。顺祝大安！

　　附翁先生函一件。

致许粹士函

（1944年3月4日）

粹士吾兄大鉴：

　　弟奉命筹编《中国矿产志》，业已分类着手，惟材料缺乏尚多，趁展览会之便，可以当面搜集不少材料。展览地质图盼能全部留下，或交本所照抄一份。谢济生、胡佛三（闻已归去，未悉滇局何人在渝）、陈可甫诸公均请吾兄说明详情，请其协助。弟当另行专函相请。如有材料，即请就近交谢庆辉收存为荷。专此拜托。敬候勋安！

致丁西林函

（1944年3月4日）

巽甫吾师钧鉴：

　　前日谒迓，适以吾师劳顿，生又急于返碚，未能畅聆教诲为怅。近接生班友王普自北平来函，伊拟脱离辅仁南来，特函询有无适当工作。生以对物理界不接头，谨以奉询吾师，请为示知，以便转达。谨此。敬请诲安！

致李四光函
（1944年3月□日）

仲揆吾师钧鉴：

前日迂谒，乃以生急于返碚，未克多聆诲训为怅。北碚同人均盼吾师能抽暇来碚一行。汲清、建猷现在中训团受训，大约十三四日可以返所。吾师如能于评议会后莅碚，请为示知，生当进城恭迎也。谨此。敬请诲安！

致胡乾善函
（1944年3月□日）

乾善吾兄大鉴：

两奉手教，聆悉一切。上次弟已将吾兄致翁部长函及尊稿当面送交，并述兄意。翁先生即将尊函留下，惟至今尚无消息，或无适当机缘。大作弟曾提到可投《新经济》，未知是否业曾交去。兄如有存稿，或可另缮一份，弟当代为投送。物价高涨，吾辈所受压迫殊甚，幸豫人素以俭苦著称，尚能忍受，思较故乡灾黎又强得多多也。舍下仍住小龙坎，无力搬家，自以无须搬家矣。出外调查事，日加困难，但四月一日将在贵阳举行地质年会，后尚拟赴桂林一行，约在五月初始可返所也。专复。敬祝大安！

致郑竹虚函
（1944年3月□日）

竹虚司长吾兄大鉴：

奉读手教，承惠允白之琪入北碚托儿所，至深感荷。惟据白君称，若由此地办理手续，恐未必可以通过。中农所沈宗瀚兄之公子，即系径向贵部声请。白君确甚清苦，兹由本所上函贵部，尚祈届时惠予核准为荷。专肃。敬祝勋祺！

致孙云铸函
（1944年3月7日）

铁仙吾师赐鉴：

奉读手教，欣悉业已抵渝。何日来碚，至所欢迎，宿处当可设法，决无问题。建猷、汲清现均在中训团受训，大约下周可归。专此奉达。敬候道安！

致何绍勋函
（1944年3月7日）

绍勋吾兄大鉴：

惠函奉悉。兹遵嘱寄填具收据一纸附上，即祈检收备用为荷。专此复。即祝研安！

致王恒升函
（1944年3月7日）

洁秋吾兄大鉴：

大函奉悉。闻兄明日飞昆明，未悉可成行否。铁仙到渝，想已晤及矣。盛主席致兄一电，闻已由翁先生转奉。兹接马溶之兄一电，已交李和成看过，附此寄上。另有和成兄拟妥土壤分析说明一份，亦请检收。专此。祝安！

致程祝颐函
（1944年3月8日）

祝颐吾兄大鉴：

大函奉悉。承嘱抄奉之拙稿一部，兹即遵命寄上，即祈指正。《地质论评》已通知图书馆照办矣。专此奉复。即祝大安！

致张惠远函
（1944年3月8日）

惠远吾兄大鉴：

奉接手教，并读大作，至深幸慰。当即交许德佑兄阅。现德佑兄另撰妥一稿，特寄兄一阅，未悉吾兄对大作发表上尚有其他意见否？盼为示知。闻洁秋兄日内返昆明，此间情形当可由伊面达也。专此奉复。敬祝大安！

附稿一份。

致斯行健函
（1944年3月9日）

天石吾兄大鉴：

接读大函，得悉兄患痔疮，未知愈否，甚以为念。如短期间不便来渝，则训练古植物后毕〔辈〕之举，固亦不必汲汲限于一时，将来当更图以后之机会也。前汇旅费，不必汇还。弟将于四月中旬赴桂林一行，届时交弟，固甚方便；且今年地质学会已决定赵亚曾先生纪念金三千元给予张文佑，请即先拨付三千元，弟即由地质学会照数收还。扩大镜已由兄取出，至为感谢，未悉能于四月初托人带至贵阳否？因许多工作人员将需用也。万一不能，则只好待弟往取。兄之板头系一文，闻化白兄云已投国外发表，故编《会志》廿三卷三四期时，先将《江西石炭纪化石》一文排入，谅蒙赞同。专此拜复。顺颂研安！

致张文佑函

（1944年3月9日）

文佑吾兄大鉴：

　　大函拜悉。仲揆师业于上月廿九日到渝，弟曾专赴机场迎候。现正举行评议会，闻日内将来北碚一行。出国事现正搁浅，容有消息再行奉达。地质年会后，弟赴桂林之行，想可以实现，届时当晤谈聆教也。专复。敬祝大安！

致盛莘夫函

（1944年3月9日）

莘夫吾兄大鉴：

　　接读二月十二日大函，备悉一切。《钨矿志》弟收到一册，翁先生亦收到一册。几经周折，终告成功，至为欣慰，吾兄固亦受不少辛劳也。悦言《盐矿志》所附图版，已电奉，数字共为廿八版，现正书药水纸，俟画妥后即陆续寄上。其他稿件现均由高化白兄整理中，将来亦拟分别寄上，托兄一气完成几本印刷。此事当甚麻烦，然为公家服务，要靠几位出名的英雄也。合群改组后，本所刊物是否仍托印刷？如能在赣州印刷，则存纸以不出售为是。《钨矿志》及《盐矿志》赠单附此，寄上一份，即祈照寄。吾兄如已另寄，或将有的增添另寄者，请来函告知，以备存查。专此拜复。即祝大安！

致夏湘蓉函

（1944年3月9日）

镜怀吾兄大鉴：

　　久钦雅范，晤教乏缘。今年地质学会将在贵阳举行，未知吾兄届时是否参加，甚盼能【有】机会畅叙也。今年理事会议决，将编印吾国地质学者联合通讯记录，交由本所辑印，特恳吾兄先将贵所技术人员姓名、籍贯、年龄、工作范围及学历、简履，与【重】要著作分别开示，以便办理。又，关于茶区土壤【调】查事，席承藩兄系留赣接洽，抑担任野外调查，甚盼早日决定，以便分配工作。前曾奉电，兹更致承藩兄一函，请兄阅后裁示为荷。内有席承藩一函。

致李树勋函

（1944年3月10日）

建庵吾兄大鉴：

接二月廿八日大函，备悉一切。叙五未悉已自阿干镇归来否。其受训日期尚未核定，然受训与否，固希其能来渝一行。惟现弟决于三月廿五日赴贵阳，四月底返碚，如叙五兄于此时来渝，或不及相晤也。去年经费，除十月份系由国库直接拨兰十万元外（已全数取出否），其余概系由本所转拨。今年初汇兰五万元，系为本年度支用之借款，现分所共存若干（连同米代金、生活费及岳、米、宋、关等薪金），请示知。凡应汇还北碚之款及总所借付之款（今年之五万元），均请具一借条，送交总所，而现款则存兰。如调查费之用各不足时，尚差若干，亦请来示，暂时借领，俟分所经费核定发下后，再行偿还。至工作步骤，最好由在兰人员商决。宙迁兄曾自告奋勇测三岔镇幅地质图，其他各区地质图未悉已有所决定否？梁文郁君管理事务，当亦未尝不可，应与叙五兄商决各方同意后，亦暂用代理性质。分所设备当在逐渐筹备补充之中，一时当无法臻于完善也。分所人员亦是同样办法，遇有机会，当即补充。今年国家预算一律八折，各机关都现窘迫情形，裁员者甚多，大势趋，实难应付。分所人员与总所毫无区别，有共同之命运。全体同人利益均在随时注意中，偶或限于法令，略有出入，不能介意也。公费留学事尚在搁浅，自费出国似可不必积极,不惟不能学功课,如到国外被征入伍,将更影响工作矣。专复。即祝大安!

致谢庆辉函
(1944年3月11日)

庆辉弟台:

《中国矿产志·铜矿》已由本所刘乃隆着手编著,会中有何资料,盼为示知。滇北矿务局及铜铅锌矿务局地质图此次展览者,务望全部留下,或交抄一份。已函许处长,请为洽办。前闻弟面称,周泰昕愿入本所,当所欢迎,惟本所名额已逾规定,分所尚有余,如愿来时,请到分所。二则徐厚孚先生都系熟人,必泰昕商得徐处长同意而后可,兄不便向徐先生处拉人也。此意盼于便中转达。星学归,来电已于本月七日到广元,想日内即可返矣。专此。即祝研绥!

致田奇㻪函
(1944年3月11日)

季瑜吾兄大鉴:

拜读上月廿日大函,祇悉吾兄决定参加年会,弟亦将届时前往,在贵阳晤教也。上月致兄一函,未悉已收到否?尊著《泥盆纪化石》在香港所印,根本带来无几册。今兄既已需用,免[勉]将本所图书馆存者分赠一册,俟弟到筑,即可带上。余俟面谈。顺祝大安!

致丁毅函
(1944年3月11日)

子俊吾兄大鉴:

接本月三日函,聆悉尊恙尚须疗养,至以为念。医药补助费，兄将单据交来，本所可代为呈请。想兄住院已久，当不少单据也。至由本机关垫付一层，政府有此规定，但本所经费素来窘迫，兄所尽悉，兼本年预算一律按八折拨发，薪水尚不敷开支，垫药费当更困难也。兄在所服务多年，私人又系老友，凡能为力者，无不尽助。惟兄请假已及年，未悉何时可以病愈返所，实甚盼。致学会函已交去。专复。痊安！

致陈平之函
（1944年3月11日）

平之吾兄大鉴：

大函拜悉。寄来标本已交程裕淇兄鉴定，惟此地油浸液亦不全，或不无同样困难也。兄意此论文从精细着手，至为欣慰，稍迟结束，当不无问题。吾兄拟于暑暇归省，确系人情所当然。弟亦思赴天津省视双亲，奈以关山隔阻，为之奈何。故在对整个工作有益情形之下，弟甚愿为兄助也。本所今年计划，本无东南一带工作，但闻湖南邵阳一带有煤，可以炼焦，值得详细研究。吾兄如能以三月的工，作此区调查，兼作其附近地质图，弟当设法促成之。虽不及浙、赣、闽、粤之远，然亦为兄归程之过半矣。不悉尊意如何？专此拜复。顺祝大安！

致谢济生函
（1944年3月12日）

济生先生惠鉴：

城内匆促相晤，未畅聆教为歉。素钦先生在川康边区苦干多年。地质矿产会议议决编著《中国矿业志》，公推翁先生主编，原由李庆逵先生担任编纂，现以李兄行将出国，翁先生交弟执笔。现已着手写铜铅锌部份，拟请将贵局材料赐予参考。各矿地质图如能赐赠一份固佳，否【则】盼借用数星期，参考之后再行奉还。将来引用材料，均注明来源。地质调查所多年来向不标［剽］窃他人资料，谅蒙洞察，祈惠予协助。如展览会中现有资料可以暂时留下参考者，尤所欣盼。请即予交与粹士兄为荷。专此奉恳。敬祝勋安！

致史铭孟函
（1944年3月21日）

铭孟吾兄大鉴：

手教奉悉。隆昌城西北数里有矿区，曾介绍中国兴业公司，闻已请领矿权。弟前闻傅友周先生有意领此矿区，当即函询中国兴业公司询问，未得确实答复。此外煤田恐均距路线稍远。弟廿三日进城，拟当日下午二时至三时赴经济部，在李司长处一晤，或廿四日下午一时在曾家岩戚公馆趋谒奉教，未悉如何。专此奉复。顺祝大安！

致中训团高级班教务组函
（1944年3月21日）

径启者：

本人所任"地质学与近代文化之贡献"一课，改于廿三日上午十时讲授，自当准时前往。昱定于前一日（廿二日）晚赶至小龙坎四川省地质调查所。请贵组于廿三日早八时左右派车至该所来接为荷。此致。

致郁国城函
（1944年3月21日）

国城吾兄大鉴：

前函谅达。赴贵阳车辆定于廿六日早由小龙坎四川省地质调查所出发，车子大小、有无座位尚不确悉。兄如前往，盼预于廿五日晚住四川省地质调查所为荷，因恐车子径由新桥赴九龙坎，而不走城内也。再奉达。即祝大安！

致高平函
（1944年3月21日）

德明吾兄大鉴：

大函拜悉。吾兄受训期满，在未出国之前暂来本所工作，至所欢迎。现大部人员均将赴野外调查，住宿不成问题。惟弟尚拟赴桂林一行，在此期间不克奉陪耳。吾兄来碚，最好能编辑江西某一矿产，以为将来中国矿产说［志］之需，尤所欢迎。专此拜复。顺祝大安！

致盛莘夫函
（1944年3月22日）

莘夫吾兄大鉴：

二月廿七日函悉。《钨矿志》两册均已收到。《盐矿志》附图廿八版，现正缮绘中，已托高化白兄陆续寄上。在未印完之前，当然不克装订，故兄在四月间或尚不能返碚也。且旅费数目下亦稍创，俟弟贵阳开会归来，当为兄筹措。此书报账恐须交钨管处，故收拨暂存，将来或须交钨处也。所欠之五千八【百】九十五元，已商钨管处，请径汇交吾兄转付矣。以后稿件亦正续编纂中，故本所纸张应继续存放，希望今年内可以赶印出本所一部份积存稿件也。专此拜复。即祝大安！

致陈平之函
（1944年3月22日）

平之吾兄大鉴：

大函及报告均已收到，吾兄研究含铁磁铁矿甚为精细，至可钦慰。因弟须今日进城，即转贵阳，不及细阅，已交程裕淇先生，俟弟返碚再当详谈，并提前发表兄之节略，拟得便在年会代为宣读。专此奉复。即祝研安！

致王曰伦函
（1944年3月22日）

叙五兄大鉴：

兆祥、星学已于前昨分别返所。弟定今日下午进城，廿六日早搭车赴贵阳，迄今兄尚未到，请即暂缓来渝，以便在兰分配野外工作。现分所尚存款若干？可以维持至几何时？各队出发旅费有无问题？均在念中。存款在手，即可随时支配，无所谓今年款去年款也。如不足用时，当可另借一部，即为汇上，以不影响工作为佳。分所经费现尚未核定，亦许根本发生问题，因其他机关均已核准也。故分所开支须极力紧缩，可以缓购各物，均须缓置。陈植因尚未请委，既系试用，即可不必录用，以勉开支一庞大，使本所全体无法维持也。弟会后将赴桂林一行，大约五月初可以归来。最近问题可向建猷及柱臣两兄函商（建猷开会大约四月廿日可以返所也）。专此拜达。即祝大安！

致朱夏函
（1944年4月22日）

小可吾弟大鉴：

接十六日函，知已抵遵义，工作即将开始，至慰。目下经费日渐困难，物价逐日高涨，一切工作可以说在奋斗中进行。野外工作能以维持许久，真难预卜也。兹嘱会计室由中国银行汇湄潭二万元，即请查收备用，并为函告为荷。所中一切如故，惟办公室、宿舍仍是一样拥挤。曾健三前未成行，今日进城，廿五日或可起飞。杨克强先生大约明日飞。即一并奉告。即祝旅安！

致李悦言函

（1944年4月22日）

悦言吾兄大鉴：

上月底赴贵阳参加年会，上周返所。前后接兄两函，聆悉一切。尊夫人吐血再犯，甚为可虑。吾兄之困烦不难想像也。物价逐日高涨，在碚不能解决吾兄之生活压迫，到五通桥依是一样。诚以无可奈何。荣县公文已寄去，想已收。一请你便中先往一勘，以便决定是否派王存义前往。公费留学事，经、交两部拟联考试，曾签呈委座，但迄今数月，尚未批下，亦未便催问，故迄未决定办法也。曾健三赴西藏，将于廿五日飞印【度】转往，惟暂不公开。其他一切如恒。专此拜复。即祝大安！

致周大训函

（1944年4月22日）

大训吾兄大鉴：

奉接詠公四月七日函，嘱于六月廿日赴国【防】研究院讲授"国防资源——铁"，自应遵办。专此函达。即祈转陈为荷。敬祝大安！

致王罗山函

（1944年4月22日）

罗山吾兄大鉴：

贵阳畅叙，曷胜快慰，而弟等食宿所需，均承照料，万分感荷。弟等离筑后，一路顺适，已于十四日到渝。段、高等十六日至渝。朱夏十五日已到遵义。麻烦之余，附此致谢。电报已先弟而到，奉接华函。所附邮均已照收，即请释念。渝市天气已热，正好野外工作。每见同人出发，□胜其羡也。本所西北分所经费尚未能解决，大费周折，不免又要为此事奔走一番，为之奈何。专此拜复。顺祝大安！

致周敏函
（1944年4月22日）

周敏弟台鉴：

　　月初贵阳举行地质年会，兄往参加，上周返渝，阅悉大函，至以为慰。购《会志》或《论评》，吾弟暑后仍回任地质工作，乃是正当途径。毕竟穷困是一时，而事业是终身也。专复。即祝大安！

致斯行健函
（1944年4月22日）

天石吾兄大鉴：

　　弟已自上周由贵阳返渝。此事或事①或不免出兄意料之外，而实以远违弟之预计也。目下各机关穷困已极，而弟又负此累身任务，行不自主，想吾兄当能见谅也。吾兄痔症业已愈否？甚以为念。负疾远行，自非良策，好在训练后进将来总有机会。秋凉来渝，或在明春，均所欢迎。拟排入廿三卷三四期之大作系Culm Plants from Northern kuangtung，惟何时出版，殊难预卜，因一二期至今尚未送校也。扩大镜均收到，多劳清神，至为感。文佑兄之三千元收据已寄来，弟既未赴桂林，而兄又短期暂不北来，所余四千元可于便中寄还，以便会计结账。俟兄可以启程时，望先函知，弟当另奉旅费。研究所经费困难，弟已深知，但仲揆师此次来渝，或曾有所接洽，想情形可以转佳。但研究【所】同人之精神，实足有钦佩者。希望艰难的时光快的可以过

----
① "或事"两字疑为衍文。

去吧。三月十日、十七两函均已聆悉。专此拜复。顺祝研安!

致王曰伦函
（1944年4月22日）

叙五吾兄大鉴：

前在贵阳曾上一函，返渝已奉一电，谅均递达。吾兄何时来渝，至所欣盼。分所经费迄未核定。月初曾汇上十万元，未悉已收到否？不得已只好再借也。黄劭显、刘乃隆均已到渝多日，现正接洽车辆，以便赴兰。青海柴达木盆地之行，本所有人参加否？萃英门所址发生问题，至为虑。顷已函中工所商讨办法，然后呈部设法。专此奉复。敬祝大安!

致李树勋函
（1944年4月22日）

建庵吾兄大鉴：

弟已于十四日返渝。分所经费现正在交涉中，或不致发生问题。因此之故，弟赴桂林之行不得不取消也。黄劭显、刘乃隆现正接洽车辆，预备赴兰。所缺罗盘可令带去，但新订制罗盘迄未运到，惟扩大镜则可由黄君等带去几只。□□系用弟名所借，业已注销矣。曾健三今日进城，廿五日可飞印度，转入西藏。惟此消息请勿公开，以免增加工作上之困难。专此。即祝大安!

致路兆洽函
（1944年4月22日）

兆洽吾兄大鉴：

久未通候，甚以为念。想工作人员均已出发矣。甘肃物价今年如何，是否较之川中略为平稳也？公费留学事，由经、交两部拟定考试办法，签呈委座，乃迄今尚未核定，故尚不能办理也。

杨克强大概明日又飞印。程、王之行尚无定期。据阮维周、潘钟祥来函，均称在美无可选之课，老潘已有意返国，故实在不能出国，亦未为可惜也。专此。即祝大安！

致张兆瑾函
（1944年4月24日）

弋之吾兄大鉴：

贵阳晤谈，至深快慰，并蒙召宴，尤为感荷。前后已于十四日安返重庆，请释雅念。吾兄近将赴野外工作否，尚盼随时见示。大凉山地质图承允晒兰一份赐赠，至为□盼。如已竣事，至祈早日掷下为荷。专此。即祝研安！

致吴荣熙函
（1944年4月24日）

荣熙兄大鉴：

拜接大函，悉兄现任技术室化学组组长，专才施展，至为可贺。承询镁之原料，现重庆附近仅在歌乐山一带之白云石灰岩约合mgo百分之廿左右，未悉适用否。弟有一文，惜未在手边，容缓奉上。先此拜复。即祝大安！

致翁文灏函
（1944年4月26日）

咏公夫子钧座：

生自贵阳归来，业已及旬。尔时适值钧座川西视察，未及候谒。前闻尊驾业返渝，又逢尼德汉夫人来碚，兼有其他事，顷不克即行进城。拟俟下月一二日再行趋谒，奉陈一切。敬请钧安！

致周大训函
（1944 年 4 月 26 日）

大训吾兄大鉴：

顷奉令，一切出国人员暂缓出发，未悉程裕淇、王钰是否暂时不能启程。吾兄如有所闻，请为示知，以便转达，好作工作计划也。王叙五即将来渝，兹拟一电，请为拍发为荷。又致林继庸一电，亦一并代发。专此拜托。顺祝大安！

致王恒升函
（1944 年 4 月 26 日）

洁秋吾兄大鉴：

大函拜悉。兹将办理各事如下：（1）赴新证明书，可由本所各填一张，惟非护照，如需护照，请速相片，呈经济部办理；（2）致林继庸电已拟稿寄周大训，请译密码拍发；（3）张务聪似可不必邀赴新疆，因张君离所后，本所不便再为保留名义、薪津，而新所究竟待遇如何，有无在本所之高，尚是问题。如悬殊甚多，将来彼此都有不便，未悉兄意如何？俟弟下周进城，再作面谈。专复。即祝筹安！

致谢家荣函
（1944 年 4 月 27 日）

季华吾师赐鉴：

贵阳承教，幸慰无似。屡蒙厚遇，益增铭感。现以奉翁师命编辑《中国矿产志》，已分类进行。尊处尚有稿件须待参考，兹列附后，请各检寄一份，至为盼祷。重庆物价近日猛涨甚速，猪肉已每斤九十元矣。不惟工作不易推动，即同人生活不易维持矣。为之奈何。专此。敬请诲安！

致夏湘蓉函

（1944年4月27日）

镜怀吾兄大鉴：

贵阳叙谈，至深快慰，想此刻已平安返所矣。前蒙允在赣可以代制卡片，未悉现时价格如何。兹寄上样张三种，其一预备制五万张，余二各五千张，用中国纸，颜色用本色，惟样式及印字照此。未悉每张两角左右可以办到否？如不太高，请兄即代印定下，待函示后，即将款奉上，俟莘夫返渝时，可以带回。最近所有出国人员以奉委座令，暂缓启行，想德明兄亦暂时不能成行也。专此。顺祝大安！

致周树岚函

（1944年5月1日）

树岚吾兄大鉴：

前承赐访，聆教为幸。尊嘱一事，曾分访卢子英、查济民，惜均未在碚，未能晤面。弟今有事进城，俟归来再行办理。先此拜复。敬候大安！

致高平函

（1944年5月1日）

德明吾兄大鉴：

别来多日，甚以为念。近日出国留学考察已奉【命】一律暂停，吾兄当亦暂时不能成行，未悉拟作何计划。如不返赣，则任资委会专员来本所工作，固欢迎也。专此奉询。敬候大安！

致翁文灏函

（1944年5月10日）

咏公夫子钧鉴：

昨禀一函，谅已奉达。许君等遇难消息，此间各机关多已闻悉，频来问讯。西南联大且有唁慰电函，故昨日即送稿《中央》、《大公》两报，正式发表。许太太闻悉，有似癫狂，但亦无可奈何。今日由城内请到其姻长毕修勺君，或可加以解慰。顷接侯学煜君七日自普安来电称："棺已运到【安】南城。"现时待向贵阳运送矣。熊毅未悉已到筑否，此刻尚无消息。追悼会拟于六月十一日举行。惟不知来得及否，万一来不及，未始不可展期。同仁拟用学会及本所名义发起，不悉钧意如何？生拟趁毕君在碚，与商讨许太太善后，并将报丧通启寄发各方，于星期六或星期日进城，或可于星期一晋谒，商承一切。同仁对将许君等安葬花溪之议，主张甚力，生已致函吴主席及寄梅先生相请，未悉如何。谨此奉陈。敬请钧安！

致李四光函

（1944年5月11日）

仲揆吾师钧鉴：

贵阳辞别，业已逾月。接文佑来函，敬悉已安返桂林，至以为欣。近接侯学煜及其他各方函电，惊悉许德佑、陈康、马以思在普安、晴隆间遇匪惨被戕杀，噩耗传来，痛悼无似。许君不惟为本所干才，亦为吾国地质界前途最有希望之人员，何竟遭此惨死乎。昨接电报，业已棺殓，并已运抵安南县城。生等均主张在花溪卜地安葬，筹募眷属瞻养费亦在进行中。伤心事一桩未了一桩又起，非木石其何以堪。此间同仁多主张用地质学会及地质调查所名义联合发起追悼会，拟于六月十一日在北碚举行，未悉吾师是否赞同，当祈示知。敬请海安！

致张文佑函
（1944年5月11日）

文佑吾兄大鉴：

　　两函均悉。弟以德佑兄等三人惨遭戕杀，心绪甚乱，未复为歉。地质图方案纪录，已由弟整理完竣，交尹先生寄，未悉已寄桂林否，明日当为一询，如尚未寄，即行照奉。此复。研安！

致朱家骅函
（1944年5月11日）

骝公夫子钧鉴：

　　久未晋谒，时深驰念。兹有本所技正兼古生物研究室主任许德佑兄，率领技佐陈康、马以思在贵州普安、晴隆间调查地质，猝遇匪，三人惨被戕杀。不惟优秀人才深可痛惜，即以后工作亦难进行。善后各事现正在着手，昨接电报，业已棺殓。此间同人拟用学会名义及本所名义共同发起追悼会，以慰幽灵。吾师为学会理事，谅蒙赞同。钧意如何，盼为示知。将来拟在贵阳花溪卜地安葬，并为许君遗属募瞻养费，尤盼吾师指【示】赐助是祷。谨上。敬请钧安！

致谢家荣函
（1944年5月13日）

季华吾师赐鉴：

　　手教奉悉。自德佑兄等惨案发生后，一切其他事务均无情绪，所嘱论文各事容当缓日，遵命办理。德佑兄等之死，翁先生极为痛悼，会所同仁更为悲愤。明日拟欲建猷兄进城，招待新闻记者，宣布真像［相］。本所受训同人，拟具名详陈侍从室，设法【陈】明委员长。一为已死者雪恨,一为吾国将来之科学前途着想,均非如此办理不可。顷已致函照峰、其毅,我们有最低的三点要求:(1)严缉一切匪犯;(2)收没匪犯财产,以为死者殓葬及死者眷属之恤金;(3)在花溪卜地安葬,并立碑纪念。此三点务望办到。吾师在筑,政情熟习,盼能出力赐助。本所百余同人均伫望焉。即请海安。

致熊其毅函
(1944年5月13日)

其毅吾兄大鉴:

　　吾兄去后,周余无电,全所同人焦念万分。此案在重庆已满城风雨,各家眷属均已尽悉,尤以接照峰兄函电后,知匪徒预谋杀人,忿恨无似。望兄以贵州人之资格,藉情形熟习之方便,为亡友作明雪。我们最低要求:(1)严缉所有凶犯,最好吴主席专派大员前往,提取一切要犯、嫌疑犯到贵阳审讯;(2)没收各匪尤以匪易仲三之家产,厚葬死者,并作为死难家属之恤金;(3)坚持卜葬花溪,并不距市中心一里以外为限。墓式及纪念碑式正设【计】中,日内另函寄上。以上各点为本所最低要求,务乞办到。望兄大显身手,以慰同人之望,以慰死者眷属及亡友英灵。不胜盼祷。专此。即祝旅安!

致侯学煜函
(1944年5月13日)

照峰吾兄大鉴:

　　五月四、五两日长函均已悉。所述惨案经过甚详,阅之痛心,忿恨填胸。此事若非吾兄就近临急应付,则不惟德兄等忠骨无以为殓,且恐匪徒早已逍遥法外矣。兄每次函电,均已呈翁先生,犹望匪徒尽获,方消吾同人之恨。顷以密【函】翁部长,请密电吴主席，迅将易仲三逮捕，万一漏网，即没收其财产，以作丧葬、抚恤之费。保长叶永昌有重大嫌疑，亦应逮捕。乡长颜绍黔亦有嫌疑，亦应加以审讯。叶永昌曾密告颜绍黔到部，盖洗刷也。此事望兄面谒吴主席，切实陈明本所最低限度要求，务望将此等匪犯一律【捕】获。因其均住当地，不易跑脱也。安葬事，另函其毅兄信上，此不多赘。惟兄破获匪犯多人，万不能久在此区工作矣。特复。即祝旅安！

致马以慧函
（1944年5月13日）

为前两函均收到。附奉讣告一份、五月十五日《大公报》一张。

致许道生函
（1944年5月20日）

悟微吾兄大鉴：

前日晤教，至深快慰。承嘱摘述福建铁矿情形，顷已由同事高振西君撰妥。兹随函奉上，藉备察阅。专此。即请勋安！

致李鸣龢函
（1944年5月22日）

竹书夫子赐鉴：

上周奉谒，适值周会，未亲教益，为怅甚。本所许德佑等三人被戕为本所空前惨案。兹订于下月十一日举行追悼会，发出启事，书明矿业司代在城内收件，事前未能征得吾师同意，尚祈赐鉴，并饬二友代表检收登记，本所派往取。谨此。烦托。敬请诲安！

《近代史资料》总 140 号

主　　编　刘　萍
执行编辑　刘　萍
编　　辑　关　康